Migration und schulischer Wandel: Leistungsbeurteilung

Bereits erschienen:
Migration und schulischer Wandel: Elternbeteiligung, 2009
Migration und schulischer Wandel: Unterricht, 2009
Migration und schulischer Wandel: Mehrsprachigkeit, 2011

Herausgegeben von:
Sara Fürstenau
Mechtild Gomolla

Konzeptionelle Gesamtleitung des vorliegenden Bandes:
Mechtild Gomolla

Sara Fürstenau · Mechtild Gomolla (Hrsg.)

Migration und schulischer Wandel: Leistungsbeurteilung

Herausgeberinnen
Sara Fürstenau
Westfälische Wilhelms-Universität
Münster, Deutschland

Mechtild Gomolla
Helmut-Schmidt-Universität /
Universität der Bundeswehr
Hamburg, Deutschland

ISBN 978-3-531-15380-3
DOI 10.1007/978-3-531-18846-1

ISBN 978-3-531-18846-1 (eBook)

Die Deutsche Nationalbibliothek verzeichnet diese Publikation in der Deutschen Nationalbibliografie; detaillierte bibliografische Daten sind im Internet über http://dnb.d-nb.de abrufbar.

Springer VS
© VS Verlag für Sozialwissenschaften | Springer Fachmedien Wiesbaden 2012
Das Werk einschließlich aller seiner Teile ist urheberrechtlich geschützt. Jede Verwertung, die nicht ausdrücklich vom Urheberrechtsgesetz zugelassen ist, bedarf der vorherigen Zustimmung des Verlags. Das gilt insbesondere für Vervielfältigungen, Bearbeitungen, Übersetzungen, Mikroverfilmungen und die Einspeicherung und Verarbeitung in elektronischen Systemen.

Die Wiedergabe von Gebrauchsnamen, Handelsnamen, Warenbezeichnungen usw. in diesem Werk berechtigt auch ohne besondere Kennzeichnung nicht zu der Annahme, dass solche Namen im Sinne der Warenzeichen- und Markenschutz-Gesetzgebung als frei zu betrachten wären und daher von jedermann benutzt werden dürften.

Einbandentwurf: KünkelLopka GmbH, Heidelberg

Gedruckt auf säurefreiem und chlorfrei gebleichtem Papier

Springer VS ist eine Marke von Springer DE. Springer DE ist Teil der Fachverlagsgruppe Springer Science+Business Media.
www.springer-vs.de

Inhalt

Vorwort 7

Sara Fürstenau | Mechtild Gomolla
Einführung
Migration und schulischer Wandel: Leistungsbeurteilung 13

Kapitel 1
Mechtild Gomolla
Leistungsbeurteilung in der Schule: Zwischen Selektion und
Förderung, Gerechtigkeitsanspruch und Diskriminierung 25

Kapitel 2
Winfried Kronig
Über das Eigenleben von Leistungsbewertungen 51

Kapitel 3
Janet Ward Schofield | Kira Marie Alexander
Stereotype Threat, Erwartungseffekte und organisatorische
Differenzierung: Schulische Leistungsbarrieren und Ansätze
zu ihrer Überwindung 65

Kapitel 4
Renate Valtin
Noten oder verbale Beurteilungen: Was ist ein gutes Zeugnis? 89

Kapitel 5
Johannes König
Wandel der Beurteilungspraxis hin zur Arbeit mit Zielen und
festgelegten Kompetenzen 107

Kapitel 6
Drorit Lengyel | Hans-Joachim Roth
Beobachtung der Schreibentwicklung in der Sekundarstufe I 123

Kapitel 7
Susanne Thurn
Die Bielefelder Laborschule – Leistung in einer Kultur
der Vielfalt oder: „Die Würde des heranwachsenden Menschen
macht aus, sein eigener ‚Standard' sein zu dürfen." 137

Kapitel 8
Markus Roos-Schüpbach
Ganzheitliches Beurteilen und Fördern als Feld der
Schulentwicklung: Strategien im Schweizer Kanton Luzern 153

Kapitel 9
Florian Waldow
Gerechtigkeit, Leistungsbeurteilung und Schuldifferenzierung
in Deutschland und Schweden 171

Verzeichnis der Autorinnen und Autoren 187

Vorwort

Zu Beginn des 21. Jahrhunderts ist das öffentliche Bewusstsein in Deutschland für die Auswirkungen von Migration auf Bildung, wie umgekehrt für die Bedeutung von Bildung für die Integration Zugewanderter und ihrer Nachfahren gewachsen. Die Frage, wie es gelingen kann, die Potenziale *aller* Kinder und Jugendlichen optimal zu fördern und das bestehende Gefälle in den Leistungen und Abschlüssen entlang der Trennlinien Ethnizität, sozialer Herkunft und Geschlecht abzubauen, gehört zu den Kernproblemen gegenwärtiger Bildungspolitik. Ein wichtiges Ziel schulischen Wandels ist eine qualitativ hochwertige und sozial gerechte Bildung, durch die alle Heranwachsenden die Kompetenzen erwerben können, die sie benötigen, um in einer pluralen Gesellschaft unter Anerkennung der Menschenrechte zu urteilen, zu handeln und an demokratischen Prozessen teilzuhaben.

Um Lehrpersonen und andere mit der Schule befassten Fachkräfte zu befähigen, einen solchen schulischen Wandel aktiv zu gestalten, verbindet die Lehrbuchreihe ‚Migration und schulischer Wandel' Erkenntnisse der Schul(qualitäts)forschung mit Perspektiven für eine inklusive Bildungspraxis in der Einwanderungsgesellschaft. Dieses Lehrbuch schließt an die drei bisher vorliegenden Bände an, in denen Fragen der ‚Elternbeteiligung' (2009), des ‚Unterrichts' (2009) und der ‚Mehrsprachigkeit' (2011) als reguläre Felder der Unterrichts- und Schulentwicklung – speziell im Hinblick auf die Erfordernisse der Migrationsgesellschaft – behandelt werden. Jeder Band versammelt Beiträge unterschiedlicher Autorinnen und Autoren und enthält theoretisches Grundlagenwissen, Forschungsergebnisse sowie Strategien und Praxisbeispiele.

Fünf leitende Prämissen liegen den Bänden zugrunde und verweben sie zu einer kohärenten Geschichte:

1. Kinder und Jugendliche mit ‚Migrationshintergrund' sind eine heterogene Gruppe. Der sperrig klingende Begriff ‚Migrationshintergrund' ist eine ungenaue Hilfskonstruktion. Ein ‚Migrationshintergrund' wird an so unterschiedlichen Merkmalen festgemacht wie einer ‚anderen' Staatsangehörigkeit als Deutsch, an einem ‚anderen' Geburtsland als Deutschland beziehungsweise an dem Umstand, dass die Eltern oder schon die Großeltern in einem ‚anderen' Land geboren wurden oder daran, dass in den Familien ‚andere' Sprachen als Deutsch gesprochen werden. Selbstverständlich kommen Kinder mit ‚Migrationshintergrund' mit ebenso unterschiedlichen Bildungsvoraussetzungen in die Schule wie Kinder aus autochthon deutschen Familien. Ihre Lebenslagen differieren in Abhängigkeit von zahlreichen sozialen Unterscheidungsmerkmalen; zu diesen Merkmalen gehören unter anderem der sozioökonomische Status der Familien, die Bildungs- und Schulerfahrungen der Eltern, das Geschlecht und die Religionszugehörigkeit. Vor diesem Hintergrund ist es nicht überraschend, dass die Bildungsbeteiligung in der Gruppe der Kinder und Jugendlichen mit Migrationshintergrund variiert. Einzelne Schülerinnen und Schüler oder Gruppen mit Migrationshintergrund sind in deutschen Schulen außerordentlich erfolgreich. Im Gesamtbild sind Kinder und Jugendliche mit Migrationshintergrund allerdings deutlich unterrepräsentiert in den oberen Positionen der Bildungshierarchie, während sie auf den unteren Rängen überdurchschnittlich vertreten sind. Sie verfügen nicht über die gleichen Bildungschancen wie Gleichaltrige ohne Migrationshintergrund.

Dieser Befund verweist auf den Entwicklungsbedarf der Schule im Umgang mit migrationsbedingter Heterogenität. Dabei steht die Schul- und Unterrichtsentwicklung vor der Herausforderung, migrationsbedingte Heterogenität zu berücksichtigen, ohne der Vorstellung einer vermeintlich einheitlichen (und womöglich defizitbehafteten) Gruppe von Schülerinnen und Schülern Vorschub zu leisten und ohne dichotomisierende Sichtweisen (‚wir' versus ‚die Anderen') zu verstärken.

2. Migrationsbedingte Pluralisierungsprozesse sind konstitutiv für die Schule in Deutschland. Migration, das heißt die Tatsache, dass einzelne Menschen oder Gruppen aus ihren Herkunftsregionen aufbrechen und sich in anderen Gebieten niederlassen, ist so alt wie die Geschichte der Menschheit. Im Zuge wachsender globaler Verflechtungen und sich beschleunigender sozialer und technischer Umwälzungen, aber auch bedingt durch (Bürger-)Kriege, Verfolgung und Terror, Hungersnöte und ökologische Katastrophen, erreichen Migrationsbewegungen seit der Mitte des 20. Jahrhunderts quantitativ und qualitativ eine neue Dimension. Dass Gesellschaften sich durch Migration verändern, ist an kaum einem Ort so deutlich erkennbar wie in der Schule. In Deutschland, wie in anderen westlichen Einwanderungsgesellschaften, werden besonders in städtischen Gebieten und in den Metropolen immer mehr Schulen zu großen Teilen von Kindern und Jugendlichen mit Migrationshintergrund besucht. An diesen Schulen ist die Verschiedenheit und Vielfalt der sprachlichen Voraussetzungen, der Identitäten, Erfahrungen und Lebenshintergründe längst die Regel.

Insofern trägt migrationsbedingte Heterogenität keine ‚Zusatzaufgaben' an Schulen heran, die mit ‚Sondermaßnahmen' zu bewältigen wären. Migration fügt der Vielfalt und Verschiedenheit der Bildungsvoraussetzungen und Bedürfnisse lediglich weitere Facetten hinzu. Migrationsbedingte Heterogenität ist eine grundlegende Bedingung für die Gestaltung von Schule und Unterricht.

3. Eine sozial gerechte Bildungspraxis erfordert institutionellen Wandel. Politik und Schulen reagierten auf Migration und ihre Folgen bisher überwiegend mit zusätzlichen kompensatorischen Fördermaßnahmen. Dabei ging es zunächst vor allem darum, Kindern und Jugendlichen mit anderen Familiensprachen als Deutsch durch Sprachförderung den Anschluss in der Schule zu ermöglichen. In den 1990er Jahren wurden darüber hinaus die unterschiedlichen ‚kulturellen' Lebenshintergründe der Schülerinnen und Schüler vermehrt zum Thema in Unterricht und Schulleben. Erst in jüngster Zeit wächst das Bewusstsein, dass punktuelle Maßnahmen nicht nur zu kurz greifen, um die schulischen Lernprozesse und -ergebnisse positiv zu beeinflussen, sondern häufig sogar dazu beigetragen haben, niedrige Erfolgserwartungen und Risiken der Benachteiligung zu verstärken.

Um eine für alle Kinder und Jugendlichen förderliche und diskriminierungsfreie Lernumgebung zu schaffen, muss Heterogenität in den Kernbereichen von Unterricht und Schulentwicklung angemessen berücksichtigt werden. Die Herausforderung des schulischen Wandels im Kontext von Migration besteht darin, alle konventionellen schulischen Arbeitsbereiche – vor allem auf den Ebenen von Curricula und Material, Unterricht beziehungsweise pädagogischer Arbeit, Organisationen, Qualifizierung der Fachkräfte, administrativer und politischer Steuerung – aus einer neuen Perspektive zu betrachten und ihre Gestaltung zu überdenken. Dies schließt Strukturveränderungen im Umfeld der Schulen und auf der Systemebene ein.

4. Lernen und Lehren ist eine soziale Aktivität. In den letzten rund 20 Jahren hat die Unterrichts- und Schul(qualitäts)forschung wichtige Erkenntnisse beigetragen, wie Unterricht und Schulen gezielt verändert werden können, um das Lernen und die Entwicklung aller Schülerinnen und Schüler optimal zu fördern und das Gefälle in den Erfolgen unterschiedlicher sozialer Gruppen abzutragen. Dabei sind Klassenräume, Schulhöfe oder Lehrerzimmer keine Inseln, auf denen abgetrennt von breiteren sozialen Prozessen gelernt und unterrichtet, beraten, Leistungen beurteilt und über Schulkarrieren entschieden wird. Lernen und Lehren sind soziale Aktivitäten, die genauso von sozialen Werthaltungen, kulturellen Hintergründen und politischen Diskursen, die das Bildungsgeschehen durchziehen, bestimmt sind wie von eher technischen Fragen des Unterrichts und der Organisation von Schule. Bildungssoziologische Untersuchungen machen seit Jahrzehnten deutlich, dass Bildungserfolg keineswegs allein von den Voraussetzungen der Schülerinnen und Schüler und ihres familialen Umfeldes abhängt. Insbesondere Forschungsarbeiten zur institutionellen Diskriminierung zeigen, dass die Mechanismen der Benachteiligung und des Ausschlusses bestimmter sozialer Gruppen im Schulalltag durch die regulären organisatorischen Strukturen, Programme und Routinen der Schule mitverursacht sind.

Eine Bildungspraxis, die eine hohe Qualität der schulischen Prozesse und Ergebnisse – auch im Hinblick auf die Verwirklichung von schulpolitischen Zielen der Gerechtigkeit und demokratischen Partizipation – anstrebt, geht von einem umfassenden Lern- und Leistungsbegriff aus, der die emotionale, soziale und kognitive Entwicklung von Kindern und Jugendlichen berücksichtigt. Sie stellt kritische Fragen, wie konventionelle Denkweisen und Praktiken entstanden sind und wer in der Gesellschaft von ihnen profitiert. Wenn allen Kindern und Jugendlichen ein gleichberechtigter Zugang zu den schulischen Lernangeboten eröffnet werden soll, müssen auch Fragen, wie die Subjekte die Komplexität und Widersprüche unterschiedlicher Zugehörigkeiten leben und mit welchen Identitätsstrategien sich Kinder und Jugendliche, aber auch Lehrpersonen und Eltern im Schulalltag positionieren, thematisiert werden. Vor allem kommt es darauf an, dass Lehrerinnen und Lehrer sowie andere an der Schulentwicklung Beteiligte lernen, in konzertierten Anstrengungen die im institutionellen Setting in Unterricht, Schule und dem Bildungssystem als Ganzes angelegten Mechanismen der Diskriminierung sichtbar zu machen, kritisch zu reflektieren und Schulorganisationen in Richtung einer antidiskriminatorischen und inklusiven Praxis zu verändern.

5. Professionalisierung ist eine Voraussetzung für schulischen Wandel. In den vergangenen Jahrzehnten sind Ansätze zur Verankerung der ‚Interkulturellen Pädagogik' im Rahmen der Lehrerausbildung festzustellen. Trotzdem kann von einer systematischen Vorbereitung angehender Lehrerinnen und Lehrer und anderer pädagogischer Fachkräfte auf die Erfordernisse der Einwanderungsgesellschaft noch keine Rede sein. Vor diesem Hintergrund verstehen wir die im Rahmen der Lehrbuchreihe bearbeiteten Schwerpunkte auch als zentrale Qualifizierungsbereiche im Rahmen der pädagogischen Ausbildung an Universitäten, Pädagogischen Hochschulen, Fachhochschulen und Fachschulen, ebenso wie in der kontinuierlichen Fort- und Weiterbildung.

Die Erfahrung zeigt, dass pädagogische Fachkräfte die erwünschte Förderhaltung und Sensibilität im Umgang mit Fragen der Differenz und Ungleichheit nicht über Nacht erwerben können. Eine solche Qualifizierung erstreckt sich idealerweise über die aufeinander aufbauenden Phasen der beruflichen Erstausbildung und setzt sich in der beruflichen Praxis fort. Wo Qualifizierungs- und Entwicklungsprozesse institutionell gefördert und ermöglicht werden, zeigen sich oft erstaunliche Veränderungen pädagogischer Arbeits- und Organisationskulturen. Davon profitieren nicht nur die Schülerinnen und Schüler und ihre Eltern. Auch von den Professionellen selbst werden solche gelungenen Prozesse der Qualifizierung und des schulischen Wandels rückblickend oft als sehr befriedigend erlebt.

An dieser Stelle danken wir Stefanie Laux ganz herzlich für ihre Ermutigung, dieses Lehrbuchprojekt anzugehen, und für ihre konstruktive Beratung und Unterstützung! Ein herzlicher Dank geht ebenfalls an Kira Marie Alexander, Johannes König, Winfried Kronig, Dorit Lengyel, Marcus Roos-Schüpbach, Hans-Joachim Roth, Janet Ward Schofield, Susanne Thurn, Renate Valtin und Florian Waldow dafür, dass sie aus ihren Forschungs- und Praxiszusammenhängen heraus Kapitel zu diesem Lehrbuch beigesteuert haben! Danken möchten wir an dieser Stelle auch Nadine Rose, die mit viel Kompetenz und Geduld für die Endredaktion des Textes gesorgt hat.

Münster und Hamburg im Oktober 2011,
Sara Fürstenau und Mechtild Gomolla

Einführung

Sara Fürstenau, Mechtild Gomolla

Migration und schulischer Wandel: Leistungsbeurteilung

Die Praxis der Leistungsbewertung ist mit wechselnden Schwerpunkten schon lange ein Thema der Erziehungswissenschaft. Die anfängliche Beschäftigung mit der Frage, wie objektiv Leistungen beurteilt werden können, bezog sich vor allem auf die Verletzung des Gleichheitspostulats. Es ging insbesondere darum zu klären, inwiefern Lehrerurteile von Informationen zur Person der Schülerin oder des Schülers – z.B. zur sozialen Herkunft, ethnischen Zugehörigkeit, zum Geschlecht oder schulischen Leistungsstand – beeinflusst werden. Auch die problematischen Wirkungen des Beurteilungssystems auf die Persönlichkeit von Schülerinnen und Schülern, das heißt auf ihr Selbstwertgefühl und Selbstvertrauen, ihre Lernmotivation und ihre Strategien zur Lebensbewältigung, wurden intensiv untersucht. Gerade in der Reform-Ära der 1970er Jahre speiste die grundlegende Kritik am herkömmlichen System der Zensurengebung und am Leistungsprinzip auch die Suche nach alternativen Möglichkeiten zur Beobachtung und Dokumentation von Lernprozessen, die nicht der Selektion sondern primär der individuellen Unterstützung dienen sollten.

Nachdem die Kontroversen über die „Fragwürdigkeit der Zensurengebung" (INGENKAMP 1969/1971) in den 1980er Jahren – nicht zuletzt aufgrund der Wirkungslosigkeit der jahrzehntelangen Kritik – allmählich verebbten, haben Fragen der schulischen Leistungsfeststellung und -bewertung seit Ende der 1990er Jahre im deutschsprachigen Raum erneut an politischer Brisanz gewonnen. Dabei steht jedoch nicht die Bewertung individueller Schülerinnen und Schüler im Vordergrund. Die Veränderungen der Beurteilungspraxis markieren vielmehr tiefgreifende Veränderungen der bürokratisch organisierten Systeme der modernen Massenbildung, die maßgeblich durch Entwicklungen auf der globalen Ebene vorangebracht werden. Vor dem Hintergrund wachsender internationaler ökonomischer Konkurrenz und des Rückbaus der sozialstaatlichen Versorgungssysteme in den Nationalstaaten werden im öffentlichen Sektor, einschließlich des Bildungsbereichs, zunehmend Verantwortlichkeiten von höheren auf untergeordnete Systemebenen delegiert. Die einzelnen Schulen werden aufgefordert, ein eigenes pädagogisches Profil zu entwickeln und mit Hilfe von Strategien der Organisationsentwicklung die Qualität ihres Bildungsangebots in Eigenregie gezielt zu verbessern. Parallel werden jedoch neue zentrale Kontrollen der Schülerleistungen wie der Arbeit der Lehrpersonen und der Schulen errichtet. Hierzu wird vor allem das Erreichen von Bildungsstandards mit Hilfe von Leistungstests flächendeckend überprüft. Im Unterschied zu den früheren Debatten wird die grundlegende Frage nach der Berechtigung schulischer Leistungsbeurteilung (vor allem Zensuren, Notenzeugnisse) im Kontext der heutigen Reformen kaum noch gestellt. Eingebunden in gesamtgesellschaftliche Strategien der Leistungssteigerung, Qualitätssicherung und Rechenschaftslegung setzen die aktuellen Veränderungen der Beurteilungspraxis vor allem an der Perfektionierung von Bewertungsstrategien an (vgl. TILLMANN/VOLLSTÄDT 2000).

Die neueren großflächigen internationalen und nationalen Leistungsvergleichsstudien wie TIMMS, PISA und IGLU werden in diesem Kontext kritisiert. Sie haben jedoch auch Fragen der Bildungsgerechtigkeit – insbesondere den gravierenden Disparitäten beim Zugang zu den höher qualifizierenden Bildungsgängen entlang der Trennlinie eines Migrationshintergrundes, der sozialen Herkunft und des Geschlechts – breite öffentliche Beachtung verschafft. Die interkulturelle Bildungsforschung enthält vielfältige Hinweise darauf, dass Kinder und Jugendliche aus Familien mit Migrationshintergrund und/oder niedrigem sozioökonomischen Status durch unklare und restriktive Praktiken bei der Leistungsbeurteilung und Zuweisung zu unterschiedlichen Bildungsangeboten benachteiligt werden (vgl. zusammenfassend z.B. GOGOLIN/KRÜGER-POTRATZ 2006; GOMOLLA 2009).

Ein Beispiel für Unklarheiten in der Leistungsbeurteilung ist die Verunsicherung von Lehrkräften bei der Einschätzung der Fähigkeiten und Leistungen mehrsprachiger Schülerinnen und Schüler. Lehrkräfte *überschätzen* die schulischen Lernmöglichkeiten von Kindern und Jugendlichen mit Deutsch als Zweitsprache häufig, wenn sie von vorhandenen mündlichen Kommunikationsfähigkeiten auf die Fähigkeiten zur Teilhabe am schulischen, bildungssprachlich geprägten Diskurs schließen. Demgegenüber *unterschätzen* sie die sprachlichen Fähigkeiten mehrsprachiger Schülerinnen und Schüler, wenn sie Kompetenzen in anderen Familiensprachen als Deutsch nicht wahrnehmen (vgl. diverse Beiträge in FÜRSTENAU/GOMOLLA 2011).

Die Frage nach der Objektivität der schulischen Beurteilungs- und Selektionspraxis stellt sich auch in Anbetracht empirischer Evidenzen, die darauf hinweisen, dass Schülerinnen und Schüler, die am Ende ihrer Grundschulzeit gleiche Leistungen aufweisen, auf unterschiedliche Bildungsgänge des hierarchisch gestuften Sekundarschulsystems überwiesen werden (vgl. Bos u.a. 2003, 2004). Auch lassen sich erhebliche Leistungsüberschneidungen zwischen Kindern und Jugendlichen feststellen, die unterschiedlichen Schulformen zugeordnet sind (vgl. auch KRONIG 2003, 2007). Es wäre jedoch verkürzt, die vorfindbaren Schieflagen in der schulischen Beurteilungs- und Selektionspraxis ausschließlich mit Informationsdefiziten oder vorurteilsbehafteten Einstellungen der Lehrkräfte gegenüber solchen Kindern zu erklären, die selbst oder deren Familien eine Migrationsgeschichte aufweisen oder die aus sozioökonomisch randständigen Schichten stammen. Die sozialen Selektionstendenzen der Schule sind auch durch die institutionellen Rahmenbedingungen der Lehrerarbeit mitgeprägt. Dies wird z.B. deutlich, wenn die großen Schwankungen in der Bildungsbeteiligung unterschiedlicher sozialer Gruppen abhängig von Ort und Zeit des Schulbesuchs genauer untersucht werden. Solche Daten lenken den Blick auf schulstrukturelle und -kulturelle Merkmale wie vor allem die Verfügbarkeit von Fördermöglichkeiten, die um den regulären Unterricht gelagert sind (z.B. Vorschulklassen und sonderpädagogische Angebote) und vielfach als Möglichkeit genutzt werden, den Umgang mit ‚schwierigen' Kindern oder Eltern zu delegieren. Ähnlich können am Ende der Grundschulzeit die Übertrittsentscheide vom lokalen Angebot an Sekundarschulformen, dem Verhältnis von Nachfrage und Plätzen auf den unterschiedlichen Zweigen der Sekundarstufe oder von informellen Austauschbeziehungen zwischen abgebenden und aufnehmenden Schulen beeinflusst werden (vgl. KORNMANN 2003; RADTKE 2004; KRONIG 2003, 2007; SIEBER 2007; HAUF 2007; HUG 2007; GOMOLLA/RADTKE 2009).

Eine Reaktion auf nachgewiesene Benachteiligungen ist die Forderung nach einer differenzierten Förderung aller Schülerinnen und Schüler in Verbindung mit einer fairen und möglichst präzisen Einschätzung ihres Lern- und Entwicklungsstandes, ihrer Potentiale und Lernbedürfnisse. Diese Forderung wird häufig als Schlüsselelement einer inklusionsorientierten und auf den Abbau der Unterschiede in den Bildungserfolgen einzelner sozialer Gruppen ausgerichteten Schulpraxis formuliert. Von umfassenderen Formen der Lernstandsfeststellung wird eine angemessene Reflexion der unterschiedlichen Startbedingungen und der Vielfalt der Entwicklungsverläufe und Fähigkeiten von Kindern erwartet. Zu diesem Zweck werden Instrumente wie Lernberichte und Portfolios als besonders wertvoll erachtet (vgl. ALLEMANN-GHIONDA u.a. 2006). Auch Beurteilungsgespräche, Selbstbeurteilung von Schülerinnen und Schülern oder die Einbindung von Eltern und Kindern in Übertrittsentscheide am Ende der Grundschulzeit werden als Beitrag zu einer Objektivierung der Beurteilungen gesehen.

Es stellt sich jedoch die Frage, inwieweit solche Bemühungen um eine ‚gerechtere' Beurteilungspraxis, die vor allem auf die Verbesserung der diagnostischen Fähigkeiten individueller Lehrkräfte setzen, tatsächlich dazu beitragen können, die zumeist strukturell angelegten Ursachen von Schieflagen in der Beurteilungspraxis zu überwinden. Neue umfassendere und stärker dialog- und partizipationsorientierte Wege der Leistungsbeurteilung können sogar dazu beitragen, tiefer liegende strukturelle Ungerechtigkeiten der Schule akzeptabel zu machen und Benachteiligungen zu verdoppeln: etwa wenn von ihnen vor allem Kinder profitieren, deren Eltern versiert sind, ihre Interessen im Kontext von Schule zur Sprache zu bringen und durchzusetzen. Unter dem Druck zu selektieren können zum Zweck der individuellen Förderung sorgfältig gesammelte Daten über die Lernentwicklung einzelner Kinder im Handumdrehen zu ‚belastenden' Fakten werden, die den Ausschlag für Negativentscheidungen geben.

Praktiken der Lernstandsfeststellung und Selektion in Schulen sind mit den Handlungsstrukturen in Unterricht und Schulorganisationen, wie mit Merkmalen des lokalen Schulsystems und des Bildungssystems als Ganzem eng verwoben. Aus diesem Grund kann über geeignete Beurteilungspraktiken nicht isoliert diskutiert werden (vgl. TILLMANN/VOLLSTÄDT 2000; HORSTKEMPER 2004). Die in diesem Band versammelten Beiträge stimmen in ihrer Einschätzung überein, dass Versuche, die schulische Leistungsbeurteilung unter Zielen der Inklusion und sozialen Gerechtigkeit zu verändern, in hochgradig stratifizierten und zunehmend markt- und wettbewerbsorientierten Bildungssystemen unweigerlich an strukturelle Grenzen stoßen. Wirksame Verbesserungen der Beurteilungspraxis müssen daher – so die einhellige Schlussfolgerung – mit breiteren Umgestaltungen der institutionellen Arrangements im Unterricht, in den Schulorganisationen und im Bildungssystem als Ganzem einhergehen.

Trotzdem existieren im Schulalltag nach wie vor auf allen Ebenen Spielräume, um schulische Prozesse unter Zielen der Inklusion und Gerechtigkeit zu verändern – auch wenn diese durch Vorgaben auf jeweils übergeordneten Systemebenen begrenzt werden. Ein vielversprechender Weg, um diese Gestaltungsspielräume erschließen zu können, besteht darin, Bemühungen um eine inklusionsorientierte und diskriminierungskritische Beurteilungspraxis in breitere Initiativen zur Unterrichts- und Schulentwicklung einzubetten, wie sie auch mit der vorliegenden Lehrbuchreihe anvisiert werden (vgl. z.B. TRUNIGER 2000; STRÄULI 2005; THURN und ROOS-SCHÜPBACH im vorliegenden Band). Dass Veränderungen in Einzelschulen durch Maßnahmen auf der lokalen Ebene abgestützt sein müssen, ist eine allgemeine Erkenntnis der Schulentwicklungsforschung (vgl. z.B. MÄCHLER u.a. 2000). Wichtige Maßnahmen auf der Ebene des lokalen Bildungssystems, die Veränderungen der Beurteilungspraxis in den Schulen unterstützen könnten, wären etwa die gezielte Beobachtung von Schülerströmen und Bildungsübergängen sowie die Verankerung von Zielen der Inklusion und Gleichstellung in die Verfahren des regulären Qualitätsmanagements. Aber auch bisher im Bildungsbereich eher unübliche Strategien wie Quoten und der gezielte Ausbau des Platzangebots an Schulen, an denen das Abitur erworben werden kann, könnten wirksame Hilfsmittel darstellen. Von den Fachkräften, die in Schulen, Behörden und anderen auf die Schule bezogenen Einrichtungen tätig sind, wäre vor allem die Bereitschaft zur Kooperation mit einer Vielzahl von Personen und Gruppen erforderlich: Eltern, Vertreterinnen und Vertreter migrantischer Organisationen, Lehrpersonen anderer Schulformen, aber auch externe (den Institutionen gegenüber ‚neutrale') Fachkräfte, die die Praxis in einzelnen Einrichtungen widerspiegeln und Reflexionsprozesse anstoßen können. Ebenso wichtig wäre es, die Auseinandersetzung auf neues Terrain zu verlagern, etwa auf lokaler Ebene Dialog- und Austauschforen unter Beteiligung eines breiten Spektrums von Interessengruppen einzurichten.

Die Lehrbuchreihe „Migration und schulischer Wandel" geht davon aus, dass Bildungsungleichheiten aus der komplexen Wechselwirkung von Faktoren auf der individuellen und institutionellen Ebene resultieren. Im Mittelpunkt stehen jedoch die *institutionellen Bedingungen des Schulerfolgs* – jene Faktoren, die der Verantwortlichkeit und den Einflussmöglichkeiten von Bildungspolitik und Schulen unmittelbar unterliegen. Der Akzent liegt auf der theoretischen Fundierung und auf konkreten Ansatzpunkten für die gezielte Entwicklung von Schule und Unterricht, um möglichst allen Schülerinnen und Schülern zu ermöglichen, an den schulischen Bildungsangeboten gleichberechtigt partizipieren zu können.

Im vorliegenden Band richten wir den Blick auf Probleme einer unklaren und restriktiven Praxis der Leistungsbeurteilung und Zuweisung von Schülerinnen und Schülern zu unterschiedlichen Bildungsgängen und -angeboten, die diskriminierend wirkt und die es zu überwinden gilt. Das Lehrbuch vermittelt einen Überblick über theoretisches Grundlagenwissen zur Geschichte des modernen Beurteilungssystems und den organisatorischen Rahmenbedingungen der schulischen Selektion. Dabei werden besonders die darin angelegten Fallstricke, welche die Realisierung des Gleichheitspostulats untergraben, beleuchtet und die wichtigsten Herausforderungen der Leistungsbeurteilung im Kontext migrationsbedingter Heterogenität deutlich gemacht. Neben empirischen Forschungsarbeiten, die den Beitrag der schulischen Selektionspraktiken an der Reproduktion von Bildungsungleichheit, vor allem entlang der Trennlinien Migrationshintergrund, sozioökonomischer Status und Geschlecht untersuchen, liegt ein weiterer Schwerpunkt auf konkreten Praxisbeispielen zum Thema „Leistungsbeurteilung" aus dem In- und Ausland:

1. Im ersten Kapitel untermauert Mechtild GOMOLLA aus historisch-soziologischer Perspektive die Erkenntnis, dass Noten und Zeugnisse nie in erster Linie pädagogische Instrumente waren, sondern bis heute mit der gegliederten Organisationsstruktur und der Selektionsfunktion der Schule eng verwoben sind. Go-

MOLLA skizziert die Entstehung des modernen Nexus von nationalstaatlicher Bildungsorganisation und Zensurengebung. Die in Vergangenheit und Gegenwart einzigartige Rolle des modernen Beurteilungssystems für die Bildungsinhalte und -praxis, wie für die Selbst- und Lebensentwürfe der Subjekte, wird auf die Verbindung von drei Elementen zurückgeführt: der Feststellung von *Kompetenz*, bestätigt durch formale Zertifikate; der Idee des *Wettbewerbs*, wodurch neben der Berechtigung von Zugängen auch die Abkühlung von Erwartungen gewährleistet wird; sowie der gleichermaßen effektiven *Kontrolle* von Individuen und Bildungssystemen. Auf diesem Hintergrund wird der Widerspruch zwischen universalisierender Ausrichtung und dem Streben nach Homogenität als Basis für eine leistungsgerechte Selektion als konstitutives Merkmal der modernen Schule herausgearbeitet. Als produktives Theoriemodell, mit dessen Hilfe beschrieben und erklärt werden kann, wie die Schule diese ihr immanente Spannung zwischen inkludierenden Praktiken und Differenzierungslogik bewältigt – wobei immer auch die Übereinstimmung der innerschulischen Selektion mit den gültigen Prinzipien der Leistungsgerechtigkeit glaubhaft demonstriert werden muss – wird der organisationssoziologische Neo-Institutionalismus eingeführt. An zwei empirischen Studien schulischer Beurteilungs- und Selektionspraktiken wird gezeigt, wie Formen der individuellen und institutionellen Diskriminierung im Schulalltag wirksam werden und überdauern.

2. Diesem Strang der bildungssoziologischen Kritik am schulischen Beurteilungssystem folgt auch Winfried KRONIG im zweiten Kapitel. KRONIG betrachtet den bis heute ungebrochenen Glauben an die Übereinstimmung von Bewertung und Schülerleistung in Anbetracht der jahrzehntelangen empirisch abgesicherten Kritik als ‚Tradition der Täuschungen', die in Widersprüchlichkeiten des modernen Bildungsbegriffs selbst angelegt ist: dem ideellen Wert von Bildung und ihrem instrumentellen Nutzen. Versteht man Bildung als eigenständigen Wert, der allenfalls mit dem Ziel der Aufklärung und Emanzipation verbunden wird, gehe es in der Schule vor allem darum, dass möglichst viele Schülerinnen und Schüler möglichst viel lernen. Leistung bemesse sich hier am Erreichen vorgegebener Lernziele, wobei der Erwerb von Bildungsinhalten (abhängig von verfügbaren Ressourcen – vor allem Zeit) nahezu unbegrenzt sei und die Schülerinnen und Schüler auch voneinander profitieren könnten. In einem Konzept von Bildung als formaler Qualifikation stehe jedoch der Erwerb von Leistungszertifikaten und Bildungstiteln im Vordergrund. In hierarchisch gestuften Bildungssystemen werde Bildung dabei künstlich verknappt und mit Bildungstiteln zertifiziert, die einen unterschiedlichen Wert hätten. Leistungsbewertungen in diesem System seien rangskaliert, begrenzt und wettbewerbsorientiert. Kronig macht anhand empirischer Forschungsergebnisse plausibel, wie abhängig Leis-

tungsbewertungen von der lokal verfügbaren Angebotsstruktur von Bildung, vom Maß der Verknappung von begehrten Bildungstiteln auf dem ‚Quasimarkt' der Bildung, von sozialen und herkunftsbezogenen Merkmalen der schulischen Klientel und von der Leistungsfähigkeit der Schulklasse, in der sie erteilt werden, sind. Mit seinen Analysen kann der Autor mindestens die Unabhängigkeit, im Extremfall sogar die Gegenläufigkeit von Leistungen und Leistungsbewertungen von Schülerinnen und Schülern herausarbeiten. Damit zeigen sich Leistungsbewertungen – trotz des unverminderten Glaubens an ihre Objektivität und Zweckmäßigkeit – keineswegs mehr als „unbestechliche Instanz", sondern vielmehr scheinen sie ein problematisches „Eigenleben" zu führen.

3. Janet W. SCHOFIELD und Kira M. ALEXANDER stellen im dritten Kapitel Ansätze der (sozial-)psychologischen Forschung vor, die zur Erklärung der unterdurchschnittlichen Bildungserfolge sozial marginalisierter Schülergruppen beitragen. Die US-amerikanischen Forscherinnen gehen davon aus, dass sozialpsychologische Phänomene, die international in Kontexten der Interaktion zwischen sozialen Mehr- und Minderheiten untersucht wurden, auch in deutschen Schulen wirksam sind und dazu beitragen, dass Schülerinnen und Schüler aus allochthonen Minderheiten ihr eigentliches Leistungspotenzial nicht voll entfalten können. Dazu gehört das Phänomen, dass Schülerinnen und Schüler, die sich durch negative Stereotype bedroht fühlen, in ihrer Leistungsfähigkeit beeinträchtigt sind *(Stereotype Threat)*. Auch tatsächlich vorhandene niedrige Leistungserwartungen von Seiten der Lehrkräfte können die Leistungsmöglichkeiten der betroffenen Schülerinnen und Schüler beeinträchtigen. Das ist den von SCHOFIELD und ALEXANDER angeführten Belegen zufolge unter anderem darauf zurückzuführen, dass Lehrkräfte Schülerinnen und Schülern, die sie für leistungsschwach halten, weniger herausfordernde Aufgaben und weniger Gelegenheiten zur Beteiligung am Unterricht bieten; sie werden zudem seltener ermuntert und gelobt. Schließlich betonen die Autorinnen, dass gegliederte Schulsysteme wie das deutsche, in denen Schülerinnen und Schülern schon in jungem Alter – häufig gemäß der von den Lehrkräften ausgesprochenen Leistungserwartungen – auf verschiedene Schulformen verteilt werden, die Benachteiligungseffekte der beschriebenen psychosozialen Prozesse durch die Unterschiede in den curricularen Angeboten und Entwicklungsmilieus noch verstärken.

4. Renate VALTIN diskutiert im vierten Kapitel, ob verbale Beurteilungen eine Alternative zur Notengebung darstellen. Das Kapitel vermittelt einen Einblick in rechtliche Rahmungen, Funktionen, theoretische Grundlagen und empirische Befunde zu den Wirkungen unterschiedlicher Formen der Leistungsbeurteilung. Vor allem gestützt auf empirische Ergebnisse einer groß angelegten Studie zur

Leistungsbeurteilung in der Grundschule zeichnet die Verfasserin nach, wie die jeweiligen Beurteilungsformen von den Kindern selbst, sowie von Eltern und Lehrpersonen eingeschätzt werden. Des Weiteren vergleicht sie Noten und Verbalbeurteilungen unter drei Gesichtspunkten: der jeweiligen Grundlage der Bewertung, der Wahl der zugrundeliegenden Kriterien und der Darstellungsform der Leistungsrückmeldung. VALTIN zeigt, dass die Präferenz für Noten oder verbale Beurteilungen an sich noch wenig aussagt. Die Güte und Objektivität der Beurteilung hänge in beiden Fällen von den konkret praktizierten Verfahren zur Feststellung der Leistung oder des Lernergebnisses ab. Von der Orientierung an einer individuellen Bezugsnorm in Verbindung mit sachlichen, auf das Erreichen bestimmter Lernziele gerichteten Kriterien – wie sie durch verbale Beurteilungen möglich werden – würden jedoch als ‚lernschwach' eingestufte, wie auch mehrsprachig aufwachsende Kinder ganz besonders profitieren. Allerdings werde das Potential verbaler Beurteilungen bisher nur in „Spurenelementen" verwirklicht. Angesichts dieses ungenutzten Potentials vermag der zentrale Befund, dass die Unterschiede zwischen Schülerinnen und Schülern mit Noten- oder Verbalbeurteilungen hinsichtlich ihrer schulischen Leistungen, ihrer Lernfreude, ihrer Leistungsmotivation und ihres Fähigkeitsselbstbildes nicht sehr ausgeprägt seien, kaum zu überraschen. Vor diesem Hintergrund markiert VALTIN einen umfassenderen schulischen Innovationsbedarf, der sich nicht allein auf die Leistungsbeurteilung beschränkt, sondern Veränderungen des Unterrichts einbezieht.

5. Obgleich verbale Lernbeurteilungen und standardisierte Leistungstests auf den ersten Blick zwei diametral entgegengesetzte bildungstheoretische Traditionen verkörpern, treffen sie sich in ihrer Erwartung einer objektiveren und sozial gerechteren Beurteilungspraxis, indem die individuelle Schülerleistung von einem Vergleich mit der Lerngruppe entkoppelt und stärker an vorgegebenen Sachkriterien gemessen wird. Johannes KÖNIG liefert im fünften Kapitel das nötige theoretische Hintergrundwissen über die aktuellen strukturellen Veränderungen des schulischen Beurteilungssystems, die mit der Implementierung von Bildungsstandards und regelmäßigen länderübergreifenden Leistungstests vollzogen werden. Zunächst werden der Kontext aktueller Veränderungen der Beurteilungspraxis sowie Grundideen und Ziele von neuen Kompetenzmodellen und Bildungsstandards skizziert. Daraufhin werden exemplarisch Instrumente vorgestellt und Hinweise auf die Institutionalisierung der neuen Beurteilungspraxis gegeben. In der abschließenden kritischen Einschätzung der Chancen und Probleme der Standardorientierung für den Umgang mit migrationsbedingter Heterogenität überwiegt allerdings die Skepsis. Der Autor räumt zwar ein, dass verbindliche Festlegungen der in Schule und Unterricht zu erreichenden Ziele

den so genannten ‚sozialen Vergleich' umgehen und den Lehrkräften konkrete und auf das Schulfach bezogene Kriterien an die Hand geben, um Schülervoraussetzungen wie Lernergebnisse klarer und objektiver einschätzen zu können. Aber auch Bildungsstandards und Leistungstests bilden keine Ausnahme von der allgemeinen Erkenntnis, dass veränderte Beurteilungsinstrumente allein gegen die sozialen Selektionstendenzen der Schule wenig ausrichten können. Ganz im Gegenteil – in hierarchisch gegliederten und marktförmig organisierten Bildungssystemen sei mit so genannten ‚nicht intendierten Folgen' dieser neuen Instrumente zu rechnen. So können sie zu schulischen Selektionszwecken missbraucht werden oder für Strukturveränderungen, die den pädagogischen Umgang mit Kindern, die von den Normalitätserwartungen der Schule abweichen, eher zusätzlich einschränken, etwa durch die Verengung der Unterrichtsinhalte auf das in Tests abgefragte Wissen (*teaching to the test*).

6. Ein Beispiel für die Chancen der neuen Kompetenzorientierung und klar beschriebener Leistungsziele für die Arbeit in sprachlich heterogenen Klassen präsentieren Drorit LENGYEL und Hans-Joachim ROTH im sechsten Kapitel. LENGYEL und ROTH stellen ein Kompetenzraster vor, das primär der *Beobachtung* von Lernprozessen dient, und nicht der Bewertung. Bei dem Instrument handelt es sich um einen Beobachtungsbogen, mit dessen Hilfe Lehrkräfte schriftsprachliche Fähigkeiten erfassen können, die Schülerinnen und Schüler zur Bewältigung der schulischen Lernanforderungen benötigen. Der Autor und die Autorin gehören einer Arbeitsgruppe an, die entsprechende Kompetenzraster für die Sekundarstufe I unter Berücksichtigung des schriftsprachlichen Erwerbsverlaufs theoretisch entwickelt und empirisch erprobt. Im Lehrbuchkapitel wird ein solches Kompetenzraster für die Sprachhandlung *Berichten*, die laut Bildungsstandards in verschiedenen Schulfächern vermittelt werden soll, beispielhaft vorgestellt. Das Instrument versetzt (Fach-)Lehrkräfte in die Lage, differenziert wahrzunehmen, was Schülerinnen und Schüler schriftsprachlich bereits leisten können und bei der Einschätzung von Schülertexten einen gegebenenfalls pauschalen negativen Gesamteindruck, der häufig durch schnell ins Auge fallende Fehler entsteht, zu überwinden. Es ermöglicht eine kompetenzorientierte Sprachstandsfeststellung sowie die Beobachtung sprachlicher Entwicklungen und kann sowohl als Grundlage für zielgerichtete Unterstützung beim Textschreiben als auch für eine gerechtere Leistungsbeurteilung genutzt werden.

7. In reformpädagogischer Tradition und mit dem Anspruch, dass Leistungsrückmeldung der Unterstützung von Lernprozessen dienen soll, sind an der Laborschule Bielefeld die individuellen Lernentwicklungen der Schülerinnen und Schüler Grundlage für die Leistungsbeurteilung. Im siebten Kapitel bezeichnet

Susanne THURN die Laborschule Bielefeld als „Leistungsschule einer Kultur der Vielfalt" und schildert die besondere Philosophie und Kultur der Leistungsbeurteilung in dieser Schule. In der Darstellung wird deutlich, dass Leistungsvergleiche durch eine bewusste Herstellung von Heterogenität in den Lerngruppen vermieden werden können, so z.B. in jahrgangsübergreifenden Lerngruppen und in altersgemischten Interessens- und Projektgruppen. THURN vertritt die These, dass die in der Laborschule Bielefeld praktizierten Formen der individuellen Leistungsbeurteilung in der (im deutschen Schulsystem ‚normalen') „Leistungsschule der Belehrung und der vergleichenden Gerechtigkeit" nicht konsequent umgesetzt werden können. Die „Leistungsschule der Kultur der Vielfalt" und die „Leistungsschule der Belehrung und der vergleichenden Gerechtigkeit" seien zwei sich ausschließende Systeme. In der Laborschule Bielefeld lernen alle Schülerinnen und Schüler bis zum Ende des zehnten Schuljahres gemeinsam und erhalten bis zum Ende des neunten Schuljahres keine Ziffernnoten. Mit Blick auf aktuelle bildungspolitische Reformbestrebungen kommt THURN zu dem Schluss, dass eine konsequente Strategie zur Überwindung von Bildungsungleichheit durch neue Formen der Leistungsbeurteilung im deutschen Regelschulsystem nicht auszumachen sei.

8. Markus ROOS-SCHÜPBACH zeigt am Beispiel des Schweizer Schulentwicklungsprojektes ‚Ganzheitlich Beurteilen und Fördern' (GBF) alternative und umsetzbare Wege einer Schulorganisation auf, die nicht die Selektion sondern die Förderung ihrer Schülerinnen und Schüler in den Vordergrund rückt. Im Kanton Luzern wird seit 1988 eine Beurteilungskonzeption erprobt und angewendet, die gemäß dem Motto „Noten haben keine Förderorientierung" Kinder ganz ohne Noten zu beurteilen sucht und selbst zur Beurteilung anhält. In dem Projekt steht die ganzheitliche, ressourcenorientierte und gemeinsame Beurteilung im Vordergrund, so dass Kinder, Eltern und Lehrkräfte – durchaus unterschiedliche – Beurteilungen fällen können, wobei sich die Beurteilung aber an der Erreichung gemeinsam vereinbarter Lernziele für das Kind bemisst. Der weitere Förderbedarf wird dann wiederum aus diesen Beurteilungen ermittelt, so dass sich ein so genannter „Förderkreislauf" ergibt: Erst werden Ziele gemeinsam festgelegt, dann Lernprozesse beobachtet, anschließend beurteilt und schließlich der jeweilige Förderbedarf daraus abgeleitet – womit der Kreislauf wieder von vorn beginnt. In diesem Programm stehen Kinder mit Migrationshintergrund nicht speziell im Vordergrund. Es ist grundsätzlich auf die Förderung einer heterogenen Schülerschaft beziehungsweise auf einen Unterricht für alle ausgerichtet. Ausgehend von einer großen Heterogenität der Kinder bezüglich Motivation, Interessen, sozialem Hintergrund, Leistungsfähigkeit, Verhaltensauffälligkeiten, (Lern-) Behinderungen, sprachlichen Kompetenzen,

kulturellem Hintergrund und ähnlichem werden alle Kinder individuell gefördert. Insbesondere im Hinblick auf Kinder mit anderen Familiensprachen als Deutsch kann ROOS-SCHÜPBACH herausstellen, dass eine individuelle Beurteilung und Förderung hilfreicher und motivierender sei, als der beurteilende Vergleich mit dem Klassendurchschnitt.

9. Internationale Vergleiche schärfen das Bewusstsein für Unterschiede in den Philosophien der Leistungsbeurteilung. Während die meisten Kinder im vierten Schuljahr in Deutschland bereits wissen, dass es maßgeblich von ihrem Zeugnis und von ihrer ‚Leistung' abhängt, welche Schule sie in naher Zukunft besuchen dürfen, haben gleichaltrige Kinder in Schweden noch nie eine Zensur bekommen und wissen, dass sie bis zum Ende des neunten Schuljahres gemeinsam unterrichtet werden. Im 9. Kapitel verfolgt Florian WALDOW die Frage nach Noten- und Chancengerechtigkeit im Vergleich zwischen dem deutschen und dem schwedischen Bildungssystem. Während in Deutschland die Schulnoten und -zeugnisse nach wie vor in hohem Maße von den eher impliziten Bewertungsmaßstäben der einzelnen Lehrkräfte und Schulen abhängen, erscheint die Bewertungspraxis in Schweden, wo explizite Bewertungskriterien durch nationale einheitliche Tests ab dem 8. Schuljahr gewährleistet sein sollen, auf den ersten Blick ‚neutraler' oder ‚gerechter'. Allerdings haben Schülerinnen und Schüler mit Migrationshintergrund auch im schwedischen Schulsystem, ebenso wie im deutschen, unterdurchschnittliche Bildungschancen. Beide Systeme erzeugen also, trotz grundlegender Unterschiede im Umgang mit Leistungsbewertung, Bildungsungerechtigkeit. WALDOW führt das unter anderem darauf zurück, dass eine Verteilung der Schülerinnen und Schüler auf Schulen oder Schultypen, die sich in der Qualität des Bildungsangebots unterscheiden, letztlich in beiden Systemen (in Deutschland nach dem vierten, in Schweden nach dem neunten Schuljahr) stattfindet.

Literatur

Allemann-Ghionda, C./Auernheimer, G./Grabbe, H./Krämer, A. (2006): Beobachtung und Beurteilung in soziokulturell und sprachlich heterogenen Klassen. Die Kompetenzen der Lehrpersonen. In: Zeitschrift für Pädagogik, Jg. 51, Beiheft, S. 250-266.

Bos, W./Lankes, E.-M./Prenzel, M./Schwippert, K./Valtin, R./Walther, G. (2003): Erste Ergebnisse aus IGLU. Schülerleistungen am Ende der vierten Jahrgangsstufe im internationalen Vergleich. Münster.

Bos, W./Lankes, E.-M./Prenzel, M./Schwippert, K./Valtin, R./Walther, G. (2004): Einige Länder der Bundesrepublik Deutschland im nationalen und internationalen Vergleich. Münster.

Fürstenau, S./Gomolla, M. (2011) (Hrsg.): Migration und schulischer Wandel: Mehrsprachigkeit. Wiesbaden.

Gomolla, M. (2009): Heterogenität, Unterrichtsqualität und Inklusion. In: Fürstenau, S./ Gomolla, M. (Hrsg.): Migration und schulischer Wandel: Unterricht. Wiesbaden, S. 21-43.

Gomolla, M./Radtke, F.-O. (2009): Institutionelle Diskriminierung. Die Herstellung ethnischer Differenz in der Schule. Wiesbaden.

Hauf, T. (2007): Innerstädtische Bildungsdisparitäten an der Übergangsschwelle von den Grundschulen zum Sekundarschulsystem. In: Zeitschrift für Pädagogik, Jg. 53, Heft 3, S. 299-313.

Hug, E. (2007): Bildungsgerechtigkeit und schulische Selektion. In: WIDERSPRUCH, Jg. 52, Heft 7, S. 107-117.

Horstkemper, M. (2004): Diagnosekompetenz als Teil pädagogischer Professionalität. In: Neue Sammlung 44, S. 201-214.

Ingenkamp, K.-H. (1969/1971): Die Fragwürdigkeit der Zensurengebung. Texte und Untersuchungsberichte. Weinheim.

Kornmann, R. (2003): Migrantenkinder in der Sonderschule – Sonderfälle? Unveröffentlichtes Manuskript eines Vortrags auf der Tagung ‚Migrantenkinder in Nordrhein-Westfalen – sozialer Aufstieg oder Verelendung?' am 02.12.2003 in Wuppertal/Barmen. (Im Internet verfügbar unter: www.ph-heidelberg.de/wp/kornmann/ veroeffentlichungen/2.pdf)

Kronig, W. (2003): Das Konstrukt des leistungsschwachen Immigrantenkindes. In: Zeitschrift für Erziehungswissenschaft, Jg. 6, Heft 1, S. 126-139.

Kronig, W. (2007): Die systematische Zufälligkeit des Bildungserfolgs. Theoretische Erklärungen und empirische Untersuchungen zur Lernentwicklung und zur Leistungsbewertung in unterschiedlichen Schulklassen. Bern.

Gogolin, I./Krüger-Potratz, M. (2006): Einführung in die Interkulturelle Pädagogik. Stuttgart.

Mächler, S. u.a. (Hrsg.) (2000): Schulerfolg: kein Zufall. Ein Ideenbuch zur Schulentwicklung im multikulturellen Umfeld. Zürich.

Radtke, F.-O. (2004): Die Illusion der meritokratischen Schule. Lokale Konstellationen der Produktion von Ungleichheit im Erziehungssystem. In: Bade, K. J./Bommes, M. (Hrsg.): Migration – Integration – Bildung. Grundfragen und Problembereiche. IMIS-Beiträge (23). Osnabrück, S. 143-178.

Siebert, P. (2006): Steuerung und Eigendynamik der Aussonderung. Vom Umgang des Bildungswesens mit Heterogenität. Luzern.

Sträuli Arslan, B. (2005): Lesen und Beurteilen, Lesen mit Zielen. In: Sträuli Arslan, B. unter Mitarbeit von Mächler, S.; Neugebauer, C.: Leseknick, Lesekick. Leseförderung in vielsprachigen Schulen. Zürich, S. 78-91.

Tillmann, K.-J./Vollstädt, W. (2000): Funktionen der Leistungsbewertung. Eine Bestandsaufnahme. In: Beutel, I.-S./Vollstädt, W. (Hrsg.): Leistung ermitteln und bewerten. Hamburg, S. 27-37.

Truniger, M. (2000): Beurteilen, Benoten und Zuteilen. In: Mächler, S. u.a. (Hrsg.): Schulerfolg: kein Zufall. Ein Ideenbuch zur Schulentwicklung im multikulturellen Umfeld. Zürich, S. 70-79.

Kapitel 1

Mechtild Gomolla

Leistungsbeurteilung in der Schule: Zwischen Selektion und Förderung, Gerechtigkeitsanspruch und Diskriminierung

Bewertungen sind ein essentieller Bestandteil des sozialen Lebens. In der Interpretation unserer Alltagswirklichkeit, in der wir unseren subjektiven Sinn erschließen und uns in der Welt positionieren, bewerten und beurteilen wir fortlaufend Menschen, Dinge, Ideen, Werte oder Situationen – und zwar von frühester Kindheit an. Schon Kinder aktivieren, wenn sie auf eine einfache Frage wie ‚Hattest Du eine schöne Zeit?' angemessen mit ‚ja' oder ‚nein' antworten, bestimmte mentale Prozesse, einschließlich einer rückblickenden Betrachtung des Ereignisses und der mehr oder weniger bewussten Anwendung von Kriterien, was eine ‚schöne' Zeit ausmacht (vgl. BROADFOOT 1996, S. 3).

Im persönlichen Bereich bleiben Bewertungsprozesse zumeist implizit. Mit wachsender öffentlicher Relevanz weisen sie jedoch in der Regel einen offeneren und stärker formalisierten Charakter auf. Oft werden dann die Kriterien genau geprüft, ob sie angemessen und gerecht sind und die Fakten und das Verfahren streng kontrolliert. Die Schule gehört zu den aufgeladensten Bewertungssettings. Lehrkräfte nehmen im Unterricht permanent Bewertungen vor: von individualisierten, informellen und oft intuitiven Einschätzungen, wie sie für jegliches soziales Handeln konstitutiv sind (z.B. wenn eine Lehrerin entscheidet, wie sie mit einer Störung im Unterricht umgeht), über durchdachte Lernkontrollen mit Hilfe von Test- oder Beobachtungsdaten, um gezielte Unterstützung anbieten zu können, bis hin zu in hohem Maß sichtbaren formalen Prüfungen. Auch der eigene Unterricht wird permanent beurteilt, etwa die Wirkung bestimmter didaktischer Methoden oder die Fortschritte in der Klasse, um im Stoff fortschreiten zu können. Die Schülerinnen und Schüler sind in der Interaktion mit den Lehrpersonen und untereinander ebenfalls in Selbstbewertungen involviert, indem sie oft unbewusst ihre Leistung mit der anderer vergleichen. Lehrkräfte greifen auch im Bemühen, auf individuelle Bedürfnisse einzugehen, auf Kategorisierungen zurück, welche auf impliziten oder expliziten Bewertungen basieren – oft in Verbindung mit Stereotypen wie ‚begabt', ‚faul', ‚dumm'. Diese werden häufig mit bestimmten Gruppen (z.B. Mädchen/Junge, Migrationshintergrund) assoziiert. Kinder lernen in der Schule, dass nur bestimmte Arten von Leistung wertgeschätzt werden – und lernen auch ihre Erwartungen und ihr Verhalten entsprechend anzupassen. Verinnerlichte Beurteilungen verstärken Unterschiede in Verhalten und Motivation zwischen Kindern, die als ‚helle Köpfe' und als ‚hoffnungslose Fälle' etikettiert werden.

Schulische Leistungsbeurteilung ist in viele und zum Teil widersprüchliche Zwecke eingespannt. Die kontinuierliche *formative* Bewertung von Lernprozessen, welche untrennbar in jegliches Unterrichtsgeschehen eingebettet ist, weist einen genuin pädagogischen Charakter auf. Als *summative* Leistungsbewertung bezeichnet man stärker formalisierte und vom Unterricht abgekoppelte Beurteilungen, die auf die Externalisierung von Informationen über Bildungsprozesse zielen. Im internen Schulgebrauch stehen die Notenführung und Berichtsfunktionen für andere Lehrkräfte, Eltern und Schülerinnen und Schüler im Vordergrund; im externen Gebrauch die Zertifizierungs- und Selektionsfunktion. In jüngster Zeit werden Ergebnisse summativer Leistungsbewertung zudem vermehrt zur Rechenschaftslegung und zum Bildungsmonitoring genutzt, etwa wenn die ‚Effektivität' von Lehrpersonen, Schulen oder Bezirken nach dem Anteil der Kinder, die ein bestimmtes Niveau in Leistungstests erlangen, beurteilt wird. Zwar sollen auf der Basis solcher aggregierter Daten aus Schulleistungstests keine Entscheidungen über einzelne Kinder getroffen werden. Die Testergebnisse können die individuellen Lernmöglichkeiten jedoch auf vielfältige Weise indirekt beeinflussen. Wenn z.B. hohe Belohnungen oder Sanktionen an die Ergebnisse solcher Vergleichstests gebunden werden (*high stakes testing*) wird vielfach beobachtet, dass der Unterricht auf Testinhalte konzentriert wird – was selbstverständlich nicht das gleiche wie gute Bildung sein muss (vgl. HARLEN 2006). In Ländern, in denen die Leistungsdaten einzelner Schulen oder Schulbezirke in Form von Rankings veröffentlicht werden, wird zudem festgestellt, dass Kinder, die von den Normalitätserwartungen der Schule abweichen, beim Zugang zu und auch noch in den Schulen vermehrt ausgesondert werden, um die Ranglistenposition der Schule nicht zu gefährden (vgl. GILLBORN/YOUDELL 2000). Die wenigen Beispiele illustrieren die hohe Vernetzung von Leistungsbewertung für verschiedene Zwecke im Schulalltag – mit signifikanten Folgen für den Umgang mit einer heterogenen Schülerschaft. Sie rücken zudem die komplexe Rolle der Leistungsbeurteilung als sozialer Kontrollmechanismus in den Blick.

Diese Einführung in Fragen der Leistungsbeurteilung als Feld der Unterrichts- und Schulentwicklung in der Migrationsgesellschaft fokussiert auf die

Zusammenhänge von Bildungsorganisation, Beurteilung und der sozialen Selektivität von Schule. Der erste Teil untersucht den modernen Nexus von nationalstaatlicher Bildungsorganisation und Zensurengebung. Der zweite Teil beleuchtet den Beitrag der schulischen Beurteilungspraxis zur Verfestigung von Bildungsungleichheit auf der Basis ausgewählter empirischer Studien.

Kasten 1 ▶ ‚Leistung' – was ist das eigentlich?

Darüber was Leistung ist und sein soll besteht in einzelnen Gesellschaften und Epochen, aber auch innerhalb einer Gesellschaft zu einem bestimmten Zeitpunkt, eine Bandbreite an Auslegungen. Bezieht sich die Anerkennung einer Leistung etwa auf die körperliche Verausgabung, intellektuelle Anstrengung oder ein bestimmtes Ergebnis? Wie werden die Ausgangsbedingungen, die Freiräume und Blockaden bei der Erbringung einer Leistung mitberücksichtigt? Für Leistungsgerechtigkeit existieren jedoch keine objektiven Maßstäbe. Leistung ist eine Frage der Perspektive. Für die Sozialwissenschaftler Sighard NECKEL und Kai DRÖGE sind Leistungskonzepte in gesellschaftliche Spannungsfelder und Konflikte eingebettet: *„Wir wissen aus der Geschichte der modernen Gesellschaft, dass das Leistungsprinzip stets Gegenstand erbitterter sozialer Kämpfe gewesen ist, in denen darum gerungen wurde, welche menschlichen Tätigkeiten überhaupt in den Stand sozial anerkennungswürdiger Leistungen erhoben werden und welche nicht. Es hängt wesentlich von der Machtverteilung in diesen sozialen Kämpfen ab, wer zu einem gegebenen historischen Zeitpunkt als gesellschaftlicher ‚Leistungsträger' gilt und wer als ‚leistungsschwaches' Mitglied der Gemeinschaft disqualifiziert wird – mit allen materiellen und immateriellen Folgen für den sozialen Status von Personen und Gruppen, die sich daraus ergeben. Daher muss eine gegebene Sozialordnung immer auch daraufhin untersucht werden, welche gesellschaftlichen Leistungsbeiträge in ihr marginalisiert, abgewertet und unsichtbar gemacht werden."* (vgl. DRÖGE/NECKEL 2010, S. 7f.).

In dem am Institut für Sozialforschung in Frankfurt a.M. angesiedelten Forschungsprojekt „‚Leistung' in der Marktgesellschaft – Erosion eines Deutungsmusters?" haben DRÖGE und NECKEL herausgefunden, dass die Auseinandersetzungen über den Leistungsbegriff in Deutschland an Schärfe gewonnen haben. Sei das Leistungsverständnis der sozial-liberalen Ära noch an die Normen der Aufstiegsgesellschaft geknüpft gewesen („Du sollst es mal besser haben!"), würde Leistung in den Debatten über den oft als leistungsfeindlich diffamierten Wohlfahrtsstaat immer mehr mit ökonomischem Markterfolg gleichgesetzt. Hier gelte der Umkehrschluss „Die mehr verdienen leisten mehr!", der sich z.B. in der Figur des ‚Leistungsträgers' oder in dem Slogan „Leistung muss sich wieder lohnen!" ausdrücke. Dieses neue *marktförmig-kalkulative Leistungsverständnis* basiere auf der grundlegend falschen Prämisse, die Verteilung von Vermögen und Einkommen vor der Umverteilung durch den Wohlfahrtsstaat sei gemäß der normativen Spielregeln des meritokratischen Leistungsprinzips zustande gekommen. Es habe vor allem zur radikalen Entwertung eines zentralen Aspektes beigetragen: dem individuellen Aufwand als Gradmesser für Zufriedenheit und Selbstpositionierung.

1 Historischer Überblick

1.1 Entstehung und Funktionen des modernen Beurteilungssystems

Zensuren haftet – trotz permanenter Zweifel an ihrem pädagogischen Nutzen und an der Fähigkeit der Lehrerschaft, gerecht zu urteilen sowie einer Fülle überzeugender Belege für die Benachteiligungen von Gruppen mit niedrigem sozialen Status – eine eigentümliche Ausstrahlung und Zählebigkeit an. Sie wirken, wie etwa Hartmut Titze (2000) schreibt, nicht bloß als äußerlicher Zwang, sondern sie sind „ein tief und zuverlässig sozialisierter und institutionalisierter Modus unserer Vergesellschaftung" (ebd., S. 49). Um die Schlüsselrolle der in Schulen vorgenommenen Leistungsbewertungen für die Subjekte, wie für die Gesellschaft als Ganzes genauer zu verstehen, ist ein Blick auf die Geschichte der schulischen Notengebung und ihre komplexen sozialen Funktionen hilfreich.

Das moderne Beurteilungssystem entstand parallel zur Ablösung der feudalen Ständegesellschaft durch die demokratisierte, offenere Industriegesellschaft. In der alten ständischen Gesellschaft wurden berufliche und soziale Rollen fast automatisch von Eltern an ihre Kinder weitergegeben. Mit Veränderungen von Arbeit und Wirtschaft und dem technologischen Wandel wurde der Lebenslauf der Einzelnen jedoch von der sozialen Herkunft abgelöst. Das aufklärerische Denken betonte die Eigenverantwortung der Einzelnen für die Lebensgestaltung. In den sich konstituierenden Nationalstaaten wurden soziale Mitgliedschaftsbeziehungen nicht mehr über die Standeszugehörigkeit, sondern durch öffentliche Bildung vermittelt. Mit der Menschen- und Bürgerrechtserklärung von 1789 wurde Bildung zunehmend zum Garanten der formellen Gleichheit der Staatsbürgerinnen und -bürger, welche ihrerseits bürgerliche Pflichten legitimierte.

Der im Zuge der Industrialisierung und Nationalstaatsbildung entstehende neue Typus moderner Massenbildung wurde in großflächigen bürokratischen Organisationen institutionalisiert, welche wie der Nationalstaat selbst einem standardisierten Modell folgen (vgl. MEYER 2005; zusammenfassend AMOS 2009, S. 90; vgl. auch TERHART 2000b). Universelle Merkmale dieses im 20. Jahrhundert weltweit verbreiteten Modells öffentlicher Erziehung waren die allgemeine Schulpflicht, die organisatorische Differenzierung in Jahrgangsklassen, Schulstufen und -formen, besondere Lehrmaterialien, eine eigenständige staatlich kontrollierte Lehrerbildung, sowie die Berechtigung der Schulen zur Vergabe von *Bildungstiteln und -zertifikaten*, die ebenfalls staatlich kontrolliert werden mussten, um als vollwertige Tauschwährung anerkannt zu sein.

Dass sich die Bildungsselektion als neue Rechtfertigungsgrundlage für die Verteilung sozialer und beruflicher Rollen durchsetzen konnte, wurde in Deutschland ähnlich wie in anderen Ländern durch zwei analytisch unterscheidbare historische Prozesse ermöglicht: In der zweiten Hälfte des 19. Jahrhunderts waren die Umsetzung der staatlichen Schul- und Unterrichtspflicht und die *Alphabetisierung* der gesamten Gesellschaft erreicht worden. Auf diesem Boden konnte in Verbindung mit der schon an der Schwelle vom 18. zum 19. Jahrhundert einsetzenden fortschreitenden Normierung der höheren Bildung und ihrer Verknüpfung mit dem Zugang zu Ämtern und Berufen ein vollkommen neuartiges *Berechtigungssystem* entstehen. Zum Qualifikationsauftrag der Schule trat nun die Selektionsfunktion hinzu, die ausgehend von den elitären Bildungseinrichtungen auf das gesamte Schulwesen ausgedehnt wurde. Die Einbettung der Etablierung des Prüfungswesens in soziale Herrschaftsverhältnissen veranschaulicht TITZE (2000, S. 52) an der Reifeprüfung. Diese war anfangs nur für arme ‚Brotstudenten', die sich mit dem Studium eine Existenzgrundlage schufen, verpflichtend. Jungen Männern aus höheren Schichten stand der Zugang zu privilegierten Positionen ohnehin offen; sie konnten ohne Reifeprüfung studieren.

Insgesamt veränderte sich mit der Ausweitung des Berechtigungssystems auch der Charakter der schulischen Leistungsbeurteilung:

> „Aus der positiven Charakterisierung der einzelnen Kinder in ihrer Eigentümlichkeit wurde im Kaiserreich bis zum Ersten Weltkrieg die an einer allgemeinen Norm orientierte standardisierte Vermittlungskontrolle. Die an Teilhabe orientierte positive Charakterisierung des einzelnen Kindes wurde in der Darstellung formal verknappt und zog sich zur ziffernmäßigen Zensur zusammen, die nun Teilhabe und Ausschluss vermittelte" (ebd., S. 54).

Etwa bis zum 1. Weltkrieg waren verknappte Schülerbeurteilungen in Form leicht vergleichbarer Ziffernnoten auch für die breite Masse selbstverständlich geworden. Besonders die Volksschullehrerschaft drängte darauf, Zeugnisse mit Noten und ein Abschlusszeugnis vergeben zu dürfen, um eine Gleichstellung der Volksschule mit dem Gymnasium zu erreichen. Als mit der Einführung der vierjährigen gemeinsamen Grundschule in der Weimarer Republik 1919/1920 die für den Besuch der Realschulen und Gymnasien befähigten Kinder ermittelt werden mussten und Volksschulabschlusszeugnisse gefordert wurden, um in bestimmte berufliche Ausbildungsgänge eintreten zu können, waren auch dort Zensuren und Zeugnisse funktional geworden (vgl. TILLMANN/VOLLSTÄDT 2000, S. 27f.).

Die strukturelle Überlegenheit der Bildungsselektion gegenüber der ständischen Nachwuchsrekrutierung resultierte vor allem aus der doppelten Funktion der an Bildungsnormen geknüpften Berechtigungen. Sie lassen Statusansprüche qua Lizenz zu und wehren sie durch die formale Gleichbehandlung aller und die Berufung auf eine universalistische Moral zugleich zuverlässig ab. Auf diese Weise lösen demokratisch verfasste Gesellschaften, so TITZE (2000, S. 53), das strukturelle Problem, Menschen angesichts real begrenzter Aufstiegsmöglichkeiten zu höchsten Leistungen herauszufordern. Die Frustration auf Seiten derer, die die mittleren und unteren Ränge in der Bildungshierarchie einnehmen, wird durch das meritokratische Prinzip wirksam verdeckt:

„Als ein eher stilles Massenphänomen finden in unseren Schulen und Hochschulen täglich Abkühlungen heiß ersehnter und begehrter Ansprüche und Erwartungen statt. Die Kinder werden in ihren Erwartungen an die Zukunft auch durch Zensuren gedämpft" (TITZE 2000, S. 53).

Um die sich aufbauende Frustration zu kanalisieren und das Selektionsprinzip überlebensfähig zu machen, war jedoch noch ein weiterer Legitimationsmechanismus erforderlich. Diese Funktion erfüllten, wie die britische Bildungssoziologin Patricia BROADFOOT (1996, S. 34) hervor hebt, einflussreiche neue Bildungsideologien, die sich in der zweiten Hälfte des 19. und in der ersten Hälfte des 20. Jahrhunderts um das wachsende Interesse an individueller Leistung(sfähigkeit) kristallisierten: Der Glaube an Begabung und Intelligenz als angeborene, unveränderliche und messbare Qualität. Der großflächige, offenbar effektive Einsatz von Intelligenztests bei der US-Armee 1918 überzeugte Wissenschaftler und Laien, dass es nicht nur möglich war, intellektuelle Begabung objektiv zu messen, sondern auf dieser Grundlage auch präzise die künftige Leistungsfähigkeit in der Schule und im Arbeitsleben vorherzusagen.

Schulische Leistungsbeurteilung diente jedoch schon bald nicht nur dazu, die Individuen zu kontrollieren. Sie erwies sich auch als wirksamer Kontrollmechanismus der Lehrkräfte, Inhalte und Prozesse im staatlichen Bildungssektor selbst. Beispielsweise sind die gegenwärtig populären Formen der Rechenschaftslegung und Kontrolle von Schulen und Lehrkräften über die Leistungsresultate ihrer Schülerinnen und Schüler keineswegs eine Erfindung des 20. Jahrhunderts. In England reichen Versuche, über schulische Mittelzuweisungen und individuelle Lehrergehälter auf der Basis der getesteten Schülerleistungen die Inhalte der Massenbildung zu kontrollieren und eine hohe Rentabilität staatlicher Bildungsausgaben zu gewährleisten, bis ins 18. Jahrhundert zurück (vgl. ebd., S. 37).

Für BROADFOOT resultiert daher die in Vergangenheit und Gegenwart einzigartige Rolle des modernen Beurteilungssystems für die Bildungsinhalte und -praxis, wie für die Selbst- und Lebensentwürfe der Subjekte, vor allem aus der Verbindung von drei Elementen: der Feststellung von *Kompetenz*, bestätigt durch formale Zertifikate; der Idee des *Wettbewerbs*, wodurch neben der Berechtigung von Zugängen auch die Abkühlung von Erwartungen gewährleistet wird; sowie der gleichermaßen effektiven *Kontrolle* von Individuen und Bildungssystemen. Die jeweiligen Gewichtungen dieser drei Elemente haben sich in spezifischen sozialen, ökonomischen und politischen Konstellationen oft verschoben.

1.2 Spannung zwischen universalisierender Ausrichtung und Differenzierungslogik

Im Umgang mit Kindern unterschiedlicher Herkunft war die moderne Bildungsselektion von Beginn an alles andere als eine neutrale Instanz. Soziale Trennungen wurden in der Aufteilung in ein schulgeldpflichtiges höheres Schulwesen und ein niederes Schulwesen für Kinder aus ärmeren Verhältnissen und Mädchen fortgeschrieben. Die Bestrebungen, Heranwachsende aus ihren engen familialen, religiösen und berufsständischen Bezügen zu lösen und sie gemäß universaler Prinzipien in einem gegliederten Erziehungssystem als Landeskinder zu sozialisieren, wurde ferner durch die enge Verwobenheit von Bildung und Nation im Sinne einer ‚vorgestellten (ethnischen) Gemeinschaft' konterkariert:

„Zu den entscheidenden Mechanismen dieser universellen Assimilation der nachwachsenden Generationen zählen Nachahmung und Wissen um kulturelle Traditionen sowie Einüben in vergemeinschaftende und homogenisierende Praktiken" (AMOS 2009, S. 90).

So gehörte sprachliche Homogenisierung in Verbindung mit dem Ziel der Herausbildung einer völkisch definierten nationalen Identität im 19. Jahrhundert zu den Hauptaufgaben der Schule. Die Merkmale Sprache, Staatsangehörigkeit, Ethnizität und Kultur wurden vor dem Hintergrund grenzüberschreitender Migrationsbewegungen und häufiger Grenzverschiebungen auf vielfältige Weise zum Ausschlusskriterium (vgl. zusammenfassend GOMOLLA 2009).

Die universalisierende Ausrichtung der neuhumanistischen Bildungsidee stand jedoch generell im Spannungsverhältnis zum Streben nach Homogenität als Basis für eine leistungsgerechte Selektion, das in der organisatorischen Ausdifferenzierung und Spezialisierung unterschiedlicher Zweige und Stufen des Erziehungssystems Gestalt annahm. In Verbindung mit der schulischen Organisationsstruktur und der ihr immanenten Logik des Sortierens und Trennens von Kindern hatte die sich entwickelnde moderne Pädagogik einen wesentlichen Anteil daran, wie einzelne Gruppen pädagogisch konstruiert wurden, um dann Adressaten erzieherischer Maßnahmen zu werden – oft mit dem paradoxen Resultat, dass Interventionen, statt der intendierten Hilfe, genau das Gegenteil bewirken. Karin AMOS resümiert:

> „Voraussetzung für die korrekte Zuweisung von Individuen und Schulformen wird die (pädagogische) Definition von individuellen Eigenschaften und Bedürfnissen auf deren Grundlage entschieden wird, wer unter welchen Bedingungen Adressat von bestimmten pädagogischen Interventionen wird. [...] Die Technologien, die sich auf die Regierung der Kinder beziehen: Unterricht, Hilfe, Anleitung, Beratung, Unterstützung, gehen stets Hand in Hand mit dem entsprechenden Wissen über die jeweilige Gruppe, welche das Ziel solcher Interventionen ist. [...] [D]ie moderne Pädagogik hat auch einen entscheidenden Anteil an der Konstitution der Segmente des Kollektivs: ‚benachteiligte Kinder', ‚deviante Kinder', ‚normale Kinder', ‚Risiko-Kinder', ‚hochbegabte Kinder', ‚Migrantenkinder'" (AMOS 2009, S. 91).

Obgleich in der Bundesrepublik Deutschland im letzten Drittel des 20. Jahrhunderts der gleichberechtigte Zugang zu den öffentlichen Bildungseinrichtungen sukzessive ausgeweitet wurde, bestehen gravierende soziale Ungleichheiten in den Bildungserfolgen unterschiedlicher sozialer Gruppen bis heute fort. In Anbetracht des schlechten Abschneidens Deutschlands in der PISA-2000-Studie – festgemacht an der breiten Streuung der getesteten Lese-, mathematischen- und naturwissenschaftlichen Kompetenzen und der hohen Kopplung der Leistungen an die sozialen Lebenshintergründe – wurde intensiv diskutiert, inwiefern ständische Schulverhältnisse in der gegliederten Struktur des Bildungssystems fortleben. Der Bildungsforscher Gero LENHARDT (2002) argumentiert, dass in der Bundesrepublik Deutschland im Unterschied zu anderen westlichen Ländern (vor allem Skandinavien und die angelsächsischen Länder) veraltete *Bildungsorientierungen* eine konsequente Modernisierung und Demokratisierung der öffentlichen Bildung blockiert hätten (vgl. Kasten 2). Infolgedessen gelange das Leistungsprinzip nur mit erheblichen Einschränkungen zur Wirkung.

Kasten 2 ▶   Begabungsideologie oder Leistungsprinzip?

In seiner instruktiven Abhandlung „Die verspätete Entwicklung der deutschen Schule" (2002) unterscheidet LENHARDT zwei verschiedene Bildungsorientierungen, die mit unterschiedlichen Schulmodellen korrespondierten:
In Deutschland dominiere bis heute der naturalistische Glaube an Begabung und Qualifikationsbedarf, *„[d]ie Natur habe für ungleiche und im wesentlichen*

bildungsresistente Begabungen gesorgt. Ihre Gesetzmäßigkeiten determinierten zudem die gesellschaftliche Ordnung und insbesondere den sogenannten Qualifikationsbedarf der Arbeitswelt. Ihm habe sich die Bildung aller unterzuordnen" (ebd., S. 8). In diesem System werde eine anspruchsvollere Bildung leistungsschwacher Schülerinnen und Schüler weder für möglich noch für nötig erachtet. Lehrkräfte sähen ihre Aufgabe darin, die Schülerinnen und Schüler quasi ihrer ‚zweifachen natürlichen Bestimmung' zuzuführen, das heißt *„ihre Begabungen bedarfsgerecht entwickeln"* (ebd., S. 11). Diese Handlungslogik stellt Lenhardt zufolge nicht nur für die Schülerinnen und Schüler eine Provokation dar. Sie schaffe auch für die Lehrkräfte eine permanente Überforderungssituation, in der Leistungsschwäche immer als Schwäche des eigenen Unterrichtshandelns erscheint – zugleich aber auch als Ausdruck mangelnder Begabung erklärt werden könne, mit der Konsequenz weiterer Selektion, um die Effektivität des Unterrichts zu steigern.

Dieses naturalistische Orientierungsmuster widerspricht Lenhardt zufolge den vor allem in den skandinavischen und angelsächsischen Ländern verankerten bürgerlich demokratischen Bildungsvorstellungen. Letztere setzten die Bildung freier und gleicher Bürgerinnen und Bürger an die Stelle der alten partikularen Standeskulturen und der schichtspezifischen Subkulturen als deren Nachfolger. Sie basierten auf dem demokratischen Glauben an die universelle Bildungsfähigkeit der Einzelnen und an eine gesellschaftliche Ordnung, die eine selbstständige Lebensführung erlaube und verlange: *„Zählen soll die allgemein menschliche Bildungsfähigkeit, in der sich alle gleichen, und nicht die tatsächliche Leistung, in der sie sich unterscheiden mögen. [...] Leistungsversagen und abermaliges Leistungsversagen sollen mit einer neuen Anstrengung beantwortet werden und mit der Zuversicht, dass der Erfolg nicht ausbleiben kann. [...] Der Glaube an universelle Bildungsfähigkeit ist eng verwandt mit dem optimistischen Menschenbild, das in den Bürgerrechten enthalten ist. Man kann in der modernen Gesellschaft beruflich, politisch oder familiär versagen und die größten Niederlagen verursachen, aber man kann die Bürgerrechte nicht verlieren. Das bedeutet: Man bleibt mit der Erwartung konfrontiert, eine neue Anstrengung zu unternehmen, und damit zugleich auch mit dem Vertrauen, dieser Erwartung gewachsen zu sein"* (ebd., S. 12f.).

1.3 Organisatorischer Rahmen und Beurteilungspraxis

In Deutschland galten die zentralisierte Bildungsverwaltung, detaillierte Lehrpläne und das mehr oder weniger zentralisierte System der Lehrerausbildung und -prüfung jahrzehntelang als hinreichende Garantie für eine gerechte Leistungsbewertung in den Schulen (vgl. WALDOW in diesem Band). Zwar hatten in den 1970er Jahren Zusammenstellungen internationaler Untersuchungen über die Mängel, Fehlerquellen und pädagogisch unerwünschten Effekte der Notengebung (vgl. INGENKAMP 1971, org. 1969; 1989) intensive Debatten über deren ‚Sinn und Unsinn' angestoßen. Aber auch der wachsende Einsatz von Tests zur Einschulungsdiagnostik, Ermittlung von Lese- und Rechtschreibschwächen und Übergangsauslese nach der vierten Grundschulklasse rief Kritik hervor. Problematisiert wurden etwa die Schwächen der den Tests zugrunde liegenden theoretischen Konzepte (‚Schulreife', ‚Legasthenie', ‚Intelligenz') und ihr Missbrauch zu Selektionszwecken. Alternativen wurden in der Einrichtung von Orientierungsstufen und Gesamtschulen in Ergänzung zur gegliederten Sekundarstufe gesehen. In reformpädagogischer Perspektive wurden in bewusster Distanz zu messtheoretischen Ansprüchen und Standardisierungen neue Wege zur individuellen Leistungsbeobachtung und -förderung und ihre Reflexion mit Hilfe verbaler Lernberichte erprobt (vgl. VALTIN und THURN in diesem Band).

Die grundsätzlicheren strukturellen Probleme des schulischen Beurteilungssystems blieben jedoch ungelöst. Der Erziehungswissenschaftler Ewald TERHART (2000b) zeichnet in einer qualitativen Interviewstudie mit Lehrkräften, die zu ihrer Beurteilungspraxis befragt wurden, nach, dass Beurteilungssituationen im Schulalltag oft als Problemlagen empfunden werden, in denen „die *eine* richtige Lösung" (ebd., S. 42; Hervorh. im Original) nicht wirklich identifizierbar ist. Die Notenfindung erweise sich eher als ein inneres Abwägen angesichts konfligierender normativer Bezugspunkte und unvollständiger Information. In der Entscheidungsfindung werden laut TERHART abstrakte Bezugspunkte oder Prinzipien (z.B. Lehrplanvorgaben, Standards oder Gerechtigkeitskonzepte; Ziele einer sachgerechten Information für Kinder und Eltern wie Motivation und Ermutigung zum weiteren Lernen) situativ unterschiedlich mit anderen Gesichtspunkten kombiniert. Häufig spiegeln diese – weniger als die Lernentwicklung der zu beurteilenden Kinder – den persönlichen Erfahrungshintergrund der bewertenden Lehrperson. Aber auch organisatorische Rahmenbedingungen können in die Entscheidungen einfließen (z.B. Größe und Zusammensetzung von Klassen; Anzahl oder räumliche Nähe verfügbarer Schulplätze; personelle und finanzielle Ressourcen). Gleiches gilt für Merkmale der Arbeitskultur in den Organisationen (z.B. Beurteilungsgewohnheiten im Kollegium) sowie der Berufskultur der Lehrkräfte (z.B. Strategien, mit den Unwägbarkeiten der Notengebung konfliktfrei umzugehen, etwa durch gezieltes Nebeneinanderher-Arbeiten). TERHART kommt zu dem Schluss, dass die Schülerbeurteilung als

> „von Berufstraditionen, den besonderen schulkulturellen Bedingungen der Einzelschule sowie auch je persönlichen Schwerpunktsetzungen bestimmte, weniger

geplante als eher gelebte, schwach standardisierte und lokal bestimmte Praxis
[...] zwar an Anforderungen Pädagogischer Diagnostik vorbei [geht]. Sie entspricht jedoch der Art der organisatorischen Rahmung, welche Lehrerarbeit durch Schule als Institution erfährt" (ebd., S. 44).

Ein genaueres Verständnis von der Art des Einflusses, den die organisatorische Rahmung der Lehrerarbeit auf die in Schulen getroffenen Entscheidungen ausübt, vermittelt die neo-institutionalistische Organisationsforschung (vgl. Kasten 3).

Kasten 3 ▶ Schulen als ‚lose gekoppelte' Systeme

Der organisationssoziologische Neo-Institutionalismus basiert im Kern auf Untersuchungen der Besonderheiten von Bildungseinrichtungen als *people processing organizations* (für einen Überblick vgl. HASSE/KRÜCKEN 1999; MEYER 2005; KOCH/SCHEMANN 2009). Hinter dem Schlüsselbegriff der *‚losen Kopplung'* steht die Beobachtung, dass aufgrund der zellularen Struktur von Schulen oder eines ganzen Schulsystems alltägliche Abläufe in einzelnen Einheiten relativ autonom ablaufen, das heißt grundsätzlich nur ‚lose miteinander verkoppelt' sind (z.B. Aktivitäten im Unterricht und auf der Ebene der Schulorganisation; das Geschehen in den Einzelschulen und Prozesse in Schulbehörden). Während die eigentliche *Aktivitätsstruktur* schulischer Organisationen – der Unterricht und dessen Resultate – konsistent schwach oder unkontrolliert gelassen werden (im bürokratischen wie im kollegialen Sinn) unterliegen die *rituellen Klassifikationen*, mit denen die Schule ihr Handeln nach außen hin legitimiert und darstellt (z.B. Zensurensysteme, Versetzungsbestimmungen, die hierarchische Gliederung der Schulformen) einer engen und rigiden Kontrolle. Schulen und andere Organisationen des Erziehungssystems erzeugen Legitimität nach innen und außen, indem sie so genannte *Rationalitätsmythen* aus ihrer sozialen Umwelt aufgreifen und zeremoniell zur Geltung bringen (unter anderem Ideen und Wertvorstellungen, z.B. was eine ‚gute'/‚effektive' Schule ist, wer ein ‚normaler Schüler' ist). Die provozierende Kernaussage der neo-institutionalistischen Organisationsforschung lautet, dass die dadurch hergestellte Strukturähnlichkeit *(Isomorphie)* zwischen Organisation und Gesellschaft die organisatorische Überlebensfähigkeit eher sichert als eine bloße Orientierung an technisch-instrumentellen Kriterien der Problembearbeitung beziehungsweise die wirkliche Effizienz. Durch *Strategien der Vertrauensbildung* (z.B. organisatorische Strategien der Vermeidung, des Übersehens und der Diskretion bezogen auf die tatsächlichen Kernaktivitäten der Organisation) wird eine generelle Aura des guten Glaubens aufrecht erhalten, dass alle Beteiligten nach bestem Wissen und Gewissen handeln.

Schulische Organisationen und andere Bildungseinrichtungen können durch die Entkopplung von Aktivitätsstruktur und Legitimationsstruktur inkonsistente Umweltanforderungen (z.b. schwankende Schülerzahlen und Ressourcen, Änderungen der Schulgesetze) besser bewältigen und eine höhere Flexibilität und Anpassungsfähigkeit entwickeln. Auf diese Weise können sie institutionelle Vorgaben lediglich mit symbolischen Maßnahmen befolgen, von denen das ‚Kerngeschäft' weitgehend unangetastet bleiben kann (z.B. ‚Vorführstunden' im Referendariat oder so genannte ‚Fassadenevaluationen', die über die reale Praxis kaum Auskunft geben).

Betrachtet man das Feld der Leistungsbeurteilung, so wird ersichtlich, dass den Lehrkräften traditionellerweise im Unterricht (z.b. bezüglich der Wahl der Strategien zur Beobachtung und Dokumentation der Lernstände ihrer Schülerinnen und Schüler) weitgehende Freiheiten zugestanden werden. Ein Austausch und vereinheitlichende Absprachen über Standards und Formen des Beurteilens und Benotens sind eher unüblich. Die schwache Steuerbarkeit und Kontrolle der Leistungsbeurteilung korrespondiert, wie TERHART (2000b) zeigt, mit einer „für die Schulkultur typische[n] Sprache, eine[r] Semantik des Hoffens, Appellierens und Beschwichtigens" (ebd., S. 46), welche die darunter liegenden Sachverhalte verhülle beziehungsweise sie ins Pädagogisch-Positive wende.

Lehrerinnen und Lehrer können sich jedoch keineswegs die Freiheit nehmen, auf Schülerbeurteilung, Notengebung oder Übergangsempfehlungen zu verzichten. Die Regelungen, die für die Klassifizierung und Zertifizierung von Schülerinnen und Schülern relevant sind, sind viel weitgehender expliziert und formalisiert, als die Art und Weise, wie Schülerinnen und Schüler im Unterricht behandelt werden sollen. In Erlassen und fachspezifischen Anweisungen zum Problembereich Leistungsfeststellung sind etwa die Gewichtung von Teilleistungen, Verrechnung von Noten, Versetzungsentscheidungen, Kompetenz zur Änderung von Notenentscheidungen, Dokumentation von Einzelleistungen, Zeugniskonferenzen, Erstellung gerichtsfester Begründungen für Noten- oder Versetzungsentscheidungen, detaillierte Verfahrensregelungen bei Schüler- oder Elternwidersprüchen gegen Notenentscheidungen detailliert festgelegt (vgl. ebd., S. 39f.). Hieran lässt sich die immense institutionelle Bedeutung, die der Zensurengebung und der Selektionsfunktion von Schule faktisch zukommen, ebenso wie ihre Konfliktträchtigkeit ablesen.

Diese Handlungslogik wird nur punktuell durchbrochen, etwa wenn Beurteilungen oder Versetzungsentscheide auf Zeugnis- oder Fachkonferenzen diskutiert und dabei individuelle Standards vergleichend erörtert werden. In jüngster Zeit wird allerdings mit der Einführung von Bildungsstandards und psychometrischen Testverfahren die Erwartung einer konsequenteren Technologisierung des Lehr-Lerngeschehens und der Überprüfung der erreichten Resultate verbunden.

1.4 Kompetenzmodelle, Bildungsstandards und pädagogisch-psychologische Diagnostik: Mittel einer gerechteren Beurteilungspraxis?

Seit Ende der 1990er Jahre haben die Ergebnisse internationaler Schulleistungsvergleiche und der tiefgreifende Umbau des öffentlichen Schulsektors erneut Diskussionen über zentrale Abschlussprüfungen, Vergleichsarbeiten und eine konsequentere Zensierung auf die Tagesordnung gebracht. Bei der wachsenden Fülle diagnostischer Lernstandserhebungen stehen allerdings nicht Ziele einer gerechteren Beurteilungspraxis auf der politischen Agenda, sondern der flächendeckende Aufbau einer durch die Ergebnisse von Leistungstests gesteuerten (so genannten ‚evidenzbasierten') Schulentwicklung, mit der Bildung und Schulen zunehmend einer humankapitaltheoretischen und ökonomischen Handlungsrationalität unterworfen werden. Unter dem Leitbegriff der Effektivität (vgl. z.B. HELMKE/HORNSTEIN/TERHART 2000; TERHART 2000b) erfolgt in den Bundesländern seit Mitte der 1990er Jahre eine Umstellung der staatlichen Bildungssteuerung, die einerseits auf Deregulierung und Dezentralisierung und andererseits auf Rechenschaftslegung setzt. So sind Schulleitungen und Lehrkräfte im Rahmen der sogenannten ‚Teilautonomie' der Schulen aufgefordert, individuelle Schulprofile und -programme zu entwickeln, um Angebote und Arbeitsweisen besser auf lokale Bedürfnisse auszurichten. Die Technologie zur Kontrolle und Verbesserung des schulischen Lernens umfasst systematisches Bildungsmonitoring und die Verankerung von Bildungsstandards. Die alten Lehrpläne werden durch kompetenzorientierte Kerncurricula ersetzt. Zu Zwecken des Bildungsmonitoring und der Rechenschaftslegung werden die Leistungsresultate von Schülerinnen und Schülern, Lehrkräften und Schulen zunehmend mit Hilfe standardisierter Tests überprüft. Daneben sollen Evaluationssysteme, Schulinspektionen, Zielvereinbarungen und andere aus der Privatwirtschaft übernommene Managementstrategien dazu beitragen, die Effektivität der schulischen Prozesse zu steigern.

Diese Entwicklungen weisen unter Zielen der Inklusion und Bildungsgerechtigkeit einige Vorteile auf. Systematisches Bildungsmonitoring durch großflächige standardisierte Leistungstests ermöglicht z.B., die Schulerfolgsmuster einzelner sozialer Gruppen transparent zu machen und Problemlagen und Handlungsbedarf – insbesondere auf der Ebene der lokalen Schulentwicklung – präzise zu bestimmen. Auch haben die PISA-2000-Studie und nachfolgende Leistungsvergleichsstudien in Deutschland das öffentliche Bewusstsein dafür geschärft, dass in den Schulen viele Schülerinnen und Schüler mit extrem schwachen Lernleistungen nicht ‚auffallen' und dass Lehrkräfte besonders bei Kindern mit Migrationshintergrund häufig Probleme haben, deren Fähigkeiten und Leistungen adäquat einzuschätzen. Sie haben die Notwendigkeit einer im Vergleich zur traditionellen Leistungsbeurteilung umfassender angelegten pädagogischen Diagnostik vor Augen geführt, die in Abkehr von der sozialen Bezugsnorm auf eine individualisierte Beurteilung auf der Basis von Sachkriterien zielt. Dazu werden – oft ergänzend zum traditionellen Zeugnis – nicht-standardisierte Instrumente zur Lernkontrolle wie Lernberichte, Beurteilungsgespräche und Varianten des Portfolios als geeignete Mittel betrachtet (vgl. ALLEMANN-GHIONDA 2002, 2006; HORSTKEMPER 2004; TRUNIGER 2000; STRÄULI 2005; ROOS-SCHÜPBACH in diesem Band).

Leider werden die komplexen Implikationen und Folgen der skizzierten strukturellen Veränderungen des Beurteilungssystems für den Umgang mit einer sprachlich und soziokulturell heterogenen Schülerschaft in Politik und Wissenschaft kaum diskutiert. Es fehlen überzeugende Antworten auf Fragen nach der Beschaffenheit von Kompetenzmodellen, Standards und Tests, die Zielen der Inklusion zuträglich sind und die z.B. die Sprachentwicklung mehrsprachig aufwachsender Kinder reflektieren. Wichtige Leerstellen auf der Ebene der lokalen Schulentwicklung betreffen die Frage, wie Lehrerkollegien eine im Dienste von Inklusion und Gleichstellung stehende diagnostische Praxis entwickeln und implementieren können; welche Hilfen und Formen der Rechenschaftslegung und Kontrolle dazu erforderlich sind und wie entsprechende Ziele und Strategien in die neuen regulären Steuerungsinstrumente integriert werden können (in kritischer Perspektive vgl. z.B. TILLMANN/VOLLSTÄDT 2000; HORSTKEMPER 2004; GEILING/HINZ 2005; THOLE u.a. 2007).

Aber auch die sogenannten ‚Nebenwirkungen', welche die neuen Testinstrumente (z.B. zur Einschulungsdiagnostik, Vergleichsarbeiten) für die Umsetzung von Gleichheitszielen entfalten können – insbesondere unter breiteren strukturellen Rahmenbedingungen, die nach wie vor auf Selektion angelegt sind – werden kaum kritisch reflektiert. Mittlerweile gilt als unstrittig, dass summative Leistungsüberprüfungen mit Hilfe standardisierter Tests zu Zwecken des Bildungsmonitoring und der Rechenschaftslegung vor allem dann, wenn die Ergebnisse von Schulen oder Bezirken in Rankings veröffentlicht werden, dazu beitragen, dass sich alles Handeln in den Schulen an den Ranglistenpositionen orientiert. Die Schulen greifen zum Teil zu immer verbisseneren Formen des Testens und darauf aufbauender Differenzierung und Separierung von Schülergruppen. Dabei geben sich auch historisch neue Formen der *Rationierung* von Unterricht und Betreuung zu erkennen, die nicht an den Bildungsbedürfnissen der Kinder orientiert sind, sondern an dem ökonomischen Nutzenkalkül, die

Ranglistenposition der Schulen zu steigern (vgl. GILLBORN/YOUDELL 2000; HARLEN 2006; zusammenfassend GOMOLLA 2005, S. 23ff. und 2010b).

2 Empirische Befunde zur Beurteilungs- und Zuweisungspraxis

Fragen der Umsetzung und Wirkung der schulischen Leistungsbeurteilung werden in verschiedenen wissenschaftlichen Disziplinen behandelt. Als traditionelle Domäne der (pädagogischen) Psychologie liegt das Schwergewicht auf Untersuchungen der diagnostischen und prognostischen *Qualität des Lehrerurteils* (vgl. z.B. WEINERT 2001). Hier geht es vor allem um technische Verbesserungen der Beurteilungspraxis, oft mit Bezug auf schulpolitische Ziele der Meritokratie und Chancengleichheit. Daneben hat die Erforschung von *Attributionen* – das heißt der von Schülerinnen und Schülern angenommenen Erklärungen und Begründungen von leistungsbezogenem Verhalten, dessen Auslösern und Konsequenzen – wichtige Einblicke geliefert, wie Noten subjektiv verarbeitet werden, wie sie Lernen motivieren oder auch hemmen und wie solche Prozesse von Bezugsgruppen beeinflusst werden (vgl. TITZE 2000; MÖLLER 2006).

Die Bildungssoziologie interessiert sich primär für die *Voraussetzungen und Effekte der schulischen Selektion auf der Makroebene*. Mittlerweile ist in der angelsächsischen (politischen) Soziologie der Forschungsstand zur veränderten Rolle und den (Neben-)Wirkungen der Leistungsfeststellung im Kontext performanz- und marktorientierter Bildungsreformen gut ausgebaut (vgl. z.B. BROADFOOT 1996; GLEESON/HUSBANDS 2001). Erstaunlich selten werden dagegen besonders im deutschen Sprachraum noch immer die institutionellen *Praktiken der Bewertung und Selektion* auf der Mesoebene schulischer Organisationen und auf der Mikroebene des Unterrichtshandelns in den Blick genommen (als neuere Studien ohne spezifischen Bezug zu Fragen der Migration und Bildungsungleichheit vgl. KALTHOFF 1996; TERHART 2000b; ZABOROWSKI/MEIER/BREIDENSTEIN 2011). In den USA und Großbritannien existieren einflussreiche Traditionen, die alltägliche Praktiken der Bewertung auch in längerfristiger Perspektive als Teil der Interaktionen im Unterricht untersuchen und dabei sichtbar machen, wie durch Etikettierungsprozesse von Lehrkräften und Mitschülerinnen und Mitschülern soziale Identitäten und Bildungskarrieren produziert werde. Solche Studien umgehen die Fallstricke einer zu engen Sicht auf Bewertung als Frage des richtigen diagnostischen Urteils. Sie fragen stattdessen nach dem Anteil des Bewertungsprozesses in seinen organisatorischen Rahmungen und zeitlichen Verläufen an der Konstitution der Leistung und wie und mit welchen Folgen für wen soziale Differenzmerkmale dabei entscheidungswirksam werden.

Die beiden folgenden Studien werfen ein Schlaglicht auf die Praxis der Leistungsbeurteilung in sprachlich und soziokulturell heterogenen Lernumgebungen. Die erste ist im Schnittfeld von interkultureller Bildungsforschung und pädagogischer Psychologie anzusiedeln; die zweite verbindet sozialkonstruktivistische und organisationssoziologische Perspektiven.

2.1 Beobachtungs- und Beurteilungskompetenz von Lehrkräften

Im Rahmen einer an der Universität Köln durchgeführten Studie wurde die Beobachtungs- und Beurteilungskompetenz von Lehrkräften in soziokulturell und sprachlich heterogenen Klassen untersucht (vgl. ALLEMANN-GHIONDA u.a. 2006). Im Schuljahr 2003/4 wurden neun Grundschullehrerinnen aus mehreren Schulen in Nordrhein-Westfalen gebeten, in dritten Klassen neue förderdiagnostische Instrumente zu erproben, mit denen sie den Lernstand von Kindern individuell, auf der Grundlage sachbezogener Kriterien beurteilen sollten. Von den 68 teilnehmenden Kindern wurde jeweils die Hälfte von den beteiligten Lehrkräften als ,leistungsstark' oder ,leistungsschwach' eingestuft und jeweils 34 stammten aus Familien ohne beziehungsweise mit Migrationshintergrund. Die Lehrerinnen füllten dreimal im Schuljahr einen Beobachtungs- und Beurteilungsbogen für die Kinder aus, sowie einen Bogen zu deren vermuteter Selbsteinschätzung. Parallel schätzten die teilnehmenden Schülerinnen und Schüler ihre eigenen (vor allem sprachlichen) Kompetenzen, Lernvorlieben und -strategien in einem Fragebogen ein. Die Lehrerinnen wurden zudem zu Beginn und Ende des Schuljahres zu ihren Beurteilungspraktiken interviewt. Zentrale Ergebnisse lassen sich auf vier Kernaussagen zusammenfassen:

(1) Das hohe Vertrauen der Lehrkräfte in die eigene Beurteilungsfähigkeit erscheint angesichts der subjektiven Beurteilungskriterien nicht immer plausibel.
Der Großteil der Befragten befürwortete das gängige Beurteilungssystem, also die Vergabe von Noten. Als schwierig wurde jedoch die Bewertung bestimmter Schülergruppen erlebt – genannt wurden vor allem Kinder mit Migrationshintergrund und unzureichenden Deutschkenntnissen, sehr ruhige Schülerinnen und Schüler sowie Kinder aus problembelasteten Familien. Die Aussage aller befragten Lehrerinnen, sich unvoreingenommen ein eigenes Bild von Kindern zu machen, wurde durch die angegebenen „Quellen des ersten Eindrucks" (ebd., S. 255) konterkariert: Schulakten (Anmeldeverfahren, Aufnahmetests), Erkundigungen über Familienverhältnisse oder das Sozialverhalten des Kindes, Informationen von Kolleginnen und Kollegen, Kenntnisse von Geschwistern, Aussagen anderer Kinder und Kontakt zum abgebenden Kindergarten oder Hort. Alle Lehrkräfte stützten ihre Zeugnisbeurteilungen auf Klassenarbeiten und Tests.

Sie praktizierten jedoch ganz unterschiedliche Arbeitsweisen zur Dokumentation der Lernprozesse. Das Spektrum reicht von sporadischen, unsystematischen Notizen zu Leistungen und Sozialverhalten der Kinder, wobei negative Auffälligkeiten häufiger notiert wurden als positive Entwicklungen, bis hin zu einem transparenten System (Kompetenzkarten-Modell; vgl. NATHER 2004).

(2) Der pädagogische Common Sense ist von defizitorientierten Sichtweisen und alltagsweltlichen Stereotypen durchsetzt. Übereinstimmend mit breiteren Tendenzen erhielten in der vorliegenden Stichprobe die Kinder mit Migrationhintergrund seltener eine Empfehlung für den Übertritt auf ein Gymnasium oder eine Realschule als Kinder ohne Migrationshintergrund und wurden fast doppelt so häufig auf eine Hauptschule empfohlen. Als Entscheidungskriterien wurden Sprachkenntnisse, logisches Denken, Fleiß, eigenständiges Arbeiten, Sozialverhalten oder Schulbesuch der Geschwister genannt. Die Bildungsqualität des Elternhauses wurde als wichtigstes Kriterium erachtet. Dabei stützten die Lehrkräfte ihre Bewertungen der häuslichen Bildungsvoraussetzungen auf alltagstheoretische Überlegungen, die von defizitorientierten und kulturalisierenden Zuschreibungen stark durchsetzt waren. Der Zusammenhang von Leistungserwartungen und Wertungen der Herkunft oder Familiensprachen wurde auch in der Kategorisierung leistungsschwacher und -starker Lernender entlang nationaler Zugehörigkeiten sichtbar. Aus Albanien, Ex-Jugoslawien und Russland stammende Kinder galten als besonders problematisch.

(3) Es scheint zum Selbstverständnis von Grundschullehrerinnen zu gehören, frühzeitig Kinder und ihre Bildungsperspektiven einzuschätzen und festzulegen. Den Lehrkräften war schon zu Beginn des 3. Schuljahres bei 60 von 68 Kindern klar, auf welche Schulform sie wechseln würden. Diese Einschätzungen wurden im weiteren Verlauf des Schuljahres kaum verändert.

(4) Punktuelle Initiativen zur differenzierteren Schülerbeurteilung führen nicht automatisch zu einer Förderdiagnostik. Das als Interventionsstudie angelegte Projekt verdeutlichte auch die begrenzte Reichweite punktueller Initiativen zu einer umfassenderen Schülerbeurteilung, wenn der Unterrichts- und Schulalltag ansonsten unverändert bleibt. So konnten die Wissenschaftlerinnen und Wissenschaftler feststellen, dass die Lehrkräfte die Möglichkeiten der ihnen an die Hand gegebenen neuen Beobachtungs- und Beurteilungsinstrumente kaum ausnutzten. Bei den dreimal im Schuljahr vorgenommenen Einschätzungen blieben Details häufig identisch oder fielen zum Schuljahresende eher negativer aus. Die Leistungsbereitschaft wurde bei etwa zwei Dritteln der Kinder über das Schuljahr hinweg als gleich beurteilt, wobei Leistungsbereitschaft mit Leis-

tungsstärke assoziiert war. Bei allen als leistungsschwach eingestuften Kindern wurden persönlichkeitsbezogene Kompetenzen wie Konzentration, Durchhaltevermögen, Herausforderungen suchen und planvoll arbeiten, etc. über das ganze Schuljahr hinweg als extrem niedrig beurteilt. Diese statische Sicht der Lehrkräfte korrespondierte mit einer gewissen Resignation in der Gruppe der als leistungsschwach Eingestuften. Dabei ergaben die Instrumente und die Interviews keine Hinweise, dass die durch die regelmäßige Beobachtung eröffneten Interventionsmöglichkeiten genutzt wurden – die Notizen dienten eher zur Stigmatisierung der Kinder. Dagegen hatte ein Teil der Kinder, bei denen eine höhere Leistungsbereitschaft wahrgenommen wurde, am Ende des Schuljahres höhere Leistungen als zu Beginn – darunter auch 12 Kinder mit Migrationshintergrund. Generell deutlich wurden auch die Schwierigkeiten monolingual aufgewachsener Lehrkräfte, sich in Lernsituation und Fähigkeiten von mehrsprachigen Kindern hineinzudenken.

2.2 Schulische Selektion und institutionelle Diskriminierung

Im Unterschied zum Vorurteilsansatz geht die Erklärungsperspektive der *institutionellen Diskriminierung* davon aus, dass der Großteil der Gelegenheiten zur Diskriminierung von Menschen mit einer anderen Nationalität, Sprache, Religion oder Kultur, in den Schlüsselinstitutionen des gesellschaftlichen Lebens, wie z.B. dem Bildungsbereich, eingebettet ist (vgl. Kasten 4). Gefragt wird vor allem nach den *rechtlichen Vorgaben* sowie der *Arbeitskultur in Organisationen*, z.B. in Schulen oder Schulämtern, und der *Berufskultur* der in ihnen tätigen Professionellen, die dazu beitragen, dass Diskriminierung in Organisationen stattfinden und aufrecht erhalten werden kann (vgl. GILLBORN/YOUDELL 2000; GOMOLLA/RADTKE 2009; GOMOLLA 2010a).

Kasten 4 ▶ Zum Begriff der ‚institutionellen Diskriminierung'

Der Begriff ‚Diskriminierung' bezeichnet nach Grundsätzen der Gleichheit und Gleichbehandlung festgestellte Benachteiligungen aufgrund gruppenspezifischer Differenzen (z.B. Hautfarbe, ethnische und soziale Herkunft, Geschlecht, Behinderung, Religion und Weltanschauung, Sprache oder sexuelle Orientierung). Diskriminierung mit einem ethnozentristischen oder rassistischen Hintergrund tritt – häufig in Verbindung mit Diskriminierung aufgrund anderer Differenzmerkmale (z.B. Geschlecht, sozioökonomischer Status oder Religion) in zahlreichen subtilen und offenen Formen auf: von unbedachten, aber kränkenden Äußerungen über willkürliche Ungleichbehandlung oder Ignorieren bis hin zu manifester Gewalt. Diese Erscheinungsformen der Diskriminierung sind für sich genommen schon gravierend genug. Sie bilden jedoch eher die Spitze des Eisberges. Der aus den angelsächsischen Ländern stammende Begriff der *institutionellen Diskriminierung* geht davon aus, dass ein Großteil der Diskriminierung in formalen Rechten und organisatorischen Strukturen, Programmen, Regeln und Routinen in zentralen sozialen Institutionen eingebettet ist. In der Forschung wie auf der gesetzlichen Ebene werden zwei Grundtypen institutioneller Diskriminierung unterschieden: Während *direkte* institutionelle Diskriminierung regelmäßige, intentionale Handlungen in Organisationen meint (gesetzlich-administrative Regelungen und informelle Routinen), zielt *indirekte institutionelle Diskriminierung* auf die gesamte Bandbreite institutioneller Vorkehrungen, die Angehörige bestimmter Gruppen überproportional negativ treffen.

Mit den Antidiskriminierungsgesetzen der Europäischen Union und dem 2006 verabschiedeten *Allgemeinen bundesdeutschen Gleichbehandlungsgesetz* (vgl. BUNDESMINISTERIUM DER JUSTIZ 2006) haben auch in der Bundesrepublik erstmalig Phänomene der institutionellen und strukturellen Diskriminierung juristisch und politisch Bedeutung erlangt. Neben dem Tatbestand der *unmittelbaren (direkten) Diskriminierung* werden Formen der *mittelbaren (indirekten) Diskriminierung* geahndet, d.h. *„wenn dem Anschein nach neutrale Vorschriften, Kriterien oder Verfahren Personen, die einer ‚Rasse' [Anführungszeichen MG] oder ethnischen Gruppe angehören, in besonderer Weise benachteiligen können"* (EU 2000, Art. 2, Abs. 2 a, b).

In einer in den 1990er Jahren von der Verfasserin mit durchgeführten Studie (vgl. GOMOLLA/RADTKE 2009) wurden am Fallbeispiel der Stadt Bielefeld zentrale Bildungsübergänge von Kindern aus Einwandererfamilien im Grundschulbereich untersucht: die Einschulung, Umschulung auf eine Sonderschule für Lernbehinderte (heute umbenannt in Förderschule) und der Übertritt auf die unterschiedlichen weiterführenden Schulformen. Schulstatistische Daten verwiesen auf gravierende Benachteiligungen von Kindern mit ausländischem Pass an den drei Übergangsschwellen (vgl. ebd., S. 125ff.). Mit Hilfe qualitativer Verfahren (vor allem Interviews mit Schulleitungen, Lehrkräften und Vertreterinnen und Vertretern der städtischen Schulbehörde) wurden die Entscheidungsprozesse in den Schulen untersucht. Im Mittelpunkt standen die Fragen, wie in einem Kontext, in dem in der Regel nur Leistungskriterien eine legitime Entscheidungsgrundlage darstellen, systematisch von askriptiven Merkmalen der ethnischen und sozialen Herkunft oder des Geschlechts Gebrauch gemacht wird. Es ging darum zu klären, wie solche Prozesse mit Sinn ausgestattet und legitimiert werden und welche *institutionellen* und *organisatorischen* Faktoren daran beteiligt sind, dass askriptive Merkmale entscheidungsrelevant werden und dennoch der Anschein der Legitimität und Fairness gewahrt bleiben kann.

Die Studie zeichnet detailliert nach, wie Schulen in allfälligen Prozessen der Differenzierung und Auslese unter dem vorrangigen Ziel, homogene Lerngruppen zu bilden, systematisch von Zuschreibungen hinsichtlich des sprachlichen und soziokulturellen Hintergrundes eines Kindes als Indikatoren für das Lern- und Leistungsvermögen Gebrauch machen. Einige wenige Beispiele illustrieren, wie institutionelle Diskriminierung funktioniert:

- Bei der Einschulung wurden angemeldete Kinder in Schulen, die keine separaten Förderklassen für Schülerinnen und Schüler mit ‚mangelnden Deutschkenntnissen' anboten, entgegen der rechtlichen Bestimmungen vermehrt ersatzweise in den Schulkindergarten oder sogar in den Kindergarten zurückgestellt. Eine der interviewten Schulleiterinnen kommentierte diese Praxis mit der Aussage: „Mangelnde Sprachkenntnisse gehen oft Hand in Hand mit anderen Schwierigkeiten, die das Kind noch hat" (ebd., S. 172).
- Separate, die Schulzeit verlängernde Fördermaßnahmen bei Schulbeginn konnten im weiteren Ausleseprozess in der Grundschule die Schwelle dafür senken, dass zur Abklärung möglicher weiterer Lernschwierigkeiten ein Sonderschulaufnahmeverfahren eingeleitet wurde – in den Worten eines Schulleiters: „Dass man sich bereits am Ende des ersten Schuljahres schon mal den Rat der Sonderschule holt, ob das Kind sonderschulbedürftig ist. Das ist besonders dann der Fall, wenn das Kind schon ein Jahr zu alt ist, also z.B. im Schulkindergarten gewesen ist" (ebd., S. 222).
- Generell wurden in den Interviews wie in den ausgewerteten Sonderschulgutachten häufig der Sprachstand der Kinder und Annahmen über ihr soziokulturelles Herkunftsmilieu und ihre religiöse Orientierung („Rückzug in die Herkunftsgruppe", „Koranschulbesuch" und „islamischer Fundamentalismus") als zentrale Argumente angeführt, um das Vorliegen einer schwerwiegenden Lernstörung und eine Umschulung zu begründen.
- Vor dem Hintergrund fehlender Sprachförderung an den höheren Sekundarschulformen wurde in der vierten Grundschulklasse selbst bei guten Noten vermehrt der Besuch der Real- oder Hauptschule empfohlen, mit der Begründung, ohne ‚perfekte Deutschkenntnisse' sei kein Erfolg auf dem Gymnasium möglich.
- Kulturalisierende Annahmen im Hinblick auf die Unterstützungsmöglichkeiten der Eltern wurden ebenfalls als ausschlaggebendes Prognosekriterium für den künftigen Lernerfolg in der Sekundarstufe angeführt („dass die Realschule für ausländische Eltern eine überschaubare Schulform ist"; ebd., S. 257).

- Entscheidungen für eine Sekundarschulform wurden auch strategisch umgangen, indem die Gesamtschule von vorneherein als *die* Schule für Kinder mit Migrationshintergrund erachtet wurde. Dabei wurde unter anderem selten in Rechnung gestellt, dass zum Zeitpunkt der Studie die Gesamtschulen in der untersuchten Kommune aufgrund des großen Nachfrageüberhangs eine ‚Ausländerquote' in Höhe des Anteils an der Gesamtpopulation anwandten oder versuchten, ihre Klientel gezielt in Mittelschichtbezirken zu rekrutieren.

Die Studie zeigt insgesamt, dass die Verwendung askriptiver Merkmale der Schülerinnen und Schüler oder Zuschreibungen bezüglich ihrer Elternhäuser für die Aufgabenerfüllung und die Bestandsinteressen der Organisationen selbst ebenso funktional sein können wie Leistungskriterien, die Ansprüche begründen. Die positiven Gewinne und der Nutzen für die Organisationen selbst, etwa mehr Flexibilität, Komplexitätsreduktion oder Entlastung durch die Delegation von ‚Problemen' an andere Stellen (z.B. um die Schule gelagerte pädagogische Einrichtungen oder die Eltern), sind ein wesentlicher Faktor, der das Auftreten und die Wirkungsweisen institutioneller Diskriminierung erklärt.

So kann bei der Neuaufnahme von Erstklässlerinnen und Erstklässlern in einer Schule das Interesse, beispielsweise eine bestimmte Anzahl parallel geführter Klassen zu erhalten, freie Plätze einer Vorbereitungsklasse aufzufüllen, Probleme zu delegieren oder zukünftige zeitraubende Konflikte mit Eltern zu vermeiden, Strategien der Ethnisierung Vorschub leisten. Diese sind für die Organisation funktional. Diskriminierende Wirkungen für die betroffenen Kinder werden mit Verweis auf die begrenzten Kapazitäten und Möglichkeiten der Schule oft hingenommen. Beim Übergang in die Sekundarstufe kann die räumliche Nähe unterbelegter Gymnasien umgekehrt aber auch dazu führen, dass Merkmale der Sprache und Kultur in den Beurteilungen und Empfehlungen am Ende der vierten Klasse *keine* Rolle spielen. Das zuletzt genannte Beispiel deutet darauf hin, dass die Bestands- und Funktionsinteressen einzelner Schulorganisationen oft mit den besonderen Gegebenheiten des lokalen Schulsystems zusammenhängen (z.B. Vorgaben der lokalen Schulentwicklungsplanung, Vorhandensein und Erreichbarkeit von Plätzen auf weiterführenden Schulen oder Profilierungstendenzen und damit einhergehende offene wie auch versteckte Strategien der Schülerselektion seitens der aufnehmenden Schulen). Das Problem der einen Organisation ist oft die Lösung für eine andere.

3 Zusammenfassung

Historisch-soziologische Analysen des modernen Beurteilungssystems machen deutlich, dass „Zensuren und Zeugnisse [...] in ihrer Entstehung und in ihrer bisherigen Geschichte niemals in erster Linie pädagogische Instrumente gewesen [sind]" (INGENKAMP 1985; zit. n. TILLMANN/VOLLSTÄDT 2000, S. 28). Sie sind mit der gegliederten Organisationsstruktur der Schule eng verwoben. Im Hinblick auf die Reproduktion sozialer Ungleichheitslagen erweist sich die moderne Bildungsselektion keineswegs als neutral. In der ihr immanenten Spannung zwischen universalisierender Ausrichtung und Logik des Sortierens, Trennens und Aussonderns von Kindern und Jugendlichen ist sie an der Herstellung oder Festschreibung sozialer Unterschiede aktiv beteiligt. Mit ihren historisch gewachsenen Organisationsstrukturen, Technologien und mit ihrem pädagogischen Handlungswissen trägt die Schule an der Konstitution von ‚normalen-', ‚benachteiligten-', ‚hochbegabten-', ‚Migranten-', oder ‚Risiko-Schülerinnen und -Schülern' einen entscheidenden Anteil.

Untersuchungen zur institutionellen Diskriminierung zeigen, dass in schulischen Selektionsentscheidungen – unter dem vorrangigen Ziel, homogene Lerngruppen zu bilden – in den alltäglichen Prozessen der Differenzierung und Auslese im Hinblick auf verfügbare Fördermöglichkeiten und v.a. das gegliederte Sekundarschulsystem systematisch von Zuschreibungen hinsichtlich des sprachlichen und sozio-kulturellen Hintergrundes als Indikatoren für das Lern- und Leistungsvermögen Gebrauch gemacht wird (vgl. GILLBORN/YOUDELL 2000; GOMOLLA/RADTKE 2009). Solche Muster der Stigmatisierung, Benachteiligung und des Ausschlusses bestimmter Individuen oder Gruppen resultieren oft aus der Verkettung von Einzelentscheidungen innerhalb einer Schule oder im Zusammenwirken unterschiedlicher Institutionen. Gerade weil sie in den ‚normalen' organisatorischen Arbeitsstrukturen und -kulturen in den Schulen und in der Berufskultur der in ihnen tätigen Professionellen eingebettet sind, entziehen sie sich oft der Wahrnehmung der Beteiligten.

Eine solche Handlungslogik ist schwer zu durchbrechen. Versuche, die diagnostische Kompetenz von Lehrerinnen und Lehrern zu verbessern – ohne umfassendere strukturelle Veränderungen auf den Ebenen des Unterrichts, der Schulorganisationen und des Bildungssystems als Ganzem anzugehen – greifen zwangsläufig zu kurz, um den sozialen Selektionstendenzen der Schule zu begegnen. Wie TERHART in seiner Untersuchung schulischer Beurteilungspraktiken generell feststellt, sind

„[a]ufgrund des kontextgebundenen, sozial eingebetteten, abwägenden Charakters von Beurteilungsprozessen [...] vielen Lehrkräften die strukturellen Implikationen und Folgen dieser Beurteilungspraxis nicht klar. [...] Erst der reflexiven, aus der Distanz erfolgenden Hinwendung zu Schule erschließt sich die Systemperspektive, werden übergreifende Zusammenhänge jenseits des Strebens, Wollens und Deutens der vielen einzelnen transparent" (Terhart 2000b, 47).

Ein vielversprechenderer Weg besteht darin, Bemühungen um eine inklusionsorientierte und sozial gerechte Beurteilungspraxis in breitere Initiativen zur Unterrichts- und Schulentwicklung einzubetten. Eine solche längerfristig angelegte Schulentwicklungsstrategie eröffnet einen organisatorischen Rahmen, in dem die erforderlichen Reflexionsprozesse auf den unterschiedlichen schulischen Handlungsebenen mit den nötigen Qualifizierungsprozessen der Lehrkräfte und den Strukturveränderungen in Unterricht und Schulen, sowie auf der Systemebene miteinander verbunden werden können.

Fragen und Denkanstöße

1. Beschreiben Sie die Schlüsselelemente des modernen Beurteilungssystems (Feststellung von Kompetenz, Wettbewerb und Kontrolle) und diskutieren Sie vor diesem Hintergrund die in Anbetracht des Wissens um seine Schwächen erstaunliche Überlebensfähigkeit des modernen Zensurensystems.
2. Erläutern Sie das organisationstheoretische Konzept der ‚losen Kopplung' mit Bezug auf Aspekte der Leistungsbeurteilung in Schulen.
3. Diskutieren Sie, inwiefern in der Standard- und Outputorientierung ein anderes Verständnis von Schulleistung angelegt ist als im bisherigen System.
4. Warum sind die Erscheinungsformen von Diskriminierung im Rahmen schulischer Entscheidungspraktiken so schwer sichtbar zu machen?
5. Erläutern Sie den Begriff der institutionellen Diskriminierung und diskutieren Sie den Nutzen dieser Perspektive für die Auseinandersetzung mit der sozialen Selektivität schulischer Beurteilungspraktiken – einerseits für die Forschung und andererseits für die Entwicklung von geeigneten Strategien, um eine gerechtere Beurteilungspraxis zu realisieren.
6. Diskutieren Sie die Vor- und Nachteile neuer Formen und Instrumente zur Leistungsbeurteilung in Schulen (Bildungsstandards und Kompetenzmodelle, standardisierte Leistungstests, neue Strategien zur pädagogischen Förderdiagnostik) in vor allem sprachlich und soziokulturell heterogenen Lernumgebungen.

Literaturempfehlungen

GILLBORN, D./YOUDELL, D. (2000): Rationing Education. Policy, Practice and Equity. Buckingham.
Diese in England durchgeführte Studie geht der Frage nach, wie trotz jährlich steigender Leistungsergebnisse insgesamt das Gefälle entlang der Trennlinien Gender, ethnische Herkunft und soziale Herkunft kontinuierlich anwachsen konnte. Die Studie zeichnet auf der Basis ethnographischer Fallstudien in zwei Sekundarschulen anschaulich nach, wie der im englischen Bildungssystem gegebene Leistungswettbewerb die Schulen zwingt, ihr gesamtes Handeln an den für die öffentlichen Schulrankings relevanten Quoten der höheren Abschlussprüfungen am Ende der 11. Klasse zu orientieren und wie Schulen dazu auf eine Bandbreite von Strategien zur Selektion zurückgreifen.

GOMOLLA, M./RADTKE, F.-O. (2009): Institutionelle Diskriminierung. Die Herstellung ethnischer Differenz in der Schule. Wiesbaden.
In der öffentlichen Diskussion wird eine Erklärung für den mangelnden Schulerfolg von Migrantenkindern überwiegend in Defiziten der betroffenen Kinder, ihrer familiären Umwelt und ‚Kultur' gesucht. Der Ort der Herstellung von Schulerfolgen oder -misserfolgen, die Schule, bleibt weitgehend außer Betracht. In diesem Buch wird ein Perspektivenwechsel vollzogen: Aus der Verschränkung von Theorieangeboten zur institutionellen Diskriminierung und zum Handeln in Organisationen wird ein neuer Ansatz zur Erklärung andauernder Ungleichheit und misslingender Integration entwickelt. Zahlreiche detailliert dokumentierte Beispiele sensibilisieren für das Zustandekommen von Diskriminierung in schulischen Routinehandlungen.

Literaturverzeichnis

Allemann-Ghionda, C. (2002): Von der Rute zum Portfolio – ein internationaler Vergleich. In: Rhyn, H. (Hrsg.): Beurteilung macht Schule. Leistungsbeurteilung von Kindern, Lehrpersonen und Schule. Bern, S. 121-141.
Allemann-Ghionda, C./Auernheimer, G./Grabbe, H./Krämer, A. (2006): Beobachtung und Beurteilung in soziokulturell und sprachlich heterogenen Klassen. Die Kompetenzen der Lehrpersonen. In: Zeitschrift für Pädagogik, 51 (Beiheft), S. 250-266.
Amos, S. K. (2009): ‚Bildung' in der Spätmoderne. Zur Intersektion von Educational Governance und Gouvernementalität. In: Tertium Comparationis. Schwerpunktheft: Diversität, Internationalität und Nachhaltigkeit im Kontext aktueller Bildungsreformen (I), Jg. 15, Heft 2, S. 81-107.
Broadfoot, P. (1996): Education, Assessment and Society. A Sociological Analysis. Buckingham.

Bundesministerium der Justiz (2006): Allgemeines Gleichbehandlungsgesetz. Im Internet abrufbar unter: www.gesetze-im-internet.de/agg/BJNR189710006.html

Dröge, K./Neckel, S. (2010): Leistungsbilanzen. Ein Deutungsmuster verflüchtigt sich – und bleibt umkämpft. In: polar – Zeitschrift für politische Philosophie und Kultur. Schwerpunktheft zum Thema ‚Leistung'. Heft 8, S. 7-13.

Europäische Union (EU) (2000): Richtlinie 2000/43/EG DES RATES vom 29.06.2000 zur Anwendung des Gleichbehandlungsgrundsatzes ohne Unterschied der Rasse oder der ethnischen Herkunft. Amtsblatt der Europäischen Gemeinschaft, L 180/22, DE, 19.07.2000.

Geiling, U./Hinz, A. (Hrsg.) (2005): Integrationspädagogik im Diskurs. Auf dem Weg zu einer inklusiven Pädagogik? Bad Heilbrunn.

Gillborn, D./Youdell, D. (2000): Rationing Education. Policy, Practice and Equity. Buckingham.

Gleeson, D./Husbands, C. (Hrsg.) (2001): The Performing School. Managing teaching and learning in a performance culture. London.

Gomolla, M. (2005): Schulentwicklung in der Einwanderungsgesellschaft. Strategien gegen institutionelle Diskriminierung in England, Deutschland und in der Schweiz. Münster.

Gomolla, M. (2009): Heterogenität, Unterrichtsqualität und Inklusion. In: Fürstenau, S./ Gomolla, M. (Hrsg.): Migration und schulischer Wandel: Unterrichtsqualität. Wiesbaden, S. 21-43.

Gomolla, M. (2010a): Institutionelle Diskriminierung. Neue Zugänge zu einem alten Problem. In: Hormel, U./Scherr, A. (Hrsg.): Diskriminierung. Grundlagen und Forschungsergebnisse. Wiesbaden, S. 61-93.

Gomolla, M. (2010b): Schuleffektivität, Pluralität und Gerechtigkeit. Spannungen und Widersprüche gegenwärtiger Qualitätsstrategien im Bildungssystem. In: Schwohl, J./Sturm, T. (Hrsg.): Inklusion als Herausforderung schulischer Entwicklung. Widersprüche und Perspektiven eines erziehungswissenschaftlichen Diskurses. Bielefeld, S. 243-275.

Gomolla, M./Radtke, F.-O. (2009): Institutionelle Diskriminierung. Die Herstellung ethnischer Differenz in der Schule. Wiesbaden.

Harlen, W. (2006): The Impact of Summative Assessment on Children, Teaching and the Curriculum. Vortrag auf der 15. Jahrestagung der DGfE-Kommission für Grundschulforschung und Pädagogik der Primarstufe an der Westfälischen Wilhelms-Universität Münster vom 4.-6. Oktober 2006.

Hasse, R./Krücken, G. (1999): Neo-Institutionalismus. Bielefeld.

Helmke, A./Hornstein, W./Terhart, E. (Hrsg.) (2000): Qualität und Qualitätssicherung im Bildungsbereich: Schule, Sozialpädagogik, Hochschule. Zeitschrift für Pädagogik 41 (Beiheft).

Horstkemper, M. (2004): Diagnosekompetenz als Teil pädagogischer Professionalität. In: Neue Sammlung 44, S. 201-214.

Ingenkamp, K.-H. (1969/1971): Die Fragwürdigkeit der Zensurengebung. Texte und Untersuchungsberichte. Weinheim.

Ingenkamp, K.-H. (1989): Diagnostik in der Schule. Beiträge zu Schlüsselfragen der Schülerbeurteilung. Weinheim.

Kalthoff, H. (1996): Das Zensurenpanoptikum. Eine ethnographische Studie zur schulischen Bewertungspraxis. In: Zeitschrift für Soziologie, Jg. 25, Heft 2, S. 106-124.

Koch, S./Schemann, M. (Hrsg.): Neo-Institutionalismus in der Erziehungswissenschaft. Grundlegende Texte und empirische Studien. Wiesbaden.

Lenhardt, G. (2002): Die verspätete Entwicklung der deutschen Schule. In: Pädagogische Korrespondenz, Jg. 29, S. 5-22.

Meyer, J. W. (2005): Weltkultur. Wie die westlichen Prinzipien die Welt durchdringen. Frankfurt a.M.

Möller, J. (2006): Attributionen. In: Rost, F. (Hrsg.): Handwörterbuch Pädagogische Psychologie. Weinheim, S. 34-40.

Nather, W. (2004): Das Kompetenzkartenmodell. In: Pädagogische Führung 15, S. 194-197.

Sträuli Arslan, B. (2005): Lesen und Beurteilen, Lesen mit Zielen. In: Sträuli Aslan, B. unter Mitarbeit von Mächler, S.; Neugebauer, C.: Leseknick, Lesekick. Leseförderung in vielsprachigen Schulen. Zürich, S. 78-91.

Terhart, Ewald (2000a): Qualität und Qualitätssicherung im Schulsystem. In: Zeitschrift für Pädagogik, Jg. 46, Heft 6, S. 809-829.

Terhart, E. (2000b): Schüler beurteilen – Zensuren geben. Wie Lehrerinnen und Lehrer mit einem leidigen aber unausweichlichen Element ihres Berufsalltags umgehen. In: Beutel, S.-I./Vollstädt, W. (Hrsg.): Leistung ermitteln und bewerten. Hamburg, S. 39-50.

Thole, W./Schrödter, M./Prengel, A./Schuck, K.-D. (2007): Die Macht der Diagnostik – Chancen und Grenzen diagnostischer Rahmungen pädagogischen Denkens und Handelns. In: Brumlik, M./Merkens, H. (Hrsg.): Bildung – Macht – Gesellschaft. Opladen, S. 315-327.

Tillmann, K.-J./Vollstädt, W. (2000): Funktionen der Leistungsbewertung. Eine Bestandsaufnahme. In: Beutel, I.-S./Vollstädt, W. (Hrsg.): Leistung ermitteln und bewerten. Hamburg, S. 27-37.

Titze, H. (2000): Zensuren in der modernen Gesellschaft: Zur Selbstbeurteilung und Fremdbeurteilung schulischer Leistungsdifferenzen. In: Schlömerkemper, J. (Hrsg.): Differenzen. Weinheim, S. 49-62.

Weinert, F. E. (Hrsg.) (2002): Leistungsmessungen in Schulen. Weinheim.

Zaborowski, K. U./Meier, M./Breidenstein, G. (2011): Leistungsbewertung und Unterricht. Ethnographische Studien zur Bewertungspraxis in Gymnasium und Sekundarschule. Wiesbaden.

Kapitel 2

Winfried Kronig

Über das Eigenleben von Leistungsbewertungen

Leistungsbewertungen bilden gleichsam die Epizentren der staatlich organisierten Bildung. Viele der rund um das Bildungssystem diskutierten Probleme haben hier ihren Ursprung. Man kann etwa an die Selektionsproblematik und die Spannungen bei schulischen Übertritten denken, an Bildungsungleichheiten, an den Rückgang der beruflichen Aspiration bei Jugendlichen am Ende der Schulzeit oder auch an die bisweilen schwierige Zusammenarbeit mit dem Elternhaus.

Gemeinhin wird eine Übereinstimmung zwischen Bewertung und Leistung unterstellt, sodass die Leistungsfähigkeit einer Schülerin oder eines Schülers an ihrer beziehungsweise seiner Bewertung abgelesen werden kann. Die Zweifel daran, dass Bewertungen die jeweilige Leistung aber tatsächlich abbilden können, reichen weit zurück. Bereits im 19. Jahrhundert gab es systematische Beobachtungen, die bei der Vergabe von Schulnoten einen hohen Grad an Zufälligkeit nachgewiesen haben (vgl. EDGEWORTH 1890). Auch später stoßen zahlreiche Untersuchungen regelmäßig auf eine deutliche Abweichung zwischen Leistung und Bewertung (vgl. zusammenfassend INGENKAMP 1989). In den einschlägigen Überblicken werden z.B. Erwartungs-, Halo-, Reihungs- und Kontrasteffekte, generelle Beurteilungstendenzen, Beobachtungsmängel und Erinnerungsfehler sowie logische und mathematische Artefakte genannt, die unkontrolliert in die Leistungsbewertung einfließen (vgl. z.B. ZIEGENSPECK 1999). Immer wieder sind die Ergebnisse ernüchternd. Leistungsbewertungen seien „dysfunktional" (TENT 1998, S. 809) und von „zahlreichen Fehlerquellen verfälscht" (KRAPP 1989, S. 549). Sie seien eine „institutionalisierte Ungerechtigkeit" (LAUTMANN 1970, S. 11) und für die Selektion „absolut untauglich" (INGENKAMP 1989, S. 59).

Bei so viel energischer und empirisch abgesicherter Kritik ist es nicht weiter verwunderlich, dass das Interesse gewachsen ist, die Leistungsbewertungen durch neue Formen pädagogisch abzufedern. Aber bislang scheinen sich die Alternativen nicht durchsetzen zu können oder aber sie bleiben auf der kosmetischen Oberfläche der Form, ohne die grundsätzlichen Probleme anzutasten. Dies ist beispielsweise dann der Fall, wenn Ziffernnoten durch Buchstaben oder Wörter oder ähnliches ersetzt werden. Unbeeindruckt von vielen begründeten Einwänden und resistent gegenüber aller erziehungswissenschaftlichen Kritik kann sich offenbar der Glaube an die schulischen Leistungsbewertungen ungebrochen halten, kann sich eine eigentliche ‚Tradition der Täuschungen' etablieren.

Die nachfolgenden Abschnitte beschäftigen sich mit der Suche nach möglichen Antworten auf die Frage, welche Hindernisse einer adäquaten Leistungsbewertung im Wege stehen. Hauptgegenstand der Nachforschungen sind jedoch nicht die psychometrischen Unebenheiten, wie sie durch Wahrnehmungsverzerrungen bei der täglichen Beurteilung von Leistungen entstehen können (vgl. zum Überblick ZIEGENSPECK 1999). Vielmehr soll hier ein bildungssoziologischer Blick jenseits der Person der Lehrenden auf die Struktureigenschaften des Bildungssystems weitere Aufklärung bringen.

1 Widersprüche zwischen dem ideellen Wert und dem instrumentellen Nutzen von Bildung

Die Unzulänglichkeiten der schulischen Leistungsbewertung sind also seit Langem bekannt. Auch an Ideen für Alternativen besteht kein Mangel. Will man der Frage nachgehen, weshalb in der bisherigen Entwicklung der Bildungsinstitutionen die Mängel im Zusammenhang mit Leistungsbewertungen übersehen und diesbezügliche Reformen eigentümlich blass geblieben sind oder bleiben mussten, hilft eine Auseinandersetzung mit den Mehrdeutigkeiten und den Widersprüchlichkeiten des Bildungsbegriffs (vgl. ausführlich KRONIG 2007). Bevor also über die anhaltenden Schwierigkeiten bei der Leistungsbewertung selbst nachgedacht wird, bietet sich eine kurze Beschäftigung mit einem Kernproblem der institutionellen Bildung, nämlich der Annahme an, dass diese selbst zur Verhinderung geeigneter Lösungen wesentlich beiträgt.

Nach schulpädagogischem Verständnis ist Bildung eine Qualifikation, die inhaltlich am Erreichen von vorgegebenen Lernzielen gemessen werden kann. Erfolgreich in der Schule zu sein, meint konkret, dass man zum Beispiel den mathematischen Dreisatz anwenden und Verben konjugieren kann. Das Ziel einer so verstandenen Bildung ist es, dass möglichst viele Schülerinnen und Schüler möglichst viel in der Schule lernen. Indikatoren dafür, wie gut dieses Ziel erreicht wird, sind beispielsweise internationale Vergleichsstudien. Wenn es darum geht, Wissen zu erwerben, kann man unter günstigen Umständen vom Wissen der Mitschülerinnen und Mitschüler profitieren. Bei genügenden Ressourcen – in der Schule ist damit in erster Linie Zeit gemeint – ist der Erwerb von Bildungsinhalten nahezu unbegrenzt.

> **Kasten 1 ▶ Der ideelle Wert von Bildung**
>
> Es gibt eine lange und achtbare Tradition, Bildung als frei von instrumentellen Zwecken, gleichsam als Eigenzweck aufzufassen. Der Zweck von Bildung ist dann die Bildung selbst. Ein solches Verständnis findet sich schon bei Jan Amos COMENIUS, der in seiner „Didactica Magna" (2007, org. 1657) die Überzeugung vertrat, dass es lediglich der richtigen Methode bedürfe, um allen Menschen alle Dinge der Welt in grundlegender Weise beizubringen. Bei vielen prominenten Denkern von Johann Wolfgang von GOETHE und Immanuel KANT über Theodor W. ADORNO bis zu Wolfgang KLAFKI und Hartmut VON HENTIG und vielen anderen ist ein Bildungsbegriff zu finden, der Bildung als einen eigenständigen Wert verstanden wissen will, der allenfalls mit dem Ziel der Aufklärung und Emanzipation der Menschen eng verbunden ist. Bildung ist, auf den kürzesten Nenner gebracht, eine Form der Selbstkultivierung der eigenen Person (vgl. KANT 1983, S. 13).
> Eigentümlicherweise ist dieses ‚pädagogische' Verständnis von Bildung bisweilen auch bei Soziologen anzutreffen. So verurteilte etwa Ralf DAHRENDORF (1965) am Vorabend der Bildungsexpansion der 1960er-Jahre die ökonomische Halbierung von Bildung und fordert eine intensive Bildung als Bürgerrecht, unbesehen aller ökonomischen Interessen und möglicher Vorteile in der Konkurrenz zwischen den Nationen, wie sie etwa von Georg PICHT (1964) eindringlich vertreten wurden. Diese unterschiedlichen Motive prägen die Bildungslandschaft bis heute.
> Als weiterführende Literatur zur Genese des Bildungsbegriffs vgl. z.B. Thomas BALLAUFF (1988).

Nach bildungssoziologischem Verständnis aber bedeutet Bildung eine Qualifikation, die sich formal an den erhaltenen Leistungszertifikaten und Bildungstiteln misst. Erfolgreich in der Schule zu sein, meint nach diesem Verständnis, dass man gute Noten bekommt und dass man auf anspruchsvolle Schulen geht. Das Ziel sind Unterschiede zwischen Schülerinnen und Schülern, die nach außen dokumentierbar sind. Etwas dramatischer und soziologisch besser ausgedrückt: Es soll legitimierte Gewinner und Verlierer geben. Indikatoren sind beispielsweise die Quoten der Schülerinnen und Schüler an weiterführenden Schulen oder aber an den wenig attraktiven Schultypen am unteren Ende der Bildungshierarchie. In einem hierarchisch gestuften Bildungssystem ist Bildung nicht mehr unbegrenzt für alle verfügbar. Sie ist im Gegenteil künstlich verknappt und mit Bildungstiteln zertifiziert, die einen unterschiedlichen Wert haben. Dadurch treten Schülerinnen und Schüler in einen unmittelbaren Wettbewerb zueinander.

> **Kasten 2 ▶ Der instrumentelle Zweck von Bildung**
>
> Spätestens seit Max WEBER kann man wissen, dass der institutionalisierte Erwerb von Bildung nicht nur der gemeinsame und einträchtige Erwerb von Wissen ist, sondern mindestens ebenso sehr ein Wettlauf um künftige Positionen in der Gesellschaft. Gewinnt der Wettlauf durch den begrenzten Erwerbsspielraum an Intensität, steigt damit das Interesse der Konkurrierenden, die Mitkonkurrentinnen und -konkurrenten irgendwie, und sei es aufgrund eines belanglosen äußeren Merkmals, einzuschränken (vgl. WEBER 1980, S. 201).
>
> Die Verwertbarkeit von Bildung in modernen Gesellschaften, ihre Instrumentalisierbarkeit für einen anderen, wirtschaftlichen oder sozialen, Zweck beraubt sie gleichsam ihres eigenständigen Zwecks. Bildung wird, etwa in der BOUDON'schen Konzeption (1974), lediglich zur Funktion innerhalb getätigter Investitionen und erwartbarem ökonomischem Nutzen. Der Wettlauf um begehrte Bildungstitel, seine Ungleichheiten, seine Verschiebungen auf der Zeitachse und seine Auswirkungen auf das Verhalten des Einzelnen wird von der Bildungssoziologie seit längerem verfolgt. Dabei geht es etwa um die Frage, ob die Öffnung höherer Bildungsabschlüsse zu mehr Bildungsgleichheit in der Bevölkerung geführt hat (als internationalen Überblick vgl. z.B. SHAVIT/BLOSSFELD 1993) oder ob Bildung in diesem Rahmen durch inflationäre Tendenzen nicht laufend an instrumentellem Wert verliert (vgl. z.B. MERTENS 1984).
>
> Eine umfassende Einführung in die Bildungssoziologie bietet z.B. das Buch von Martina LÖW (2003): Einführung in die Soziologie der Erziehung und Bildung. Opladen.

Etwas vereinfacht schematisiert hat Bildung in modernen Gesellschaften gleichzeitig einen ideellen Wert und einen instrumentellen Nutzen. Bereits mit diesen einfachen theoretischen Überlegungen wird deutlich, dass es einen erheblichen Unterschied macht, in welchen Kategorien von Bildung man denkt. Die alltagspraktische Relevanz dieser Unterschiede kann man beispielhaft mit folgenden Fragen illustrieren: Haben sich die Quoten der Gymnasiumsbesuche in den letzten Jahren erhöht, weil die Schülerinnen und Schüler mehr wussten, oder wissen die Schülerinnen und Schüler heute mehr, weil die Besuchsquoten erhöht worden sind? Kann und darf man den Erfolg eines neuen Lehrmittels daran messen, dass die Sonderschulübertritte rückläufig sind? Kann man mit Didaktik die bestehenden Bildungsungleichheiten entschärfen? Kann eine erfolgreiche Förderung von Kindern und Jugendlichen aus Zuwandererfamilien ungewollt bewirken, dass die ansässigen Schülerinnen und Schüler dann weniger erfolgreich sind?

Der nächste Abschnitt soll mit einigen bildungsstatistischen Auffälligkeiten veranschaulichen, wie sich die beiden Verständnisse von Bildung auf dem praktischen Feld der Bildungssysteme zueinander verhalten.

2 Lokale Variation der Leistungsbewertung

Leistungsbewertungen haben implizit einen universellen Anspruch. Gleiche Leistungen müssten überall gleich bewertet werden. Es darf z.b. keine lokale Bewertungspolitik oder spezifische Gewohnheiten eines Schulhauses oder einer Lehrperson geben. Nur so kann die jeweilige Bewertung tatsächlich auf das Verhalten des Individuums zurückgeführt werden.

Das ist aber nicht der Fall. Bereits einfache bildungsstatistische Analysen für die Bundesrepublik Deutschland und für die Schweiz können zeigen, dass der individuelle Bildungserfolg stark von der örtlich unterschiedlich ausgeprägten Angebotsstruktur abhängig ist. Was Erfolg und was Misserfolg ist, wird faktisch jeweils vor Ort ausgehandelt. Sehr konkret zeigt sich das am Beispiel der Überweisungen an eine Sonderschule für Lernbehinderte. Je nach Bundesland kann sich das Risiko, als lernbehindert klassifiziert zu werden, bis um das Siebenfache unterscheiden (vgl. KRONIG 2003). Zwischen den Schweizer Kantonen übersteigen die Risikodifferenzen sogar das Zehnfache. Während in dem einen Kanton jedes fünfundzwanzigste Kind eine Sonderklasse für Lernbehinderte besucht, ist es in einem anderen lediglich jedes zweihundertste.

In etwas abgeschwächter Form sind solche Variationen auch bei der Selektion im Anschluss an die Grundschuljahre zu beobachten (vgl. KRONIG 2007, S.14 ff.). Es gibt Hinweise darauf, dass derartige Unterschiede auch kleinräumiger zu finden sind. Nur wenige Kilometer Distanz können aus einem Haupt- einen Realschüler oder aus einer Förder- eine Regelklassenschülerin machen. Eher unbeabsichtigt ist man schon vor über 40 Jahren auf diese kaum zu rechtfertigende Standortabhängigkeit des Bildungserfolgs gestoßen. Ein Vergleich der relativen Gymnasialquoten zwischen den Bundesländern (vgl. VON CARNAP/EDDING 1966) sorgte damals für empörtes Aufsehen. In ihrer damaligen Bewertung entzogen die Analysen dem naiven Begabungsglauben jegliche empirische Basis. Die Unterschiede hätten sonst damit erklärt werden müssen, dass Jugendliche in einigen Bundesländern grundsätzlich weniger begabt seien als in anderen. Den Autoren zufolge scheint es demnach nur eine Frage des Willens von Bevölkerung und Bildungspolitik zu sein, den relativen Schulerfolg so zu erhöhen, wie es das Beispiel anderer Bundesländer zeigt.

Eine der messbaren Folgen dieser unterschiedlichen Selektionspraxis sind erhebliche Überschneidungen in den Leistungsbereichen zwischen verschiedenen Schultypen. Sie sind in der Bildungsforschung immer wieder beobachtet worden. So auch bei einer Längsschnittuntersuchung mit rund 2000 Schülerinnen und Schülern der deutschsprachigen Schweiz (vgl. KRONIG 2007). Für mehr als 80 Prozent der Schülerinnen und Schüler lässt sich im Untersuchungsraum eine Schülerin oder ein Schüler finden, die oder der in den schulischen Kernfächern zwar vergleichbar gut ist, aber dennoch einen anderen Schultyp besucht. Damit lassen sich Selektionsentscheidungen nicht mehr schlüssig exklusiv auf die jeweiligen Leistungen zurückführen.

Für viele Kinder und Jugendliche aus Zuwandererfamilien gilt, dass die Bedeutung des Schulortes jene des Herkunftslandes übersteigt. Gemessen an den Entscheidungen der Bildungsinstitutionen wäre es problematisch, zu behaupten, dass die Populationen aus bestimmten Herkunftsländern besondere Schwierigkeiten in der Schule hätten. Denn ihr Bildungserfolg variiert ebenso zwischen den Schulorten (vgl. KRONIG 2007, S. 19ff.). Während beispielsweise türkischstämmige Jugendliche im Anschluss an die Grundschulzeit an einem Schulort etwa doppelt so häufig wie die Ansässigen an einen Schultyp mit Grundanforderungen wechseln müssen, tun sie das an einem anderen Schulort fast viermal so häufig. Ähnlich streut das Risiko einer negativen Selektion auch bei anderen Herkunftsnationen.

Allem Anschein nach werden die Strukturen des Bildungssystems also nicht dem Begabungspotenzial der Population angepasst, sondern umgekehrt – die Schülerströme werden auf die bestehenden Strukturen und das jeweils vorhandene Platzangebot gelenkt. Und auf schier wundersame Weise gibt es immer genau so viele gute und genau so viele schwache Schülerinnen und Schüler, wie es in der schulischen Angebotsstruktur vorgesehen ist.

3 Momente der Unabhängigkeit von Leistung und Leistungsbewertung

In den einleitenden Abschnitten wurde behauptet, dass öffentliche Schulbildung in modernen Gesellschaften zwei Funktionen erfüllt, die konzeptionell widersprüchliche Züge aufweisen. Bildungstitel und Bildungsinhalte repräsentieren diese beiden Funktionen. Der Blick in die Bildungsstatistik konnte zeigen, dass sich die theoretisch gedachten Unterschiede auf dem empirischen Feld bis zu einem gewissen Grad nachweisen lassen. Die verfügbaren Daten hinterlassen den Eindruck, dass die Angebotsstruktur der Bildungstitel die Schülerströme wirksamer lenkt, als es die Fähigkeit der Schülerinnern und Schüler, Bildungsinhalte zu erwerben, tun könnte.

Noch etwas deutlicher wird die Unabhängigkeit von Leistung und Leistungsbewertung an den Stellen, an denen sich die Chancen auf eine erfolgreiche Bildungskarriere eines Individuums ohne eigenes Zutun und ohne eigene Anstrengung vergrößern. Dieses seltsame Phänomen ist etwa bei der Entwicklung der Sonderschulbestände zu finden. Die Überweisungen an Sonderschulen beziehungsweise in Sonderschulklassen für Lernbehinderte, die als institutionalisierter Ausdruck schulischen Misserfolgs zu verstehen sind, haben sich in den letzten Jahrzehnten zunehmend ethnisiert. Kinder aus Zuwandererfamilien werden heute mehr als dreimal häufiger überwiesen als vor 20 Jahren, ohne dass man dies simpel mit vermehrter Einwanderung oder mit individuellen Leistungsschwächen erklären könnte (vgl. KRONIG 2003; KRONIG/HAEBERLIN/ECKHART 2008). Im gleichen Zeitraum sind aber die Überweisungen bei Schülerinnen und Schülern aus ansässigen Familien um rund 25 Prozent zurückgegangen. Der vermehrte Eintritt der Zuwandererkinder ins Bildungssystem hat bei ihnen deutlicher als je zuvor und effektiver als bislang irgendeine pädagogische Intervention das Risiko gesenkt, als lernbehindert diagnostiziert zu werden.

Etwas weniger ausgeprägt, aber dennoch vergleichbar, entwickeln sich die Quoten zwischen den anforderungsärmeren und den anforderungsreicheren Schultypen auf der Sekundarstufe (vgl. KRONIG 2007, S. 22ff.). Auch hier erhöht die Präsenz von Schülerinnen und Schülern anderer nationalstaatlicher Herkunft die Bildungschancen der übrigen. Mit dem Begriff „Unterschichtung" beschrieb Hans-Joachim HOFFMANN-NOWOTNY schon vor 35 Jahren einen analogen Effekt auf dem Arbeitsmarkt (1973, S. 24). Es sieht so aus, als ob das Prinzip auch im Bildungssystem wirksam ist. Für ansässige Kinder trifft demzufolge zu, was für ihre Mütter und Väter im Beschäftigungssystem galt: Es eröffnen sich ihnen zusätzliche Aufstiegsmöglichkeiten durch die „Unterschichtung" mit Zuwandererkindern. Denn sobald diese die unteren Plätze der Bildungspyramide einnehmen, führt dies zu vermehrten Aufstiegserfahrungen der ansässigen Kinder.

Den Erwerb schulischer Wissensinhalte kann man sich gleichsam als stufen- und wenigstens hypothetisch endlos vorstellen. Leistungsbewertungen als institutionelle Atteste über den Erwerb dieses Wissens bilden jedoch eine Rangordnung. Über den ideellen, im engeren Sinn pädagogischen Wert hinaus erhält das Wissen durch die Leistungsbewertung einen instrumentellen Verwendungszeck. Der Wert dieses Wissens misst sich, ähnlich wie in monetären Zusammenhängen, im Verhältnis zum Besitz der Mitkonkurrenten. Die Verwertbarkeit des eigenen Wissens lässt sich erst im Vergleich zum Wissen der übrigen Bildungsteilnehmer abschätzen. Demzufolge kann das Bildungssystem als eine Art

‚Quasimarkt' des Wissens und der Kompetenzen betrachtet werden: Je knapper das Gut verteilt ist und je mehr man davon im Vergleich zu anderen besitzt, umso günstiger für die eigene Vermarktung. Das Wissen selbst ist zwar prizipiell unbegrenzt. Die Leistungsbewertungen und begehrten Bildungsabschlüsse hingegen sind es nicht. Sie sind künstlich verknappt. Und wenn sie es nicht wären, würden sie an Wert einbüßen.

4 Momente der Gegenläufigkeit von Leistung und Leistungsbewertung

In bestimmten Kontexten können sich Leistung und Leistungsbewertung tendenziell sogar gegenläufig zueinander verhalten. Zu einer der wohl spektakulärsten Verfälschungen bei der Leistungsbewertung kommt es durch einen simplen Mechanismus, auf den das Lehrpersonal kaum einen Einfluss ausüben kann. Er entsteht dadurch, dass sich Schulklassen in ihrem Leistungsspektrum wesentlich unterscheiden können. Es kann durchaus vorkommen, dass die leistungsstärkste Schülerin oder der leistungsstärkste Schüler einer Klasse zu den schwächsten gehören würde, säße sie oder er in einer anderen Klasse. Für die Lehrpersonen ist es jedoch kaum möglich, diese Unterschiede in den Leistungsspektren auf der Bewertungsskala angemessen abzubilden. Da sie schwerlich ihrer besten Schülerin oder ihrem besten Schüler eine tiefe Durchschnittswertung geben können, wählen sie jeweils eine ähnliche Bandbreite auf der Bewertungsskala unabhängig von der Leistungsfähigkeit ihrer Klasse im Vergleich zu anderen Klassen. Diese Anpassung der Bewertungen ist zwar aus Sicht der Lehrperson durchaus verständlich. Für jeden Bewertungsmodus – bediene er sich nun Noten, Worten oder ausführlicher Lernberichte – generiert sie jedoch erhebliche Verzerrungen. Es ist eher eine Regel denn eine Ausnahme, dass dieselbe Leistung in Mathematik oder in den Sprachfächern einmal mit einer ausgezeichneten und einmal mit einer ungenügenden Note bewertet wird (vgl. KRONIG 2007, S. 199ff.). Dieser so genannte Referenzgruppenfehler ist erstmals von Karlheinz INGENKAMP (1995, org. 1971) im deutschen Sprachraum bekannt gemacht worden (später auch z.B. bei RHEINBERG 2002). Die individuelle Leistungsbewertung ist faktisch die spiegelverkehrte Abbildung des Leistungsstandes der Schulklasse. Und deshalb verliert eine Note ihre Vergleichbarkeit und damit ihre Zuverlässigkeit und Gültigkeit, sobald sie das Klassenzimmer verlässt.

Während es also in leistungsschwächeren Klassen einfacher ist, zu guten Noten zu kommen, verhält es sich bei der eigentlichen Leistungsentwicklung umgekehrt. Insbesondere durchschnittliche und leistungsschwächere Schüler machen in leistungsstärkeren Klassen größere Lernfortschritte (z.B. ebd. S. 176ff.; JERUSALEM 1997; DAR/RESH 1986). Sie erhalten dafür aber die schlechteren Noten. In schwächeren Klassen hingegen werden vergleichsweise geringere Fortschritte gemacht, für die man aber die besseren Noten erhält. Die Lernentwicklung selbst und deren Dokumentation in den praktizierten Formen verhalten sich also konträr zueinander (für empirische Beispiele vgl. KRONIG 2007, S. 192ff.).

Auf der Grundlage dieser Befunde ließe sich darüber spekulieren, ob der Referenzgruppenfehler den Kindern aus Zuwandererfamilien und aus unterprivilegierten Familien möglicherweise zu besseren Zeugnissen verhilft. Sie sind öfter in leistungsschwächeren Klassen anzutreffen. Die Ursache dafür ist eine zunehmende regionale Segregation. Vertikal gelagerte Herkunftsunterschiede manifestieren sich zunehmend auch horizontal im geografischen Raum, indem sich die Grenzen zwischen etablierten, privilegierten Quartieren und unterprivilegierten Quartieren immer schärfer abzeichnen. Damit vergrößert sich die Wahrscheinlichkeit, dass in einigen Schulklassen Schülerinnen und Schüler aus benachteiligten Gruppen gehäuft vorkommen. Wenn aber in diesen Klassen durch den Referenzgruppenfehler gleiche Leistungen milder beurteilt werden, müssten diese Schülerinnen und Schüler vergleichsweise gute Noten bekommen.

Diesem Effekt steht jedoch die Beobachtung entgehen, dass bestimmte Schülergruppen auch bei gleichen Leistungen in vorhersehbarer Weise unterschiedliche Noten erhalten. INGENKAMP referiert verschiedene Untersuchungen, die nachweisen, dass Schulnoten mit der sozialen Herkunft stärker korrespondieren als mit den Schulleistungstests (vgl. INGENKAMP 1989, S. 60). So werden Kinder aus unterprivilegierten Haushalten durchschnittlich zu schlecht und jene aus privilegierten Haushalten zu gut benotet (vgl. DITTON 1993, S. 352ff.). Ähnliches gilt auch für die nationalstaatliche Herkunft (vgl. ROSCIGNO/AINSWORTH-DARNELL 1999).

Eva KÖCKEIS (1995) kann plausibel machen, dass diese Benachteiligungen durch den Referenzgruppenfehler zumindest teilweise ausgeglichen werden könnten. Werden die beiden Effekte jedoch in einer Untersuchungsanordnung simultan gemessen, verbleibt trotz der milderen Benotung in leistungsschwächeren Klassen eine Restverfälschung der Leistungsbewertung zuungunsten der unterprivilegierten Schülerinnen und Schüler. Wenn sich die Merkmale Geschlecht, soziale und nationalstaatliche Herkunft kumulieren, beträgt die Verzerrung im Durchschnitt eine halbe Notenstufe (vgl. KRONIG 2007, S. 202 ff.).

5 Leistungsunabhängige Bildungschancen

Verfälschungen der Leistungsbewertung können nicht ohne Folgen für die Selektion und damit für den weiteren Verlauf der Bildungskarriere bleiben. Analog zu unterschiedlichen Leistungsbewertungen erhalten Schülerinnen und Schüler selbst bei gleicher Leistung auch unterschiedliche Übertrittsempfehlungen. Nach Datenlage der eingangs erwähnten Schweizer Längsschnittstudie beträgt die Wahrscheinlichkeit, nach der Grundschulzeit in einen anforderungsreicheren Bildungsgang übertreten zu können, bei einer ansässigen Schülerin oder einem ansässigen Schüler mit durchschnittlichen Leistungen rund 83 Prozent. Bei einer Schülerin oder einem Schüler aus einer unterprivilegierten Zuwandererfamilie sinkt sie trotz gleicher Leistung auf 52 Prozent. Bei Berücksichtigung des Geschlechts driften die Wahrscheinlichkeiten noch weiter auseinander (vgl. KRONIG 2007, S. 210ff.). In den wenigsten Fällen lassen sich die getroffenen Selektionsentscheidungen der Bildungsinstitutionen ausschließlich mit den erreichten schulischen Leistungen erklären.

Die Schule als historisch gewachsene Institution ist mit einiger Wahrscheinlichkeit nicht ein neutraler Austragungsort des Bildungswettbewerbs. Sie ist vielmehr als eigenständige Akteurin zu verstehen, die, begleitet von institutionellen Eigeninteressen, in das Bildungsgeschehen eingreift. Die daraus entstehenden Benachteiligungen sind nicht der undemokratische Ausdruck einer willkürlichen Intention. Sie sind vielmehr das Ergebnis von organisatorischen Bedürfnissen, wie der Lenkung von Schülerströmen entlang vorgegebener Selektionsstrukturen. Dabei zeigt sich die nationalstaatliche Herkunft als dankbare, weil flexible Argumentationsressource, um den einmal getroffenen Selektionsentscheid im Nachhinein routiniert legitimieren zu können (vgl. ausführlich GOMOLLA/RADTKE 2009). Auf die Ressource kann je nach Bedarf zurückgegriffen werden – oder auch nicht. Das ist beispielsweise dann der Fall, wenn Jugendliche aus Zuwandererfamilien aufgrund eines demographischen Schülerrückgangs unverhofft vor den weit geöffneten Türen der Gymnasien stehen.

Schulnoten, als scheinbar unbestechliche Instanz, bilden dazu ein komplementäres Argumentarium, das die Leistungsfähigkeit jeder Schülerin und jedes Schülers jederzeit irrtumsfrei, zuverlässig und punktgenau wiederzugeben vorgibt. Dies mag vielleicht die gegen jegliche erziehungswissenschaftliche Einwände resistente Unbeirrbarkeit, die unerschütterliche Ernsthaftigkeit und die erstaunliche Akribie erklären, mit welcher jeweils Notenzehntel unter großem Aufwand miteinander verrechnet werden.

6 Zusammenfassung

Leistungen und Leistungsbewertungen sind die jeweils unterschiedlichen Repräsentationen der zwei widersprüchlichen Funktionen von Bildung: ihrem ideellen Wert und ihrem instrumentellen Nutzen. Das Wesen von Leistung und von Leistungsbewertung unterscheidet sich aber grundlegend. Leistung selbst ist stufenlos, nach oben offen und erlaubt einen grundsätzlich gegenseitigen Nutzen. Leistungsbewertungen hingegen sind rangskaliert, begrenzt und erzeugen Konkurrenz, selbst wenn diese gelegentlich unfreiwillig ist und im Alltag kaum wahrgenommen wird.

Diese Unterscheidung ist nicht nur hypothetischer Natur. Es gibt zahlreiche empirische Belege dafür, dass in der Praxis Leistung und Leistungsbewertung oft genug und in erheblichem Umfang auseinanderfallen und sich bisweilen sogar gegenläufig zueinander verhalten. Gleiche Leistungen werden nicht überall gleich bewertet. Der lokal variierende Wert einer Leistung ist durch die Leistung der Mitschülerinnen und Mitschüler und durch die jeweilige Bildungsstruktur bestimmt. Darüber hinaus wird er maßgeblich durch soziale Herkunftsmerkmale verfälscht. Insgesamt vermitteln die verfügbaren Daten den Eindruck, dass Leistungsbewertungen im Laufe der Entwicklung der Bildungssysteme begonnen haben, eine Art Eigenleben zu führen. Leistungsbewertungen haben sich von ihrer ursprünglichen Bestimmung, lediglich die eigentliche Leistung zu dokumentieren, auf eigenartige Weise emanzipiert: Sie sind unter Mithilfe der Bildungsinstitutionen zum Selbstzweck stilisiert worden. Was wird Eltern im Zweifelsfall wichtiger sein? Die inhaltlichen Lernfortschritte ihres Kindes oder seine verbesserten Aussichten auf ein vorzeigbares Abgangszeugnis? Wie die Empirie zeigt, sichert das eine nicht automatisch das andere. Bis auf unabsehbare Zeit wird Bildung ein Mittel zur Konsolidierung sozialer Positionen bleiben. Unter diesen Bedingungen wird die institutionelle Bescheinigung von Bildung in Form von Leistungsbewertungen und Bildungstiteln ihre trügerische Bedeutung behalten. Für die Schule ist es nicht einfach, Leistung zu bewerten. An der Verfälschung ihrer Urteile durch psychometrische Unebenheiten und Effekte kann sie eigentlich kein Interesse haben. Sie ist vielmehr auf Glaubwürdigkeit und Funktionstüchtigkeit bedacht. Aber gerade durch ihre traditionell und örtlich unterschiedlich gewachsenen Strukturen trägt sie zur Verzerrung ihrer Leistungsbewertungen bei. Je mehr der Strukturerhalt innerhalb des Schulsystems zur Verletzung des Leistungsprinzips zwingt, desto mehr scheint sich die Schule an dessen Inszenierung zu klammern.

Fragen und Denkanstöße

1. Von welchen pädagogischen oder bildungspolitischen Maßnahmen könnte man eine Entschärfung der hier beschriebenen Probleme erwarten und mit welchen Nebenwirkungen müsste man rechnen?
2. Für spezifische Förderprogramme, die die ungleiche Bildungsverteilung in der Bevölkerung zu egalisieren suchen, erweist sich die relative Unabhängigkeit zwischen Leistung und ihrer Zertifizierung als hemmender Einfluss. Wie ist dies theoretisch zu erklären und empirisch zu untermauern? Und wie lassen sich etwa Förderprogramme für Kinder und Jugendliche aus Zuwandererfamilien dennoch legitimieren?
3. Ein zentrales Problem ist die geringe Vergleichbarkeit von Leistungsbewertungen über die Grenze des Klassenzimmers hinaus. Welche Vorteile würde die Einführung von standardisierten Verfahren bringen und mit welchen Nachteilen oder Risiken wären sie verbunden?

Literaturempfehlungen

HEID, H. (1988): Zur Paradoxie der bildungspolitischen Forderung nach Chancengleichheit. In: Zeitschrift für Pädagogik, Jg. 34, Heft 1, S. 1-17.
Mit wenig Aufwand kann man sich hier ein umfassendes Verständnis des oftmals falsch verstandenen Begriffs ‚Chancengleichheit' aneignen. Mit einfachen Worten und auf wenig Platz gelingt es dem Autor wie wenig anderen, die komplexen Widersprüche um den Begriff aufzuhellen. Gleichzeitig zeigt der Aufsatz, welche Nebenwirkungen bildungspolitische Empfehlungen haben können. Und schließlich ist es eine informative Lektüre, wenn man wissen will, warum sich im Bildungssystem so viel verändert und dennoch so vieles beim Alten bleibt.

KRONIG, W. (2007): Die systematische Zufälligkeit des Bildungserfolgs. Theoretische Erklärungen und empirische Untersuchungen zur Lernentwicklung und zur Leistungsbewertung in unterschiedlichen Schulklassen. Bern.
Weit weniger, als man annehmen müsste, ist der Bildungserfolg nur das Ergebnis von individuellen Fähigkeiten und persönlicher Anstrengungsbereitschaft. Er scheint auch das Produkt von Privilegien und Zufällen zu sein. Basierend auf empirischem Datenmaterial aus zwei größeren Längsschnittstudien bearbeitet der Autor Fragen zur Auswirkung von Heterogenität, zur Leistungssteigerung beziehungsweise zur kompensatorischen Wirkung der Schule, zur Schulklasse als Lernbedingung, zum Einfluss von Leistungserwartungen sowie zu den Tücken der Leistungsbewertung und Bildungsselektion.

ZIEGENSPECK, J.W. (1999): Handbuch Zensur und Zeugnis in der Schule. Historischer Rückblick, allgemeine Problematik, empirische Befunde und bildungspolitische Implikationen. Bad Heilbrunn.
Weniger als zehn Jahre nach seinem Erscheinen gilt das Buch vielen schon als Klassiker. Es überzeugt mit einem historischen Überblick, der die Entstehung heutiger Leistungsbewertungen erklärt und sie gleichzeitig relativiert. Psychologische und erziehungswissenschaftliche Aspekte werden dargestellt und sind jeweils mit reichhaltig zusammengetragener Empirie unterlegt. Ausführliche Erläuterungen zeigen, weshalb die klassische Beurteilungspraxis an den psychometrischen Gütekriterien scheitern muss. Ebenso werden alternative Beurteilungsformen im Hinblick auf ihre Vorzüge und ihre Probleme diskutiert. Es gibt nur wenige Bücher, die den gegenwärtigen Wissensstand dermaßen lückenlos darstellen.

Literaturverzeichnis

Ballauf, T. (1998): Zur Geschichte der abendländischen Bildung. In: Böhm, W./Lindauer, M. (Hrsg.): Wissen, Erkennen, Bildung, Ausbildung heute. Stuttgart, S. 49-70.
Boudon, R. (1974): Education, Opportunity, and Social Inequality. Changing Prospects in Western Society. New York.
Carnap von, R./Edding, R. (1966): Der relative Schulbesuch in den Ländern der Bundesrepublik 1952-1960. Hrsg. von der Hochschule für internationale Forschung. Weinheim.
Comenius, J. A. (2007): Große Didaktik: Die vollständige Kunst, alle Menschen alles zu lehren. Stuttgart.
Dar, Y./Resh, N. (1986): Classroom Intellectual Composition and Academic Achievement. In: American Educational Research Journal, Jg. 23, Heft 3, S. 357-374.
Dahrendorf, R. (1965): Bildung ist Bürgerrecht. Plädoyer für eine aktive Bildungspolitik. Hamburg.
Ditton, H. (1993): Bildung und Ungleichheit im Gefüge von Unterricht, schulischem Kontext und Schulsystem. In: Die Deutsche Schule, Jg. 85, Heft 3, S. 348-363.
Edgeworth, F. Y. (1890): The Element of Chance in Competitive Examinations. In: Journal of Royal Statistical Society Jg. 53, Heft 3, S. 460-475.
Gomolla, M./Radtke, F.-O. (2009): Institutionelle Diskriminierung. Die Herstellung ethnischer Differenz in der Schule. Wiesbaden.
Hoffmann-Nowotny, H.-J. (1973): Soziologie des Fremdarbeiterproblems. Stuttgart.
Ingenkamp, K. (1989): Diagnostik in der Schule. Beiträge zu Schlüsselfragen der Schülerbeurteilung. Weinheim.
Ingenkamp, K. (1995): Die Fragwürdigkeit der Zensurengebung. Weinheim.
Jerusalem, M. (1997): Schulklasseneffekte. In: Weinert, F.E. (Hrsg.): Psychologie des Unterrichts und der Schule. Göttingen, S. 253-278.

Kant, I. (1983): Über Pädagogik. In: Weischedel, W. (Hrsg.): Werke in zehn Bänden, Bd. 10. Darmstadt, S. 691-761.
Köckeis, E. (1995): Kontextuelle Determinanten der Notengebung. In: Ingenkamp, K. (Hrsg.): Die Fragwürdigkeit der Zensurengebung. Weinheim, S. 215-226.
Krapp, A. (1989): Der zweifelhafte Beitrag der empirischen Pädagogik zur rechtlichen Kontrolle der schulischen Leistungsbeurteilung. In: Zeitschrift für Pädagogik, Jg. 35, Heft 1, S. 549-564.
Kronig, W. (2003): Das Konstrukt des leistungsschwachen Immigrantenkindes. In: Zeitschrift für Erziehungswissenschaft, Jg. 6, Heft 1, S.126-141.
Kronig, W. (2007): Die systematische Zufälligkeit des Bildungserfolgs. Theoretische Erklärungen und empirische Untersuchungen zur Lernentwicklung und zur Leistungsbewertung in unterschiedlichen Schulklassen. Bern.
Kronig, W./Haeberlin, U./Eckhart, M. (2008): Immigrantenkinder und schulische Selektion. Bern.
Lautmann, R. (1970): Die institutionalisierte Ungerechtigkeit. Zensuren und Zeugnisse in soziologischer Perspektive. In: Betrifft Erziehung 3, S.11-17
Löw, M. (2003): Einführung in die Soziologie der Erziehung und Bildung. Opladen.
Mertens, D. (1984): Das Qualifikationsparadox. Bildung und Beschäftigung bei kritischer Arbeitsmarktperspektive. In: Zeitschrift für Pädagogik, Jg. 30, Heft 4, S. 439-456.
Picht, G. (1964): Die deutsche Bildungskatastrophe. Analysen und Dokumentation. Olten i.B.
Rheinberg, F. (2002): Bezugsnormen und schulische Leistungsbeurteilung. In: Weinert, F. E. (Hrsg.): Leistungsmessungen in Schulen. Weinheim, S. 59-71.
Roscigno, V.J./Ainsworth-Darnell, J.W. (1999): Race, Cultural Capital, and Educational Ressources: Persistent Inequalities and Achievement Returns. In: Sociology of Education, Jg. 72, Heft 3, S. 158-178.
Shavit, Y./Blossfeld, H.-P. (1993): Persistant Inequality. Changing Educational Stratification in 13 Countries. Boulder.
Tent, L. (1998): Zensuren. In: Rost, H.D. (Hrsg.): Handwörterbuch pädagogische Psychologie. Weinheim, S. 805-811.
Weber, M. (1980): Wirtschaft und Gesellschaft. Tübingen.
Ziegenspeck, J.W. (1999): Handbuch Zensur und Zeugnis in der Schule. Historischer Rückblick, allgemeine Problematik, empirische Befunde und bildungspolitische Implikationen. Bad Heilbrunn.

Kapitel 3

Janet Ward Schofield | Kira Marie Alexander

Stereotype Threat, Erwartungseffekte und organisatorische Differenzierung: Schulische Leistungsbarrieren und Ansätze zu ihrer Überwindung[1]

Die Vielfältigkeit von Einwanderungsgesellschaften bringt neben vielen Chancen auch Herausforderungen mit sich. Eine der dringlichsten ist die effektive Bildung von Kindern mit einem so genannten ‚Migrationshintergrund'. Weil Disparitäten in den Bildungserfolgen sozialer Gruppen verbreitet sind und gravierende Folgen haben, ist es unerlässlich zu verstehen, wie sie entstehen und überwunden werden können. Dies gilt besonders, wenn das Leistungsgefälle zwischen Schülergruppen entlang der Trennlinie eines Migrationshintergrundes wie auch der Anteil der Bevölkerung mit Wanderungsgeschichte besonders hoch sind. Beides ist in Deutschland der Fall (vgl. OECD 2006).

In diesem Kapitel werden psychologische Theorien und Forschungsergebnisse vorgestellt, die beleuchten, wie Schulen und Lehrkräfte unbeabsichtigt den Schulerfolg von Kindern mit Migrationshintergrund untergraben können. Mit dem Fokus auf der Beziehung von Leistungsbeurteilung und Bildungsungleichheit werden Prozesse beleuchtet, die dazu beitragen können, dass Kinder mit Migrationshintergrund in Relation zu ihrem Potential zu niedrige Leistungen erreichen. In diesem Kapitel werden insbesondere drei gut erforschte Phänomene diskutiert, welche die Leistungsresultate von Kindern aus Einwandererfamilien und minorisierten Gruppen behindern können: 1. Stereotype Threat, 2. Erwartungseffekte und 3. Leistungsgruppierung mit differenzierten Curricula.[2]

---

1 Aus dem Englischen ins Deutsche übersetzt von Mechtild Gomolla.
2 Teile dieses Artikels basieren auf einem Expertenbericht, der von Janet W. SCHOFIELD an der Arbeitsstelle Interkulturelle Konflikte und gesellschaftliche Integration (AKI) am Wissenschaftszentrum Berlin für Sozialforschung (WZB) verfasst wurde (vgl. SCHOFIELD 2006). Dieser ausführlichere Bericht enthält eine umfangreiche Bibliographie zu den hier ausgeführten Phänomenen.

1 Stereotype Threat

Der englische Begriff ‚Stereotype Threat' bezeichnet die Angst, ein bestehendes Stereotyp über eine soziale Gruppe (z.B. eine ethnische Gruppe), der man selbst angehört, zu bestätigen, indem man in einem mit dem Stereotyp verbundenen Bereich tatsächlich schwache Leistungen erbringt. Stereotype Threat interferiert kurz- wie langfristig stark mit der intellektuellen Leistungsfähigkeit (vgl. ALEXANDER/SCHOFIELD 2006). Stereotype Threat beeinflusst mit hoher Wahrscheinlichkeit die schulischen Leistungen, wenn Schülerinnen und Schüler bei anderen negative Stereotype über die intellektuelle Leistungsfähigkeit ihrer sozialen Gruppe vermuten. Solche Stereotype basieren häufig auf der Nationalität oder anderen tatsächlichen oder vermuteten Attributen wie einem niedrigen sozioökonomischen Status oder mäßigen Kenntnissen der Verkehrssprache. Leider sind solche Stereotype verbreitet (vgl. z.B. KAHRAMAN/KNOBLICH 2000). Stereotype Threat kann Menschen jeden Alters beeinträchtigen und schon Kinder im Alter von fünf Jahren sind potentiell anfällig dafür (vgl. z.B. AMBADY u.a. 2001).

1.1 Negative Folgen von Stereotype Threat

Stereotype Threat beeinträchtigt nicht nur das Verhalten in der konkreten Situation, in der die Bedrohung erlebt wird, sondern führt darüber hinaus zu Verhaltensweisen, die das Lernen auch langfristig einschränken. Stereotype Threat interferiert z.B. mit der Bereitschaft von Schülerinnen und Schülern, sich anforderungsreichen Aufgaben zu stellen (vgl. z.B. ARONSON/GOOD 2002) oder reduziert ihre Leistungserwartungen, was wiederum zu geringeren tatsächlichen Leistungen führt (vgl. z.B. CADINU u.a. 2003). Zudem reagieren Personen manchmal in unproduktiver Weise, um eine Entschuldigung für das erwartete Versagen zu schaffen oder um bereits im Vorfeld eine vom Stereotyp unabhängige Erklärung für das antizipierte Versagen zu liefern (vgl. z.B. STEELE/ARONSON 1995). Ein solches Verhalten bezeichnet man als ‚self-handicapping'. So hat Johannes KELLER (2002) gezeigt, dass Stereotype Threat bei deutschen Schülerinnen in der 9. Klasse zu Mustern des self-handicapping führte und dass diese die tatsächlich erreichten schwachen Testergebnisse vorhersagen konnten.

Personen, die sich durch Stereotype bedroht fühlen, neigen zum Schutz ihres Selbstwertgefühls dazu, Probleme auf Dinge zurückzuführen, über die sie keine Kontrolle haben, anstatt persönliche Verantwortung dafür zu übernehmen (vgl. COHEN/STEELE/ROSS 1999). Z.B. führen sie eine schlechte Note eher auf die Voreingenommenheit der Lehrperson als auf eigene geringe Anstrengung oder Fähigkeiten zurück. Das kann dazu führen, dass ihnen Informationen verloren gehen, die zur Verbesserung der eigenen Leistung wichtig sind. Zudem kann es zur psychologischen Distanzierung von bedrohlichen Lerngebieten kommen. Die vorweggenommene schlechte Leistung in einem Bereich, der ohnehin nicht als wichtig erachtet wird, erweist sich als weniger bedrohlich als in einem wertgeschätzten Feld (vgl. z.B. SCHMADER/MAJOR/GRAMZOW 2001).

1.2 Wie funktioniert Stereotype Threat?

Stereotype Threat kann die Leistung durch erhöhte Ängstlichkeit unterminieren. In Übereinstimmung mit dieser Annahme stellten Jim BLASCOVICH u.a. (2001) fest, dass bei afroamerikanischen Studierenden, die Stereotype Threat ausgesetzt waren, während eines Tests ihrer intellektuellen Fähigkeiten der Blutdruck anstieg. Auch andere Studien haben Beziehungen zwischen physiologischen Indikatoren wie Angst und Stereotype Threat festgestellt, wohingegen von Probandinnen und Probanden selbst berichtete Angst nicht konsistent mit Stereotype Threat einhergeht (vgl. z.B. BOSSON/HAYMOVITZ/PINEL 2003; MARX/STAPEL 2006).

Die Leistungsfähigkeit kann unter Stereotype Threat auch dadurch beeinträchtigt werden, dass die Betroffenen einen Teil ihrer kognitiven Ressourcen für Gedanken an und über das negative Stereotyp beziehungsweise die Unterdrückung dieser Gedanken aufwenden müssen (vgl. z.B. SCHMADER/JOHNS 2003). Wenn für die Bearbeitung der Aufgabe weniger Ressourcen zur Verfügung stehen, wird die Leistung untergraben.

1.3 Faktoren, die Stereotype Threat verstärken

Die durch Stereotype Threat verursachten Leistungseinbußen können durch eine generelle Besorgnis über bestehende Stereotype verursacht werden, die sich auf persönliche Eigenschaften – vom sozioökonomischen Status bis zum Alter, Geschlecht oder ethnische Merkmale – beziehen. Aber eine Reihe situativer und individueller Faktoren prägt wiederum das *Ausmaß*, in dem Stereotype Threat die Leistung beeinflusst. Zum einen zeigen Angehörige minorisierter Gruppen höhere Effekte von Stereotype Threat bei schwierigen Aufgaben als bei einfachen (vgl. NGUYEN/RYAN 2008). Zum anderen sind die Effekte von Stereotype Threat häufig bei Personen stärker ausgeprägt, die sich in hohem Maße mit dem negativ stereotypisierten Bereich identifizieren (vgl. WALTON/COHEN 2003), wenngleich nicht klar ist, ob diese Befunde für ethnische Zuschreibungen genauso zutreffen wie für Gender-Stereotype. Eine hohe Identifikation mit der eigenen Gruppe, über die das Stereotyp besteht, scheint ebenfalls zu stärkeren Effekten von Stereotype Threat zu führen (vgl. z.B. CADINU u.a. 2003). Der persönliche Glaube an die Stereotype über die eigene Gruppe ist keine notwendige Voraussetzung für das Wirken von Stereotype Threat. Aber Personen, die bereit sind, Stereotype anzunehmen, sind auch besonders anfällig für solche Wirkungen. Ähnlich steigert die Erwartung, von Vorurteilen belästigt zu werden, die negativen Konsequenzen von Stereotype Threat (vgl. ARONSON/STEELE 2005). Schließlich sind die Effekte von Stereotype Threat ausgeprägter bei Individuen, die sich selbst als verantwortlich für ihren Erfolg oder Misserfolg wahrnehmen (vgl. CADINU u.a. 2005).

1.4 Reduktion von Stereotype Threat in Schulen

In der Forschung finden sich erste Vorschläge, um die Wirkungen von Stereotype Threat auf die Leistungen zu verringern. Hier gibt es jedoch noch viel zu lernen. Eine neuere Metaanalyse kommt z.B. zu dem recht überraschenden Ergebnis, dass explizite Strategien, um Stereotype Threat zu reduzieren, wie etwa Erklärungen, dass verschiedene Gruppen in einem Test in der Regel gleiche Leistungen erzielen, tatsächlich höhere Effekte von Stereotype Threat für minorisierte Gruppen hervorrufen. Dagegen erweisen sich subtile Strategien als besser geeignet, um der Bedrohung entgegenzuwirken (vgl. NGUYEN/RYAN 2008).

Ein effektiver Ansatz, um Stereotype Threat abzumindern, liegt in der Bestärkung, Intelligenz könne durch harte Arbeit gesteigert werden, weil dies impliziert, dass bestehende Unterschiede nicht genetisch determiniert sind. Joshua ARONSON und Catherine GOOD (2002) haben diese Annahme geprüft. In ihrer Untersuchung nahmen afroamerikanische und weiße Studierende in den USA an einem über ein Semester laufenden Mentorenprogramm teil, in dem sie jüngere Studierende mit regelmäßigen Briefen betreuten. Einige Teilnehmende aus jeder Gruppe wurden aufgefordert, in ihren Briefen die Beeinflussbarkeit von Intelligenz zu betonen. Am Ende des Semesters identifizierten sich die afroamerikanischen Teilnehmerinnen und Teilnehmer, die solche Briefe geschrieben hatten, stärker mit akademischer Leistung als die afroamerikanischen Teilnehmenden in der Kontrollgruppe und sie erzielten auch bessere Noten. Untersuchungen der Mathematikleistungen von Frauen kommen hinsichtlich der positiven Effekte des Glaubens, dass Intelligenz beeinflussbar sei, zu ähnlichen Schlussfolgerungen (vgl. DAR-NIMROD/HEINE 2006).

Das Erleben von Stereotype Threat hängt auch von der Salienz der negativ stereotypisierten Kategorie ab (vgl. AMBADY u.a. 2001). So könnte es hilfreich sein, die Zugehörigkeit zu einer Kategorie, die mit positiven akademischen Leistungen konnotiert ist, zu betonen. Ein anderer Ansatz könnte darin bestehen, Zugehörigkeiten zu Kategorien mit zumindest neutralen Implikationen hinsichtlich der schulischen Leistung zu betonen, mit der Erwartung auf diese

Weise die Salienz der negativ stereotypisierten Kategorie abzuschwächen. Die Wirksamkeit dieses Ansatzes ist jedoch noch nicht empirisch überprüft worden.

Eine weitere Möglichkeit der Intervention gegen Stereotype Threat liegt in der Modifikation von Testbeschreibungen, um der Wahrnehmung von Verbindungen zu stereotypisierten Attributen vorzubeugen. Dies könnte bedeuten, die Namen von Tests zu verändern oder ihren wahren Gegenstand zu verschleiern (vgl. CADINU u.a. 2003). Im schulischen Kontext sind solche Interventionen häufig weder möglich noch angemessen. Aber darüber nachzudenken, wie man Lern- und Prüfungssituationen charakterisieren kann, um die Chancen zu verringern, dass Stereotype aktiviert werden, könnte ein wertvoller Handlungsansatz sein.

Der Ansatz, der in der Forschung die deutlichste Bestätigung findet, um die Effekte von Stereotype Threat abzuschwächen, ist die Arbeit mit so genannten Selbst-Affirmationen. Damit ist gemeint, dass sich Personen auf eine Wertvorstellung konzentrieren, die ihnen sehr wichtig ist. In einer Studie, die zu Beginn des Semesters mit afroamerikanischen und weißen Schülerinnen und Schülern der siebten Klasse durchgeführt wurde, wurden die Teilnehmenden aufgefordert, sich 15 Minuten Zeit zu nehmen und darüber zu schreiben, warum ein persönlicher Wert (z.B. Beziehungen zu Freunden, Ausüben einer Kunst), den sie zuvor als für sich selbst hoch bedeutsam eingestuft hatten, in einem bestimmten Zusammenhang wichtig für sie war. Lernende in einer Kontrollgruppe schrieben stattdessen über die für sie am wenigsten bedeutsame Wertvorstellung. Am Ende des Semesters erzielten die afroamerikanischen Schülerinnen und Schüler, die sich in ihren eigenen Wertvorstellungen selbst bestärkt hatten, bessere Noten als diejenigen der Kontrollgruppe (vgl. COHEN u.a. 2006). Wie erwartet hatten die Selbstaffirmationen keinen Einfluss auf die Noten der weißen Schülerinnen und Schüler, weil diese keinem Stereotype Threat ausgesetzt waren. Selbst-Affirmationen reduzierten das Leistungsgefälle zwischen weißen und afroamerikanischen Schülerinnen und Schülern um fast 30%. Diese Studie wurde mit ähnlich vielversprechenden Ergebnissen repliziert.

Zur Bedeutung der Stereotype Threat-Forschung im Hinblick auf die Bildungssituation der Schülerinnen und Schüler mit Migrationshintergrund in Deutschland – und vor allem, wie man solche Effekte abschwächen kann – bestehen noch viele offene Fragen. Obgleich der größte Teil der Forschungsarbeiten zu Stereotype Threat aus den USA stammt, bestätigen Studien aus England, Frankreich, Deutschland und Italien, dass diese Wirkungen in vielen Ländern vorfindbar sind. Auch wenn der Großteil der Erkenntnisse über Stereotype Threat aus Laborstudien der Mathematikleistungen von Frauen stammt, liegen eine Anzahl von Studien über Personen mit einer Bandbreite unterschiedlicher ethnischer Zugehörigkeiten und aus Familien mit Migrationsgeschichte vor. Insofern ist Stereotype Threat ein sehr reales Phänomen, das Wirkungen nach sich zieht, die die Leistungen von Individuen aus minorisierten und zugewanderten Gruppen signifikant beeinträchtigen kann. Forschungsarbeiten, wie diese Effekte reduziert werden können, sind selten, haben aber einige vielversprechende Strategien hervorgebracht.

2 Erwartungseffekte

Die Erwartungen der Lehrerinnen und Lehrer an die akademischen Fähigkeiten ihrer Schülerinnen und Schüler wirken sich offenbar auf deren Lernen aus, wobei geringe Erwartungen die Lernentwicklung einschränken. Die Durchsicht der umfangreichen Forschungsarbeiten zu diesem Thema legt die folgenden Schlussfolgerungen nahe (vgl. JUSSIM/HARBER 2005):
- Bestehende Erwartungen von Lehrkräften beeinflussen die intellektuelle Entwicklung der Schülerinnen und Schüler sowohl positiv als auch negativ, abhängig von der Ausrichtung der Erwartungen.
- Erwartungseffekte sind statistisch betrachtet im Allgemeinen klein aber stabil.
- Das Ausmaß der Erwartungseffekte hängt stark von situativen und interpersonellen Faktoren ab, wobei Schülerinnen und Schülern aus Familien mit niedrigem sozioökonomischem Status und mit Migrationshintergrund besonders betroffen sind.

Leider haben Lehrerinnen und Lehrer häufig nicht nur geringere Erwartungen an Schülerinnen und Schüler aus Familien mit niedrigem sozioökonomischem Status und/oder mit einem Migrationshintergrund als an andere (vgl. z.B. BARON/ TOM/COOPER 1985). Sie haben auch oft höhere Erwartungen an Schülerinnen und Schüler, die ihrer eigenen ethnischen Gruppe angehören, einen ähnlichen sozioökonomischen Status aufweisen oder mit denen sie kulturelle Werte teilen (vgl. z.B. DEE 2005). Negative Erwartungen, festgemacht am sozioökonomischen Status oder Migrationshintergrund können verhindern, dass Schülerinnen und Schüler mit Migrationshintergrund ihr volles Potenzial entfalten können und damit zu Bildungsungleichheit beitragen.

Mehrere Überlegungen stützen die Schlussfolgerung, dass Erwartungseffekte auch im deutschen Bildungssystem die Bildungserfolge von Kindern mit Migrationshintergrund beeinträchtigen – zumindest von Kindern aus bestimmten Gruppen. Erstens wurden Erwartungseffekte in einer Vielzahl von Ländern nachgewiesen, darunter Spanien, Kanada, Jordanien, Israel, die Niederlande und Taiwan; es gibt keine Anhaltspunkte dafür, dass Deutschland hier eine Ausnahme darstellen sollte. Zweitens ist das relativ niedrige Niveau der Schulleistungen vieler Jugendlicher mit Migrationshintergrund in Deutschland breit bekannt und es finden sich Hinweise, dass negative Stereotype über das Bildungsinteresse und -potential von zumindest einigen Immigrantengruppen in Deutschland existieren. Drittens ist der prozentuale Anteil von Lehrerinnen und Lehrern mit einem türkischen oder sonstigen Migrationshintergrund an deutschen Schulen relativ gering, so sind auch negative Erwartungen aufgrund einer kulturellen und sozialen Distanz zu Schülerinnen und Schülern wahrscheinlich. Schließlich spielen in Deutschland die Empfehlungen der Lehrkräfte eine entscheidende Rolle für die Platzierung von Schülerinnen und Schülern in den unterschiedlichen Sekundarschulformen, die sehr unterschiedliche Lernmöglichkeiten und Schulkarrieren eröffnen. Vor diesem Hintergrund kommt den Lehrererwartungen eine Schlüsselrolle für die Bildungskarrieren der Schülerinnen und Schüler zu.

2.1 Wie wirken Erwartungseffekte?

Offenbar zeigen Lehrerinnen und Lehrer in Abhängigkeit von ihren Erwartungen unterschiedliche Verhaltensweisen gegenüber Schülerinnen und Schülern. Letztere reagieren darauf wiederum auf eine Art und Weise, die bei denjenigen, denen positive Erwartungen entgegengebracht werden, zu Leistungssteigerungen führt und/oder die Leistungen derjenigen drückt, denen Lehrkräfte mit negativen Erwartungen begegnen. Vier Bereiche des Lehrerhandelns wurden identifiziert, in denen Lehrererwartungen die schulische Entwicklung ihrer Zöglinge beeinflussen können (vgl. HARRIS/ROSENTHAL 1985):

Sozioemotionales Klima: allgemeine positive oder negative Haltung gegenüber den Lernenden, dazu gehören emotionale Wärme, Häufigkeit von Lächeln, Ausdruck von Unterstützung und physische Distanz;

Feedback: Lob oder Kritik, Akzeptanz von Ideen oder Ignorieren der Schülerinnen und Schüler;

Input: Angebot anspruchsvoller und/oder zusätzlicher Aufgabenstellungen und Materialien;

Output: Eröffnen von Gelegenheiten für die Schülerinnen und Schüler, auf die dargebotenen Aufgaben zu antworten (z.B. Aufrufen, Blickkontakt, usw.).

Diese Faktoren bestätigend beobachtete Jacqueline J. IRVINE (1990), dass Schülerinnen und Schüler, die einer Minderheit angehören, von den Lehrkräften weniger Lob und mehr Kritik erfahren als Angehörige der Mehrheitsgesellschaft. Ihnen wird ferner weniger hilfreiche Unterstützung angeboten und sie haben weniger positive Interaktionen mit Lehrkräften. Es gibt darüber hinaus Belege dafür, dass Lehrkräfte den Schülerinnen und Schülern, denen gegenüber sie geringe Leistungserwartungen haben, schlechtere Noten geben, als es ihrer tatsächlichen Leistung angemessen wäre (vgl. z.B. BABAD/INBAR/ROSENTHAL 1982). Wichtig ist auch der Befund, dass Erwartungen selbst über sprachliche und kulturelle Grenzen hinweg mühelos kommuniziert und verstanden werden können. Beispielsweise zeigten Elisha BABAD und Paul J. TAYLOR (1992) englischsprachigen Versuchspersonen aus Neuseeland (darunter Kinder in sehr jungem Alter) Videos von Hebräisch sprechenden israelischen Lehrpersonen. Die Versuchspersonen sollten einschätzen, ob die Lehrkräfte in den Videos gegenüber ihren Schülerinnen und Schülern hohe oder geringe Leistungserwartungen hegten. Alle Gruppen waren in der Lage, den Erwartungsstatus der Schülerinnen und Schüler zu spezifizieren, obwohl sie die Worte der Lehrkräfte nicht verstehen konnten.

Sind sich Schülerinnen und Schüler der geringen Leistungserwartungen ihrer Lehrerinnen und Lehrer und der damit verbundenen Verhaltensweisen bewusst, kann dies zu negativen Gefühlen hinsichtlich des Niveaus der eigenen Fähigkeiten wie auch gegenüber den Lehrpersonen und der Klasse insgesamt führen (vgl. BABAD 1993). Diese negativen psychologischen Konsequenzen können wiederum zu Verhaltensmustern führen, z.B. in den Bereichen Anstrengung, Ausdauer, Aufmerksamkeit und Kooperation, die die Leistung negativ beeinflussen (vgl. JUSSIM 1986).

Insgesamt kann das Unterrichtshandeln von Lehrkräften im Umgang mit Schülerinnen und Schülern, denen sie mit niedrigen Erwartungen begegnen, deren Lernentwicklung sehr wohl beeinflussen. Dies gilt vor allem bei Verhaltensweisen, die für das sozioemotionale Klima relevant sind, wie Blickkontakt, Lächeln und physische Distanz wie für die Präsentation anforderungsreicher Materialien für alle Kinder. Einiges deutet darauf hin, dass diese Aspekte auch in Deutschland ein Problem darstellen. Beispielsweise gibt in Deutschland ein geringerer Anteil Schülerinnen und Schüler als in anderen Ländern an, dass die Lehrkräfte sich für den Lernprozess jeder einzelnen Schülerin beziehungsweise jedes Schülers interessieren und darauf achten würden, dass alle den Stoff verstanden hätten und dazu bei Bedarf zusätzliche Hilfestellungen bieten (vgl. OECD 2004).

2.2 Welche Faktoren beeinflussen Erwartungseffekte?

Wie in den vorangegangenen Abschnitten aufgezeigt, stellen Erwartungseffekte eine besondere Bedrohung für Schülerinnen und Schüler mit niedrigem sozioökonomischen Status und aus minorisierten sozialen Gruppen dar. Es gibt jedoch noch weitere Faktoren, die das Ausmaß von Lehrererwartungen auf die Schulleistungen beeinflussen. So scheinen jüngere Kinder anfälliger für Erwartungseffekte als ältere zu sein (vgl. Jussim/Harber 2005). Dies könnte darin begründet liegen, dass die Selbstwahrnehmungen jüngerer Kinder weniger stabil sind als die älterer. So gibt es Belege dafür, dass Erwartungseffekte bei älteren Lernenden vollständig verschwinden, wenn die bisherigen Schulleistungen statistisch kontrolliert werden (vgl. Jussim/Eccles/Madon 1996). Auch wenn dies der Fall ist, können die Leistungseinbußen infolge negativer Erwartungen in sehr jungem Alter den späteren Bildungserfolg von Schülerinnen und Schülern mit Migrationshintergrund beeinflussen, indem sie zu einer schwachen Grundlage für die spätere Lernentwicklung beigetragen haben (vgl. Alvidrez/Weinstein 1999).

Die Tatsache, dass Erwartungseffekte besonders für junge Kinder aufgezeigt wurden, hat wichtige Implikationen für Kinder mit Migrationshintergrund in deutschen Schulen, weil die Entscheidung über die künftige Schulform wesentlich von den Leistungen in den frühen Grundschuljahren beeinflusst ist – die Zeit, in der negative Erwartungen festgemacht am Migrationshintergrund oder sozioökonomischen Status, den Kindern am meisten schaden können. Auch sind Kinder anfälliger für Lehrererwartungen, wenn sie mit neuen Situationen konfrontiert werden, z.B. am Beginn ihrer Schulzeit, nach einem Schulwechsel oder – im Fall von Kindern mit eigener Migrationserfahrung – in der Anfangsphase des Lebens in einem fremden Land mit fremder Kultur, Lebensgewohnheiten und Sprache.

Es überrascht wenig, dass Lehrerinnen und Lehrer anfälliger dafür sind, unangemessene Erwartungen zu entwickeln, wenn sie die Schülerinnen und Schüler noch nicht persönlich kennengelernt haben. Leider haben Schülerinnen und Schüler mit Migrationshintergrund oft nicht die Gelegenheit zu einem persönlichen Kontakt mit Lehrkräften, bevor negative Erwartungen aufgrund äußerer Merkmale wie beispielsweise Gesichtszüge, Kleidung oder der Sprachgebrauch entstehen. Auch entwickeln Lehrkräfte eher geringe Erwartungen gegenüber Lernenden, die weniger sprachgewandt sind und seltener Interaktionen initiieren (vgl. Brophy/Good 1970). Unglücklicherweise kann die Unterrichtsbeteiligung von Schülerinnen und Schülern mit Migrationshintergrund sowohl durch begrenzte Fähigkeiten in der Schulsprache unterminiert werden als auch durch ihre Besorgnis, wie andere auf ihre Sprache oder Kultur reagieren werden.

2.3 Reduktion negativer Folgen von Erwartungseffekten

Es liegen nur wenige Forschungsarbeiten vor, die Interventionsmöglichkeiten gegen Erwartungseffekte untersuchen. Einige wenige Ansätze wurden jedoch entwickelt. Insbesondere schlagen einige Theoretikerinnen und Theoretiker vor, dass die Sensibilisierung von Lehrkräften für die Möglichkeit negativer Erwartungen deren Auswirkungen reduzieren würde. Die Effektivität dieses Ansatzes konnte jedoch nicht belegt werden. Menschen sind sich ihrer Voreingenommenheiten gegenüber Mitgliedern anderer sozialer Gruppen oft nicht bewusst (vgl. CRANDALL/ESHLEMAN 2003). Das führt dazu, dass Lehrerinnen und Lehrer solche Interventionen oft ablehnen, weil sie ihnen überflüssig oder sogar als Affront erscheinen.

Andere Ansätze zielen darauf ab, neue Verhaltensweisen der Lehrkräfte zu fördern, die die Leistungen von schwachen Schülerinnen und Schülern verbessern können. Dazu gehört zum Beispiel, die Bedeutung von Schulerfolg zu betonen und hohe Leistungserwartungen an alle Kinder zu richten, unabhängig von ihrer tatsächlichen oder vermuteten Leistungsfähigkeit (vgl. RUTTER/MAUGHAN 2002). Dies kann auf vielfältigen Wegen umgesetzt werden, vom Ausstellen von Preisen und Auszeichnungen für schulische Leistungen im Schulgebäude (vgl. TEDDLIE/KIRBY/STRINGFIELD 1989) bis hin zur systematischen Erteilung anspruchsvoller Aufgaben an anfänglich schwächere Schülerinnen und Schüler (vgl. RUTTER/MAUGHAN 2002).

Solche Bemühungen um neue Unterrichtsstrategien können von Feedbackmethoden flankiert sein, um den Lehrkräften vor Augen zu führen, dass sie sich gegenüber einer Lerngruppe je nach Leistungserwartung unterschiedlich verhalten oder dass sie verschiedene Verhaltensweisen gegenüber Schülerinnen und Schülern unterschiedlicher sozialer Gruppen zeigen. In entsprechenden Trainings wird das von Kolleginnen und Kollegen oder von externen Fachkräften formulierte Feedback über Interaktionen mit Schülerinnen und Schülern, denen niedrige beziehungsweise hohe Erwartungen entgegengebracht werden, diskutiert und es werden effektivere Unterrichtsstrategien erprobt. Dieser Ansatz betont die Wichtigkeit für Lehrpersonen, ein positives sozioemotionales Klima in der Klasse zu schaffen (vor allem Wärme, Responsivität) und alle Lernenden mit anspruchsvollen Aufgaben und Materialien auszustatten. Er kann das Verhalten von Lehrkräften in der gewünschten Richtung verändern (vgl. BROPHY/GOOD 1974).

3 Leistungsgruppierung mit differenzierten Curricula in Sekundarschulen

Eine weitere Praxis, die die Leistungen von Schülerinnen und Schülern mit Migrationshintergrund systematisch untergraben kann, ist die Leistungsgruppierung und Zuweisung zu unterschiedlichen Curricula. Unter *Leistungsgruppierung* werden gewöhnlich Praktiken verstanden, bei denen Schülerinnen und Schülern unterschiedliche Lernumgebungen zugewiesen werden, basierend auf ihrer Intelligenz, Beherrschung des Unterrichtsstoffs, Noten oder Leistungstests. Der Begriff *Curriculum* kann sich entweder auf den Inhalt eines bestimmten Faches oder auf das komplette Unterrichtsangebot einer Schule oder Schulform beziehen.

Curriculare Differenzierung bezieht sich daher auf ein breites Spektrum der Differenzierung von Schülerinnen und Schülern, von der Bearbeitung von Aufgabenstellungen mit unterschiedlichen Schwierigkeitsgraden innerhalb der gleichen Klasse bis zu völlig unterschiedlichen Unterrichtsprogrammen in separaten Schulen, wie es im gegliederten Sekundarschulsystem in Deutschland üblich ist.

Obwohl Leistungsgruppierung und differenzierte Curricula nicht dasselbe sind, sind sie eng miteinander verknüpft, da die Leistungsgruppierung in der Regel dazu dient, den Lernenden verschiedene Curricula anzubieten, welche jeweils ihren bereits erworbenen Fähigkeiten und ihrem Wissen entsprechen. In Schulen oder Schulsystemen mit curricularer Differenzierung kommen dadurch typischerweise die in akademischer Hinsicht stärkeren Schülerinnen und Schüler in den Genuss der anspruchsvolleren Curricula. Weil Leistungsgruppierung und curriculare Differenzierung in der Sekundarstufe am stärksten verbreitet sind, untersuchen wir im Folgenden die Auswirkungen dieser Praxis auf Schülerinnen und Schüler der Sekundarstufe.

3.1 Leistungsgruppierung und Curriculumsdifferenzierung innerhalb von Schulen

Einige Studien betrachten die spezifischen Wirkungen von Leistungsgruppierung und curricularer Differenzierung getrennt voneinander, während andere ihren kombinierten Effekt untersuchen. Forschungsergebnisse aus Studien in zahlreichen hochentwickelten Ländern stützen für die Sekundarstufe vielfach die These, dass in leistungsstarken Klassen höhere Leistungszuwächse der einzelnen Schülerinnen und Schüler zu erwarten sind als in leistungsschwachen Klassen. Leistungsgruppierung in Schulen mit jüngeren Kindern hat allerdings offenbar nicht die gleiche Wirkung (vgl. SCHOFIELD i.E.; SCHOFIELD 2006). Diese Effekte finden sich häufig auch bei statistischer Kontrolle der Eingangsleistung, wenn also berücksichtigt wird, dass anfänglich gute Schülerinnen und Schüler durchaus größere Leistungssteigerungen zeigen können als diejenigen, die schlechter abschneiden – unabhängig vom Leistungsniveau ihrer Klassenkameradinnen und -kameraden.

Die Erkenntnis, dass hohe Leistungszuwächse von Sekundarstufenschülerinnen und -schülern in Schulformen und Klassen mit einem hohen Leistungsanspruch wahrscheinlicher sind als in denen mit einem niedrigen Leistungsanspruch, stützt die Annahme, dass Leistungsgruppierung zu systematischen Leistungsunterschieden in Abhängigkeit von der sozialen Herkunft führt; denn in vielen Ländern, so auch in Deutschland, sind Schülerinnen und Schüler mit Migrationshintergrund und einem niedrigen sozioökonomischen Status in Schulformen und Klassen mit einem niedrigen Leistungsanspruch überrepräsentiert (vgl. für Deutschland: SÖHN/ÖZCAN 2006). Es vermag nicht zu überraschen, dass auch die Inhalte der Curricula auf die Leistung wirken, wobei anspruchsvolle Curricula dazu beitragen, dass mehr gelernt wird (vgl. RUMBERGER/ PARLADY 2005).

Forschungsarbeiten, die die kombinierte Wirkung beider Praktiken untersuchen, kommen durchweg zu dem Ergebnis, dass Leistungsgruppierung mit differenzierten Curricula im Sekundarbereich den Abstand zwischen anfangs leistungsstarken und leistungsschwachen Schülerinnen und Schülern weiter vergrößert. Dies geschieht insbesondere dadurch, dass die Leistungsentwicklung der anfänglich Schwächeren erschwert wird (vgl. z.B. SCHOFIELD i.E.; OAKES/GAMORAN/PAGE 1992). Jedoch scheint oft auch die Leistung der anfänglich starken Sekundarschülerinnen und -schüler zusätzlich verstärkt zu werden (vgl. ebd.).

3.2 Gestufte Schulsysteme: Eine besonders ausgeprägte Variante der Leistungsgruppierung mit unterschiedlichen Curricula

Deutschland ist ein prototypisches Beispiel für ein Land mit gestuften Sekundarschulsystemen – einer extremen Form von Leistungsgruppierung mit curricularer Differenzierung. In der Gesamtschau legt die Forschung über gegliederte Schulsysteme nahe, dass der Besuch höherer Schulformen positiv mit Leistungszuwächsen verknüpft ist, während dieser Zusammenhang in den unteren Schulzweigen negativ ist (vgl. BAUMERT/STANAT/WATERMANN 2006; KÖLLER/BAUMERT 2001). Wichtig ist, dass solche Effekte oft unabhängig vom individuellen Leistungsniveau der Schülerinnen und Schüler sowie unabhängig vom durchschnittlichen Leistungsniveau und dem mittleren sozioökonomischen Status der

Schülerschaft einer Schule festgestellt werden. Ohne Zweifel sind Kinder aus Familien mit geringem sozioökonomischem Status und/oder Migrationshintergrund typischerweise in den unteren Schulzweigen der gegliederten Schulsysteme in Deutschland deutlich überrepräsentiert (vgl. z.B. MAAZ u.a. 2008; SÖHN/ ÖZCAN 2006). Insofern tragen solche Systeme zur Vergrößerung des Leistungsgefälles zwischen Schülerinnen und Schülern mit Migrationshintergrund und Mitschülerinnen und Mitschülern ohne Migrationsgeschichte bei.

In Teilen Deutschlands besteht neben dem traditionellen dreigliedrigen System die Gesamtschule, die Schülerinnen und Schülern mit unterschiedlichen Fähigkeitsniveaus aufnimmt. Dies hat zu Vergleichen der Leistungsresultate von Schülerinnen und Schülern mit unterschiedlichen Fähigkeitsniveaus in diesen verschiedenen Sekundarschulsystemen geführt (vgl. z.B. OELKERS 2006). Solche Arbeiten deuten darauf hin, dass schwache Schülerinnen und Schüler von Gesamtschulen profitieren, wenngleich die Ergebnisse abhängig vom Typ der Gesamtschule und der Art der in einzelnen Gesamtschulen praktizierten Gruppierung von Schülerinnen und Schülern variieren (vgl. HORSTKEMPER/TILLMANN 2003). Im Kontrast dazu sind Lernende mit hohem Fähigkeitsniveau manchmal, aber bei weitem nicht immer, in gestuften Schulsystemen erfolgreicher. Ähnliche Forschungsarbeiten aus Großbritannien legen ebenfalls nahe, dass schwächere Schülerinnen und Schüler in Gesamtschulen besser lernen als in den unteren Schulzweigen eines gestuften Systems, aber es werden auch Unterschiede nach Geschlecht und Unterrichtsfächern festgestellt und diese Effekte zeigen sich nicht durchgehend. Dagegen erreichen anfänglich als leistungsstark getestete Schülerinnen und Schüler in den oberen Schulzweigen eines gestuften Systems etwas höhere Lernzuwächse als in Gesamtschulen (vgl. RUTTER/MAUGHAN 2002).

3.3 Einfluss von Eintrittsalter und Anzahl der Schultypen auf die Leistung im Sekundarbereich

Die frühe Zuweisung von Lernenden zu unterschiedlichen Schulzweigen verstärkt generell die Ungleichheiten zwischen Schülerinnen und Schülern mit unterschiedlichen Hintergründen (vgl. SCHUETZ/URSPRUNG/WOESSMANN 2005). Differenzierte Schulsysteme gruppieren Lernende im Allgemeinen nach ihren Fähigkeiten. Somit können solche Ergebnisse auf das differenzierte Schulsystem, die Gruppierung nach Leistung oder auf den kombinierten Effekt beider Faktoren zurückzuführen sein. Bedeutsam ist hier der Befund, dass die schulischen Gesamtleistungen in Ländern, in denen diese Praktiken früher einsetzen, als in anderen, nicht höher ausfallen (vgl. OECD 2004, 2005). Tatsächlich geht die frühe Zuweisung zu unterschiedlichen Schultypen eines gestuften Systems mit niedrigeren *durchschnittlichen Schulleistungen* einher und zwar für beide Gruppen: für die Schülerinnen und Schüler, die beim Eintritt in die Sekundarstufe hohe Testleistungen zeigen und für jene, die niedrigere Werte erzielen, wobei schwache Lernende in den unteren Schulzweigen davon stärker betroffen sind (vgl. HANUSHEK/WOESSMANN 2006). Diese Befunde entziehen der vorherrschenden Begründung für Differenzierung – dass sie zu besseren Leistungen führt, indem alle Schülerinnen und Schüler einen Unterricht erhalten, der auf ihre Fähigkeiten und ihr bereits vorhandenes Wissen zugeschnitten ist – den Boden.

Eine Studie, in die Daten aus den 16 deutschen Bundesländern und zahlreicher anderer OECD-Staaten einflossen, fand heraus, dass der Leistungsunterschied zwischen Lernenden aus unterschiedlichen soziokulturellen Gruppen in Schulsystemen mit einer größeren Anzahl von Schulstufen höher ist als in Systemen mit weniger Schulformen (vgl. WOESSMANN 2007).

3.4 Wie trägt Leistungsgruppierung mit differenzierten Curricula zum Leistungsgefälle bei?

In der Literatur sind zahlreiche Faktoren vorgeschlagen worden – von unterschiedlicher Ausstattung der Schulen mit finanziellen Ressourcen bis zu Unterschieden im Lehrerverhalten –, um zu erklären, wieso durch Leistungsgruppierung und curriculare Ausdifferenzierung das Gefälle in den Leistungen von Schülerinnen und Schülern, die bei ihrem Eintritt in die Sekundarstufe höhere oder niedrigere Leistungen vorweisen können, zusätzlich vergrößert wird (vgl. z.B. BAUMERT/STANAT/WATERMANN 2006; OECD 2005). Bedauerlicherweise untersuchen nur relativ wenige Studien diese Beziehungen auf empirischer Grundlage. Stattdessen werden typischerweise Unterschiede zwischen Klassen, Schulstufen oder einzelnen Schulen dokumentiert, in denen jeweils Schülerinnen und Schüler mit höherem oder niedrigerem Fähigkeitsniveau unterrichtet werden, die Implikationen für das schulische Lernen haben. *Wie* diese Unterschiede tatsächlich zustande kommen, wird selten konkret untersucht. Einige der Faktoren, die mit hoher Wahrscheinlichkeit zu diesem Zusammenhang beitragen, werden im Folgenden diskutiert.

3.4.1 Verstärkte Homogenisierung nach sozialer Schicht und Migrationshintergrund

In zahlreichen Ländern ist Bildungserfolg stark mit der sozialen Schicht gekoppelt (vgl. OECD 2004, 2005). Folglich erhöht Leistungsgruppierung die Homogenisierung der Schülerinnen und Schüler nach sozialer Schichtzugehörigkeit in ihren Lernumgebungen. Leistungsgruppierung erhöht auch die Konzentration von Kindern mit Migrationshintergrund beziehungsweise Minderheitenstatus in bestimmten Klassen oder Schulen, weil Angehörige dieser Gruppen oft unterdurchschnittlich schlechte Leistungen erzielen. Indem Schülerinnen und Schüler aus weniger privilegierten Elternhäusern auch bei gleicher Leistung häufiger in unteren Schulzweigen platziert werden als solche aus privilegierten Elternhäusern, wird die Homogenisierung nach sozialer Schichtzugehörigkeit und Migrationshintergrund in segregierten Schulsettings zusätzlich verstärkt (vgl. z.B. DAUBER/ALEXANDER/ENTWISTLE 1996; MAAZ u.a. 2008).

Wenn sich in Schulen oder Klassen besonders viele solcher Kinder oder Jugendliche konzentrieren, die einer Minderheit angehören, einen Migrationshintergrund oder niedrigen sozioökonomischen Status aufweisen, wirkt sich dies mit großer Wahrscheinlichkeit negativ auf ihren Lernerfolg aus. Dadurch wird das Leistungsgefälle zwischen ihnen und leistungsstarken Jugendlichen verstärkt, da letztere größere Chancen erhalten, in einer Lernumgebung, die ihrer schulischen Entwicklung förderlich ist, unterrichtet zu werden (vgl. z.B. BAUMERT/STANAT/WATERMANN 2006; MERKENS 2005; WOESSMANN 2007).

3.4.2 Weniger effektives pädagogisches Handeln in den unteren Schulzweigen

Unterschiedliche Handlungsmuster von Lehrkräften in Klassen mit unterschiedlichen Leistungsniveaus können Unterschiede zwischen ihnen noch verstärken (vgl. OPDENAKKER/VAN DAMME 2007). Z.B. identifizierten Franz-Emanuel WEINERT und Andreas HELMKE (1995) drei Aspekte des Lehrerhandelns in deutschen Grundschulklassen als gute Prädiktoren für die Steigerung der Mathematikleistungen: die Klarheit des Unterrichts, die intensive Nutzung der Unterrichtszeit und die individuelle fachliche Unterstützung. Die Autoren stellten vor allem fest, dass zwei dieser drei Verhaltensweisen in Klassen mit hohem anfänglichem Leistungsniveau verbreiteter waren. Auch die Auswahl der Lehrinhalte und Aufgaben wird wesentlich vom vorgängigen Leistungsniveau, dem sozioökonomischen Status und/oder der ethnischen Zusammensetzung von Schulen und Klassen beeinflusst (vgl. THRUPP/LAUDER/ROBINSON 2002). Das pädagogische Handeln wird auch unabhängig von der formalen curricularen Differenzierung durch die soziokulturelle Zusammensetzung der Klassen geprägt. Durch formale curriculare Differenzierung werden solche Unterschiede jedoch mit hoher Wahrscheinlichkeit verstärkt – sowohl durch zunehmende Selbstselektion von Jugendlichen/Eltern in mehr oder weniger anforderungsreichen Lernumgebungen als auch durch die Verinnerlichung und Vergrößerung dieser Unterschiede im Bewusstsein von Lehrkräften und Schülerinnen und Schülern.

3.4.3 Veränderte Peer-Gruppen-Prozesse in der Schule

Peers beziehungsweise Mitschülerinnen und Mitschüler beeinflussen die schulische Leistungsfähigkeit auf vielfältigen Wegen (vgl. z.B. KAHLENBERG 2001). Beispielsweise können sie ein Unterrichtsklima schaffen, das die Inhalte, die Lehrkräfte zu vermitteln suchen, ihr pädagogisches Handeln, ihre Beziehungen zu den Schülerinnen und Schülern – alles Faktoren, die auf die Leistungen einwirken können – beeinflusst (vgl. BARR/DREEBEN 1983). Peers können auch Faktoren wie den Ehrgeiz, Haltungen und Verhaltensweisen gegenüber der Schule auf Seiten ihrer Klassenkameradinnen und -kameraden mitformen (vgl. COLEMAN 1961). Solche Einflusswege schließen sich nicht aus, sondern verstärken sich gegenseitig.

3.5 Reduktion negativer Folgen von Leistungsgruppierung mit differenzierten Curricula für Schülerinnen und Schüler mit Migrationshintergrund

Der naheliegendste Weg, die negativen Folgen eines gegliederten Schulsystems mit curricularer Differenzierung für Sekundarschülerinnen und -schüler mit niedrigem Leistungsniveau zu reduzieren, besteht darin, diese Praxis nicht länger zu institutionalisieren oder aufrecht zu erhalten. Sie ist jedoch stark verbreitet und Anstrengungen, sie zu überwinden, rufen gewöhnlich beträchtlichen politischen Widerstand hervor, besonders von Eltern, deren Kinder die höheren Bildungsgänge oder Schulen besuchen (vgl. OAKES u.a. 1996). Diese Widerstände sind immun gegenüber dem Wissen, dass sehr beeindruckende Resultate erzielt werden können, wenn Schulen auf sorgfältige und gut durchdachte Weise umstrukturiert werden, um solche Formen der Schülergruppierung zu vermindern oder gänzlich aufzuheben – insbesondere für Schülerinnen und Schüler mit niedrigen Ausgangsleistungen (vgl. BURRIS/HEUBERT/LEVIN 2006).

Die vielversprechendste Alternative, um die Leistungen von Kindern und Jugendlichen in Klassen mit niedrigem durchschnittlichem Leistungsniveau und/oder Schulen mit überdurchschnittlich hohen Anteilen von Schülerinnen und Schülern mit Migrationshintergrund zu verbessern, besteht darin, die Qualität der in ihnen angebotenen Curricula und der pädagogischen Praxis gezielt zu verbessern. Ein solcher institutioneller Wandel ist jedoch nicht einfach zu erreichen und aufrechtzuerhalten. Insofern müssen jegliche Initiativen in dieser Richtung von Anstrengungen auf der Systemebene begleitet werden, um sicher zu stellen, dass die gewünschten Veränderungen effektiv implementiert werden und um zu kontrollieren, ob sie tatsächlich zu besseren Lernerfolgen beitragen.

4 Zusammenfassung

Schülerinnen und Schüler mit Migrationshintergrund stehen häufig vor Hindernissen, die ihren schulischen Erfolg beeinträchtigen und erschweren, dass sie ihr intellektuelles Potential voll entfalten können – mit dem Ergebnis von Bildungsungleichheit und im Endeffekt sozialer Ungleichheit. In diesem Kapitel wurden drei Phänomene behandelt, die laut psychologischer Forschung die Schülerleistungen untergraben können und dies auch oft tun: Stereotype Threat, Erwartungseffekte und Leistungsgruppierung mit curricularer Differenzierung.

Stereotype Threat wirkt negativ auf die schulischen Leistungen, wenn Lernende befürchten, ein negatives Stereotyp hinsichtlich der intellektuellen Fähigkeiten der Gruppe, der sie angehören, zu bestätigen. Diese Bedrohung erzeugt Ängstlichkeit und zieht kognitive Ressourcen von den zu bearbeitenden Aufgaben ab; beides schränkt die Lernleistung ein. Stereotype Threat wirkt in manchen Situationen stärker als in anderen. Beispielsweise trifft er Personen, die sich in hohem Maße mit einer stereotypisierten Gruppe identifizieren, stärker als andere; auch sind die Auswirkungen bei schwierigen Aufgaben am stärksten. Es gibt einige vielversprechende Ansätze, um Stereotype Threat zu reduzieren, dazu gehören die Förderung der Vorstellung, dass Intelligenz beeinflusst werden kann und die Arbeit mit positiven Selbst-Affirmationen. Diese Ansätze sind jedoch noch nicht auf breiter Basis in Schulen getestet worden.

Erwartungen von Lehrkräften hinsichtlich der Fähigkeiten ihrer Schülerinnen und Schüler beeinflussen die tatsächlichen Leistungen. Nicht nur zeigte sich, dass die Leistungserwartungen gegenüber Kindern mit Migrationshintergrund und mit niedrigem sozioökonomischen Status systematisch geringer sind als für andere, auch scheinen sie besonders anfällig für deren negative Effekte zu sein. Erwartungen wirken auf die Leistung, indem sie sowohl das sozioemotionale Verhalten der Lehrkräfte beeinflussen als auch die schulischen Anforderungen, die sie an die Lernenden stellen. Schülerinnen und Schüler, gegenüber denen geringe Leistungserwartungen seitens der Lehrkräfte bestehen, erfahren typischer Weise weniger positives Verhalten von und weniger akademisch herausfordernde Interaktionen mit Lehrkräften. Leider liegen bisher nur wenig solide Forschungsergebnisse über effektive Interventionen vor, mit deren Hilfe die Erwartungen und/oder das daraus resultierende Verhalten von Lehrerinnen und Lehrern zu verändern wäre. Einiges deutet jedoch darauf hin, dass Ansätze, die Lehrpersonen darin bestärken, Kindern mit emotionaler Wärme zu begegnen und in den Interaktionen an alle Schülerinnen und Schülern hohe intellektuelle Anforderungen zu stellen, die Folgen negativer Erwartungen unterbinden können.

Leistungsgruppierung mit curricularer Differenzierung verfolgt das Ziel, die Leistungsergebnisse zu verbessern, indem Schülerinnen und Schülern ein Unterricht angeboten wird, der auf ihr Wissen und ihre Fähigkeiten abgestimmt ist. Leider wirkt sich dies zumindest im Sekundarbereich zuungunsten von Jugendlichen mit schwachen Eingangsleistungen aus. In dem Maße, in dem Kinder mit Migrationshintergrund schlechtere Leistungsresultate erzielen, trägt diese Praxis dazu bei, ihre Leistungen zusätzlich zu untergraben. Gegliederte Schulsysteme, wie sie in Deutschland verbreitet sind, stellen eine sehr starke Form der Leistungsgruppierung mit curricularer Differenzierung dar. Weil Schülerinnen und Schüler mit Migrationshintergrund überdurchschnittlich in den unteren Bildungsgängen anzutreffen sind, vergrößern solche Systeme das Leistungsgefälle zwischen ihnen und ihren Peers. Dass aus solchen Befunden politische Konsequenzen gezogen werden, wird jedoch durch Hinweise erschwert, dass der Unterricht in den höheren Bildungsgängen zu Leistungszuwächsen führt.

Die Fülle und Komplexität der potentiellen Barrieren, die den Bildungserfolg von Schülerinnen und Schülern mit Migrationshintergrund erschweren, sind im Zusammenwirken von Prozessen auf unterschiedlichen Ebenen angelegt: so resultiert das erste der drei hier diskutierten Phänomene daraus, wie Schülerinnen und Schüler sich beziehungsweise ihre Gruppe von anderen wahrgenommen sehen; das zweite ist ein Ergebnis der Haltungen der Lehrkräfte und damit verbundenen Verhaltensmustern und das dritte stellt ein strukturelles Merkmal von Schulen und/oder Schulsystemen dar. Die Vielzahl und Komplexität dieser Barrieren deutet jedoch auch auf viele potentiell verfügbare Strategien hin, mit deren Hilfe Schülerinnen und Schüler mit Migrationshintergrund unterstützt werden können, um ihr volles Potential zu verwirklichen – ein Ziel, das für sie persönlich wichtig ist, wie auch für die ökonomische Vitalität und soziale Stabilität der Gesellschaften, in denen sie leben.

Fragen und Denkanstöße

1. Fassen Sie in eigenen Worten die drei zentralen Phänomene zusammen, deren Zusammenwirken die Erfolgschancen für den Schulerfolg von Kindern und Jugendlichen mit Migrationshintergrund vermindert.
2. Stellen Sie sich vor, Sie sind Lehrerin oder Lehrer an einer Schule, an der demnächst ein Leistungstest für die Schülerschaft geplant ist. Vor dem Hintergrund dessen, was Sie in diesem Kapitel gelernt haben, was wären konkrete und spezifische Strategien, um zu verhindern, dass bei diesem Test die Leistungen von Kindern oder Jugendlichen mit Migrationshintergrund durch Stereotype Threat beeinträchtigt werden?

3. Warum tragen Strategien der Selbst-Affirmation zu verbesserten akademischen Leistungen von Menschen mit Migrationshintergrund beziehungsweise Angehörigen von Minderheiten bei? Und warum funktioniert diese Intervention nicht bei Menschen, die keiner Minderheit angehören?
4. Eine Strategie, um Stereotype Threat zu reduzieren, ist die Betonung eines beeinflussbaren Intelligenzkonzepts, um die Lernenden darin zu bestärken, dass Anstrengung sich lohnt. Wie könnte eine vergleichbare Strategie zur Reduktion von Erwartungseffekten aussehen?
5. In diesem Kapitel werden einige generelle Vorschläge gemacht, wie eine Schulkultur akademischer Exzellenz und Leistung für alle Schülerinnen und Schüler erreicht werden könnte. Welche spezifischeren Strategien fallen Ihnen ein, um eine solche Kultur tatsächlich umzusetzen?

Literaturempfehlungen

BAUMERT, J./STANAT, P./WATERMANN, R. (2006): Schulstruktur und die Entstehung differentieller Lern- und Entwicklungsmilieus. In: Baumert, J./Stanat, P./Watermann, R. (Hrsg.): Herkunftsbedingte Disparitäten im Bildungswesen. Differenzielle Bildungsprozesse und Probleme der Verteilungsgerechtigkeit. Wiesbaden, S. 95-188.
Die Herausgeber haben, angesichts der durch die PISA-Studien überdeutlich belegten Disparitäten im deutschen Bildungswesen, ein Standardwerk zur Analyse der zugrunde liegenden Prozesse geschaffen, das methodische, individuelle und institutionelle Bedingungen von Leistungsunterschieden beleuchtet.

OAKES, J. (2005): Keeping track: How schools structure inequality. New Haven.
In der amerikanischen Bildungsforschung und -politik ein „must read". Wegweisendes Buch, das systematisch darlegt, wie das sogenannte „tracking" im amerikanischen Schulwesen gesellschaftliche Ungleichheit abbildet und reproduziert.

NGUYEN, H. D./RYAN, A. M. (2008): Does stereotype threat affect test performance of minorities and women? A meta-analysis of experimental evidence. In: Journal of Applied Psychology, Jg. 93, Heft 6, S. 1314-1334.
Umfangreiche Meta-Analyse, die auf der Basis einer Vielzahl von Einzelstudien Einflussvariablen im Prozess des Stereotype Threat identifiziert. Meta-Analysen, die die Ergebnisse mehrerer Einzelstudien zugrunde legen, dienen dazu herauszufinden, ob über verschiedene Settings hinweg ein stabiler Effekt besteht und wie groß dieser Effekt ist.

Literaturverzeichnis

Alexander, K. M./Schofield, J. W. (2006): Stereotype Threat: Wie Reaktionen von SchülerInnen auf wahrgenommene negative Stereotype ihre Leistungen beeinträchtigen. In: Schofield, J. W. (Hrsg.): Migrationshintergrund, Minderheitenzugehörigkeit und Bildungserfolg. Forschungsergebnisse der pädagogischen, Entwicklungs- und Sozialpsychologie. Berlin, S. 15-46.

Alvidrez, J./Weinstein, R. S. (1999): Early teacher perceptions and later student academic achievement. In: Journal of Educational Psychology, Jg. 91, Heft 4, S. 731-746.

Ambady, N./Shih, M./Kim, A./Pittinsky, T. L. (2001): Stereotype susceptibility in children. Effects of identity activation on quantitative performance. In: Psychological Science 12, S. 385-390.

Aronson, J./Good, C. (2002): The development and consequences of stereotype vulnerability in adolescents. In: Pajares, F./Urdan, T. (Hrsg.): Academic motivation of adolescents. Greenwich, S. 299-330.

Aronson, J./Steele, C. M. (2005): Stereotypes and the fragility of academic competence, motivation, and self-concept. In: Elliot, A. J./Dweck, C. S. (Hrsg.): Handbook of competence and motivation. New York, S. 436-460.

Babad, E. (1993): Pygmalion. 25 years after interpersonal expectations in the classroom. In: Blanck, P. D. (Hrsg.): Interpersonal expectations. Theory, research, and applications. New York, S. 125-153.

Babad, E./Inbar, J./Rosenthal, R. (1982): Teachers' judgment of students' potential as a function of teachers' susceptibility to biasing information. In: Journal of Personality and Social Psychology, Jg. 42, Heft 3, S. 541-547.

Babad, E./Taylor, P. J. (1992): Transparency of teacher expectancies across language, cultural boundaries. In: Journal of Educational Research, Jg. 86, Heft 2, S. 120-125.

Baron, R. M./Tom, D. Y./Cooper, H. M. (1985): Social class, race and teacher expectations. In: Dusek, J.B./Hall, V. C./Meyer, W. J. (Hrsg.): Teacher expectancies. Hillsdale, S. 251-269.

Barr, R./Dreeben, R. (1983): How schools work. Chicago.

Baumert, J./Stanat, P./Watermann, R. (2006): Schulstruktur und die Entstehung differenzieller Lern- und Entwicklungsmilieus. In: Baumert, J./Stanat, P./Watermann, R. (Hrsg.): Herkunftsbedingte Disparitäten im Bildungswesen. Differenzielle Bildungsprozesse und Probleme der Verteilungsgerechtigkeit. Wiesbaden, S. 95-188.

Blascovich, J./Spencer, S. J./Quinn, D. M./Steele, C. M. (2001): African Americans and high blood pressure. The role of stereotype threat. In: Psychological Science 12, S. 225-229.

Bosson, J. K./Haymovitz, E. L./Pinel, E. C. (2004): When saying and doing diverge. The effects of stereotype threat on self-reported versus non-verbal anxiety. In: Journal of Experimental Social Psychology 40, S. 247-255.

Brophy, J. E./Good, T. L. (1970): Teachers' communication of differential expectations for children's classroom performance: Some behavioral data. In: Journal of Educational Psychology, Jg. 61, Heft 5, S. 365-374.

Brophy, J. E./Good, T. L. (1974): Teacher-student relationships: Causes and consequences. New York.

Burris, C. C./Heubert, J. P./Levin, H. M. (2006): Acceleraing mathematics achievement using heterogeneous grouping. In: American Educational Research Journal, Jg. 43, Heft 1, S. 103-134.
Cadinu, M./Maass, A./Frigerio, S./Impagliazzo, L./Latinotti, S. (2003): Stereotype threat. The effect of expectancy on performance. In: European Journal of Social Psychology 33, S. 267-285.
Cadinu, M./Maass, A./Lombardo, M./Frigerio, S. (2005): Stereotype threat. The moderating role of locus of control beliefs. In: European Journal of Social Psychology 36, S. 183-197.
Cohen, G. L./Garcia, J./Apfel, N./Master, A. (2006): Reducing the racial achievement gap. A social-psychological intervention. In: Science 313, S. 1307-1310.
Cohen, G. L./Steele, C. M./Ross, L. D. (1999): The mentor's dilemma: Providing critical feedback across the racial divide. In: Personality and Social Psychology Bulletin 25, S. 1302-1318.
Coleman, J. S. (1961): The adolescent society: The social life of the teenager and its impact on education. New York.
Crandall, C. S./Eshleman, A. (2003): A justification-suppression model of the expression and experience of prejudice. In: Psychological Bulletin, Jg. 129, Heft 3, S. 414-446.
Dar-Nimrod, I./Heine, S. J. (2006): Exposure to scientific theories affects women's math performance. In: Science 314, S. 435.
Dauber, S. L./Alexander, K. L./Entwistle, D. R. (1996): Tracking and transitions through the middle grades: Channeling educational trajectories. In: Sociology of Education, Jg. 69, Heft 4, S. 290-307.
Dee, T. S. (2005): A teacher like me: Does race, ethnicity or gender matter? In: American Economic Review, Jg. 95, Heft 2, S. 158-165.
Hanushek, E. A./Woessmann, L. (2006): Does educational tracking affect performance and inequality? Differences-in-differences evidence across countries. In: The Economic Journal 116, S. 63-76.
Harris, M. J./Rosenthal, R. (1985): Mediation of interpersonal expectancy effects: 31 meta-analyses. In: Psychological Bulletin, Jg. 97, Heft 3, S. 363-386.
Horstkemper, M./Tillmann, K. J. (2003): Schulformvergleiche und Studien zu Einzelschulen. In: Helsper, W./Böhme, J. (Hrsg.): Handbuch der Schulforschung. Opladen, S. 287-324.
Irvine, J. J. (1990): Black students and school failure: Policies, practices, and prescriptions. Westport.
Jussim, L. (1986): Self-fulfilling prophecies: A theoretical and integrative review. In: Psychological Review, Jg. 93, Heft 4, S. 429-445.
Jussim, L./Eccles, J./Madon, S. (1996): Social perception, social stereotypes, and teacher expectations. Accuracy and the quest for the powerful self-fulfilling prophecy. In: Advances in Experimental Social Psychology 28, S. 281-388.
Jussim, L./Harber, K. D. (2005): Teacher expectations and self-fulfilling prophecies. Knowns and unknowns, resolved and unresolved controversies. In: Personality and Social Psychology Review, Jg. 9, Heft 2, S. 131-155.

Kahlenberg, R. D. (2001): All together now. Creating middle-class schools through public school choice. Washington.
Kahraman, B./Knoblich, G. (2000): Stechen statt sprechen: Valenz und Aktivierbarkeit von Stereotypen über Türken. In: Zeitschrift für Sozialpsychologie 31, S. 31-43.
Keller, J. (2002): Blatant stereotype threat and women's math performance: Self-handicapping as a strategic means to cope with obtrusive negative performance expectations. In: Sex Roles 47, S. 193-198.
Köller, O./Baumert, J. (2001): Leistungsgruppierungen in der Sekundarstufe I. Ihre Konsequenzen für die Mathematikleistung und das mathematische Selbstkonzept der Begabung. In: Zeitschrift für Pädagogische Psychologie, Jg. 15, Heft 2, S. 99-110.
Maaz, K./Trautwein, U./Lüdtke, O./Baumert, J. (2008): Educational transitions and differential learning environments. How explicit between-school tracking contributes to social inequality in educational outcomes. In: Child Development Perspectives, Jg. 2, Heft 2, S. 99-106.
Merkens, H. (2005): Schulkarrieren von Kindern mit Migrationshintergrund in den ersten drei Jahren der Grundschule. Ergebnisse aus dem Projekt BeLesen: Berliner Längsschnittstudie zur Lesekompetenzentwicklung von Grundschulkindern. Berlin.
Nguyen, H. D./Ryan, A. M. (2008): Does stereotype threat affect test performance of minorities and women? A meta-analysis of experimental evidence. In: Journal of Applied Psychology, Jg. 93, Heft 6, S. 1314-1334.
Oakes, J./Gamoran, A./Page, R. N. (1992): Curriculum differentiation opportunities, outcomes, and meanings. In: Jackson, P. (Hrsg.): Handbook of research on curriculum. New York, S. 570-608.
Oakes, J./Wells, A. S. & Associates (1996): Beyond the technicalities of school reform. Policy lessons from detracking schools. Los Angeles.
OECD (2004): Learning for tomorrow's world: First results from PISA 2003. Im Internet verfügbar unter: www.pisa.oecd.org/dataoecd/1/60/34002216.pdf.
OECD (2005): School factors related to quality and equity: Results from PISA 2000. Im Internet verfügbar unter: www.oecd.org/dataoecd/15/20/34668095.pdf.
OECD (2006): Where immigrant students succeed. A comparative review of performance and engagement in PISA 2003. Paris.
Oelkers, J. (2006): Gesamtschule in Deutschland. Eine Historische Analyse und ein Ausweg aus dem Dilemma. Weinheim.
Opdenakker, M./Van Damme, J. (2007): Do school context, student composition and school leadership affect school practice and outcomes in secondary education? In: British Educational Research Journal, Jg. 33, Heft 2, S. 179-206.
Rumberger, R. W./Palardy, G. J. (2005): Does segregation still matter? The impact of student composition on academic achievement in high school. In: Teachers College Record 107, S. 1999-2045.
Rutter, M./Maughan, B. (2002): School effectiveness findings, 1979-2002. In: Journal of School Psychology 40, S. 451-475.
Schmader, T./Johns, M. (2003): Converging evidence that stereotype threat reduces working memory capacity. In: Journal of Personality and Social Psychology 85, S. 440-452.

Schmader, T./Major, B./Gramzow, R. H. (2001): Coping with ethnic stereotypes in the academic domain. Perceived injustice and psychological disengagement. In: Journal of Social Issues 57, S. 93-111.

Schofield, J.W. (unter Mitarbeit von Alexander, K./Bangs, R./Schauenburg, B.) (2006): Migrationshintergrund, Minderheitenzugehörigkeit und Bildungserfolg. Forschungsergebnisse der pädagogischen, Entwicklungs- und Sozialpsychologie. Berlin. Im Internet verfügbar unter: bibliothek.wzb.eu/pdf/2006/iv06-akibilanz5b.pdf

Schofield, J. W. (i.E.): International evidence on ability grouping with curriculum differentiation and the achievement gap in secondary schools. In: Teachers College Record.

Schuetz, G./Ursprung, H. W./Woessman, L. (2005): Education policy and equality of opportunity. CESifo Working Paper 1518, Category 3: Social Protection. Im Internet verfügbar unter: www.CESifo-group.de.

Söhn, J./Özcan, V. (2006): The educational attainment of Turkish migrants in Germany. In: Turkish Studies, Jg. 7, Heft 1, S. 101-124.

Steele, C. M./Aronson, J. (1995): Stereotype threat and the intellectual test performance of African Americans. In: Journal of Personality and Social Psychology 69, S. 797-811.

Teddlie, C/Kirby, P. C./Springfield, S. (1989): Effective versus ineffective schools. Observable differences in the classroom. In: American Journal of Education, Jg. 97, Heft 3, S. 221-236.

Thrupp, M./Lauder, H./Robinson, T. (2002): School composition and peer effects. In: International Journal of Educational Research 37, S. 483-504.

Walton, G. M./Cohen, G. L. (2003): Stereotype lift. In: Journal of Experimental Social Psychology 39, S. 456-467.

Weinert, F. E./Helmke, A. (1995): Learning from wise mother nature or big brother instructor: The wrong choice as seen from an educational perspective. In: Educational Psychologist, Jg. 30, Heft 3, S. 135-142.

Woessman, L. (2007): Fundamental determinants of school efficiency and equity. German states as a microcosm for OECD countries. IZA Discussion Paper No. 2880; CESifo Working Paper Series No. 1981. Im Internet verfügbar unter: http://ssrn.com/abstract=986555

Kapitel 4

Renate Valtin

Noten oder verbale Beurteilungen: Was ist ein gutes Zeugnis?

Im selektiven deutschen Schulsystem wird vor allem die Grundschule zu einem Ort, an dem gute Zensuren und Zeugnisse lebensgeschichtlich eine große Bedeutung bekommen, hängen doch von ihnen Versetzungsentscheidungen und Übergangsempfehlungen ab. Deshalb ist es verständlich, dass Kinder große Ängste in Bezug auf Leistungsbeurteilungen zeigen. Im Projekt NOVARA (vgl. Kasten 1) wurden Kinder zu Beginn der Klasse 2 (in der einige Kinder erstmals Zensuren erhielten) und Mitte der 2. Klasse danach gefragt, wovor sie manchmal Angst haben. Der Anteil der auf die Schule bezogenen Ängste stieg zwischen den Erhebungszeitpunkten von 35 auf 75%, wobei im Einzelnen folgende Zunahmen zu verzeichnen waren: Ängste vor Leistungssituationen in der Schule erhöhten sich von 4 auf 34%, Ängste vor negativen Leistungsresultaten von 6 auf 29%. Auch die repräsentative Elternbefragung von IGLU 2001 belegt die hohe Leistungsängstlichkeit: 40% der Eltern stimmten der Äußerung zu, dass ihr Kind Angst vor schlechten Noten habe (vgl. VALTIN/WAGNER/SCHWIPPERT 2005, S. 203).

> **Kasten 1 ▶ Das Projekt NOVARA**
>
> Das Projekt NOVARA (Noten- oder Verbalbeurteilung – Akzeptanz, Realisierung und Auswirkungen, vgl. VALTIN u.a. 2002) ist das bislang umfassendste empirische Projekt zur Leistungsbeurteilung in der Grundschule. Die von der DFG geförderte Längsschnittstudie umfasst Leistungstests, Schüler-, Eltern und Lehrerbefragungen. Erforscht wurden verschiedene Gesichtspunke der Leistungsbeurteilung aus Sicht der Betroffenen. Kinder aus 40 Klassen wurden zu sieben Messzeitpunkten von Beginn der 2. Klasse an bis zur Mitte der 6. Klasse befragt – zunächst in mündlichen Einzelinterviews, später schriftlich. Bei den Kindern wurden unterschiedliche Aspekte von Zeugnissen abgefragt, wie etwa die Funktion

von Zeugnissen, ihre Präferenz von Beurteilungsformen, ihre Zufriedenheit mit der Beurteilung sowie ihre Erinnerung an ihre jeweiligen Noten- oder Berichtszeugnisse. Die Eltern wurden zweimal nach ihren Erfahrungen, Wünschen und Einstellungen zu Zeugnissen und zu schulischen Reformen befragt. Erforscht wurden ferner die Realisierung der Leistungsbeurteilung durch die Lehrkräfte (die Praxis der Notengebung und die Abfassung der verbalen Beurteilung). Die Auswirkungen dieser beiden Formen der Leistungsbeurteilung wurden durch einen längsschnittlichen Vergleich der Leistungs- und Persönlichkeitsentwicklung von Schülerinnen und Schülern aus Klassen mit Noten bzw. verbaler Beurteilung erfasst.

Zensuren sind in den letzten Jahrzehnten in die Kritik geraten. Dabei wurde die ‚Fragwürdigkeit der Zensurengebung' herausgestellt. Vor allem drei Schwachpunkte wurden hervorgehoben: 1. die Subjektivität des Lehrerurteils und die fehlende Vergleichbarkeit von Zensuren, weil das Lehrerurteil am klasseninternen Maßstab orientiert ist; 2. die Informationsarmut der Ziffer sowie 3. mögliche unerwünschte Nebenwirkungen, wie Konkurrenzdenken und Leistungsängstlichkeit (vgl. zusammenfassend INGENKAMP 1969/1995). Nach den ‚Empfehlungen zur Arbeit in der Grundschule', die 1970 von der Ständigen Konferenz der Kultusminister der Länder (KMK) beschlossen wurden, ist in der 1. und 2. Klasse jeweils am Ende des Schuljahres eine allgemeine *Beurteilung* des Kindes in freier Form im Zeugnis zu erteilen. Damals wurde von den Kultusministerien in fast allen Bundesländern der alten BRD die ‚Zensurenfreiheit' zumindest des ersten Schuljahres administrativ verordnet, allerdings ohne dass umfangreiche empirische Erprobungen vorausgegangen wären. Verbale Beurteilungen sind auch Bestandteil alternativer Schulkonzepte wie z.B. der Odenwaldschule, der Waldorfschulen, der Glocksee-Schule und der Laborschule Bielefeld (vgl. den Beitrag von Susanne THURN in diesem Band). Die Beurteilungspraxis gilt dort als bewährt, direkte empirische Absicherungen fehlen jedoch, sieht man von Arbeiten zur Laborschule ab (z.B. LÜBKE 1996).

Kasten 2 ▶	Rechtliche Regelungen zu Formen der Leistungsbeurteilung

In den deutschen Ländern sind die Formen der Leistungsbeurteilung schulrechtlich unterschiedlich geregelt. Einen Überblick über die gegenwärtig gültigen Zeugnisbestimmungen für die Grundschule geben Hans BRÜGELMANN u.a. (2006, S. 9ff.). Dabei lassen sich zwei Trends feststellen: Nicht nur die Leistungen, auch das Verhalten wird mit Noten ('Kopfnoten') bewertet. Zudem wird die Notengebung auf frühere Jahrgangsstufen vorverlegt und die Ausnahmeregelungen für Berichtszeugnisse werden eingeschränkt. Im internationalen Vergleich zeigt sich, dass viele Länder in den ersten Schuljahren oder sogar bis ins 8. Schuljahr hinein ohne Noten auskommen; so z.B. Finnland, das bei PISA am besten abgeschnitten hat, oder andere skandinavische Länder, die bei IGLU gut abschneiden (vgl. KENNEDY u.a. 2007).

Sind verbale Beurteilungen eine Alternative zur Notengebung? Hinter dieser einfach scheinenden Frage verbirgt sich eine vielschichtige Problematik, auf welche dieser Beitrag im Rückgriff auf Ergebnisse des Projekts NOVARA eingeht: Was sind die Funktionen von Zeugnissen laut Aussagen von Kindern, Eltern, Lehrerinnen und Lehrern? Wie beurteilen Kinder, Eltern und Lehrkräfte die Formen der Zeugnisse? Werden Noten und Berichtszeugnisse den in sie gesetzten Erwartungen gerecht? Haben Noten und verbale Beurteilungen unterschiedliche Auswirkungen auf die Leistungs- und Persönlichkeitsentwicklung der Schülerinnen und Schüler? Unter welchen Bedingungen sind verbale Beurteilungen als Alternative zur Notengebung zu empfehlen?

1 Welche Funktionen haben Zeugnisse aus der Sicht von Kindern, Eltern und Lehrkräften?

Leistungsbeurteilungen und auch Zeugnisse haben eine doppelte Aufgabe: eine gesellschaftliche und eine pädagogische. Die Leistungsbewertung soll mithelfen, die gesellschaftlichen Aufgaben der Schule – Qualifizierung, Auslese und Integration/Sozialisation – zu erfüllen. Bei der pädagogischen Bedeutung der Leistungsbewertung sind vor allem die diagnostische und didaktische Funktion zu nennen. Es geht – zum Zwecke der Optimierung von schulischen Lernprozessen – um die Feststellung der Lernentwicklung und des Lernstandes der Kinder mit dem Ziel, didaktische Maßnahmen zu entwerfen, durchzuführen und auf ihren Erfolg hin zu überprüfen. Das Zeugnis soll den Schülerinnen und Schülern eine Rückmeldung über ihren Leistungsstand geben, aber auch die Eltern informieren. Als weitere Funktionen werden genannt:

> „die Eigenkontrolle der Schülerinnen und Schüler, die Motivations- und Anreizfunktion, die Disziplinierungsfunktion (,Zuchtmittel') sowie die Sozialisationsfunktion (Internalisierung des Leistungsprinzips)" (TILLMANN/VOLLSTÄDT 1999, S. 17).

Aus diesen Nennungen ist erkennbar, dass die Leistungsbeurteilung widersprüchlichen Funktionen gerecht werden soll, denn der Förder- und der Auslesegedanke vertragen sich nicht. Deshalb ist die Frage überaus interessant, was Kinder, also die Betroffenen, über die Funktion von Zeugnissen und Leistungsbeurteilungen denken: Welche Erfahrungen und Wünsche haben sie?

1.1 Einschätzungen der Schülerinnen und Schüler

Befragt nach der Funktion von Zeugnissen, nannten über zwei Drittel der Zweitklässler im Projekt NOVARA die *pädagogische Funktion der Rückmeldung über ihren Leistungsstand*. Sie hoben vor allem hervor, dass sie durch ein Zeugnis erfahren, ob sie ‚gut' oder ‚schlecht' seien: „Weil man das nicht wissen kann, wie gut man ist und wie gut man nicht ist". Offenbar fühlen sie sich im Unterricht selbst nicht richtig informiert. Im jüngeren Grundschulalter haben Kinder Schwierigkeiten, ihre Leistungen angemessen einzuschätzen. Deshalb sind sie abhängig von äußerer Bestätigung und Rückmeldung. Die eigenen Leistungen einschätzen zu lernen sollte demnach ein wichtiges Unterrichtsziel sein.

Bedenklich stimmt, dass die Kinder dieses Alters nur in zwei Beurteilungskategorien denken: *gut* oder *nicht gut*, *gut* oder *schlecht* – als ob es für sie nur die beiden sich ausschließenden Kategorien für Erfolg und Versagen gebe und als ob sie die *Legitimationsfunktion* des Zeugnisses voll verinnerlicht hätten – wie aus der Erklärung eines Zweitklässlers hervorgeht: „Ein Zeugnis unterscheidet die Schwächeren und die Guten". Ein weiteres Drittel der Kinder bezog sich auf die *Berichtsfunktion*: „Damit die Eltern wissen, ob die Kinder was ausgefressen haben" (VALTIN u.a. 2002, S.19). Was ihre Zufriedenheit mit dem Zeugnis betrifft, so zeigen die Befragungen von Kindern der 2. bis zur 6. Klasse (in Berlin gibt es die sechsjährige Grundschule), dass die Kinder mit ihren Zeugnissen in den ersten Grundschulklassen sehr zufrieden waren. Die erste verbale Beurteilung hat sogar 97% der Kinder gut oder sehr gut gefallen. Bis zum 5. Schuljahr sinkt diese Rate der Zufriedenheit mit den Notenzeugnissen auf 50%. Allerdings fühlten sich fast alle Kinder gerecht beurteilt (97% in Klasse 4 und noch 80% im 6. Schuljahr). Auch in der Studie LeiHS (Leistungsbeurteilung und Leistungsrückmeldungen an Hamburger Schulen, vgl. LÜTGERT u.a. 2001), in der Schüler und Schülerinnen der Klassenstufe 6 bis 8 befragt wurden, war eine Mehrheit mit dem letzten erhaltenen Zeugnis zufrieden.

Im NOVARA-Projekt wurden die Kinder auch danach befragt, ob sie sich an das Zeugnis erinnern, das sie ein Jahr zuvor erhalten hatten. Diese Befragung ergab, nicht unbedingt überraschend, dass es Kindern zweifellos leichter fällt, sich spontan an eine Ziffer (90% erinnerten mindestens eine Note) als an eine verbale Einschätzung zu erinnern (je nach Klassenstufe zwischen 50 und 60%). Doch wenn sie Angaben zu einzelnen Passagen ihrer verbalen Beurteilung machten, erwiesen sich diese zu 80% als zutreffend. Dies widerlegt die Annahme, Kinder würden die verbalen Beurteilungen nicht verstehen. Da Kinder den Berichtszeugnissen eine hohe Akzeptanz entgegenbringen, sollten Lehrende sich um Stimmigkeit und Verständlichkeit der Texte bemühen. Nicht nur bei Kindern mit Migrationshintergrund ist es wichtig, die Formulierungen in klarer und verständlicher Sprache abzufassen.

Die Zeugniswünsche der Schülerinnen und Schüler wurden in verschiedenen Studien erforscht. Einhelliges Ergebnis ist, dass die Mehrheit Ziffernzeugnisse wünscht, allerdings versehen mit schriftlichen Kommentaren (vgl. MAIER 2001, S. 125; zusammenfassend BRÜGELMANN u.a. 2006, S. 43). Im NOVARA-Projekt ergab sich nur im ersten Schuljahr bei den Kindern eine knappe Mehrheit für verbale Beurteilungen. Schon für die folgenden Schuljahre sprachen sie sich mit großer Mehrheit für Notenzeugnisse aus, allerdings verbunden mit kurzen oder längeren Kommentaren oder mit Elterngesprächen. Eine Ausnahme allerdings machten die Schülerinnen und Schüler: Sie möchten keine ‚Kopfnoten' und sind mehrheitlich der Ansicht, dass ihr Verhalten und Benehmen besser durch einen Beurteilungstext beschrieben werden könne als durch eine Zensur.

Ein reines Notenzeugnis wünschten sich im Projekt NOVARA nur 14% der Befragten für die 1. Klasse und 21% für die 6. Klasse. Dabei steht der Wunsch nach Eindeutigkeit der Leistungsbeurteilung und Anerkennung im Vordergrund, wobei die meisten Schülerinnen und Schüler der Ansicht sind, dass Ziffernnoten diese Funktion am besten erfüllen (vgl. auch LÜTGERT u.a. 2001, S. 27).

1.2 Einschätzungen der Eltern

Auch bei der Mehrheit der Eltern, so zeigen verschiedene Befragungen, erfreuen sich Noten großer Beliebtheit, z.B. die repräsentative Elternbefragung durch FORSA (vgl. POHL/BEEKMANN 2005a). Im Projekt NOVARA hoben Eltern hervor: *„Noten sind objektiver als die verbale Beurteilung"*. Selbst 80% der Anhängerinnen und Anhänger der Verbalbeurteilung unterstützen die Aussage: *„Bei einem Notenzeugnis weiß man genau, wo das Kind steht"* (VALTIN u.a. 2002, S.44f.). Etwa 40% der Eltern sehen in Noten ein wichtiges Mittel zur

Disziplinierung von Schülerinnen und Schülern (vgl. POHL/BEEKMANN 2005a, S. 109; VALTIN u.a. 2002, S. 44). Gleichzeitig sehen Eltern als Vorteile der verbalen Beurteilungen an, dass diese konkrete Hinweise zum Lernstand und zur Förderung geben können. Insofern ist es verständlich, dass sich Eltern am häufigsten ein Zeugnis wünschen, das Noten und erläuternde Kommentare verbindet. Sie wünschen sich Eindeutigkeit und Klarheit im Bewertungsurteil (was ihrer Meinung nach durch Zensuren realisiert wird) sowie ergänzende Hinweise (vgl. zusammenfassend BRÜGELMANN 2006, S. 44ff.).

1.3 Einschätzungen der Lehrkräfte

Zur Sicht von Lehrkräften liegen verschiedene Studien vor, unter anderem die repräsentative Lehrerbefragung von FORSA (vgl. POHL/BEEKMANN 2005b). Es ergaben sich hohe Zustimmungsraten zu den Äußerungen *„Noten gehören zur Schule dazu"* (75%) sowie *„Noten sind notwendig, um Schüler zum Lernen anzuspornen"* (50%). Allerdings stimmten auch 44% der Äußerung zu: *„Noten sind überflüssig, ausformulierte Beurteilungen sind wesentlich aussagekräftiger"* (vgl. ebd., S. 85). Übereinstimmend mit Befunden der LeiHS-Studie zeigten sich schulstufenspezifische Unterschiede: Mehr Lehrkräfte aus Grund- und Sonderschulen (60%) befürworteten ausformulierte Beurteilungen als Lehrkräfte von Realschulen (21%) oder Gymnasien (28%) (vgl. LÜTGERT u.a. 2001).

Die Ablehnung verbaler Beurteilungen durch Lehrkräfte ist nicht nur dadurch zu erklären, dass sie durchaus Vorzüge von Zensuren sehen, ihre Kritik richtet sich auch auf einen erheblichen zeitlichen Mehraufwand bei der Erstellung der verbalen Beurteilung gegenüber der Benotung (vgl. MAIER 2001, S. 117). Auch die psychische Belastung wird erwähnt, wie die Übersicht über die vorliegenden Befunde von Hans BRÜGELMANN u.a. (2006, S. 50ff.) ergibt. Allerdings ist festzustellen, dass alle Formen der Bewertung (Benoten, Erteilen von Ziffernzeugnissen sowie Beurteilen mit Hilfe von Entwicklungsberichten) als psychisch belastend erfahren werden. BRÜGELMANN u.a. verweisen aber auch auf eine Studie von Hans HAENISCH, in der Lehrkräfte, welche die verbale Beurteilung praktizieren, diesen Mehraufwand deshalb für gerechtfertigt halten, da er mit pädagogischen Vorteilen verbunden sei: Ihre Berufszufriedenheit sei größer und dem einzelnen Kind werde ein größeres Interesse und ein besseres Verständnis entgegengebracht (vgl. BRÜGELMANN u.a. 2006, S. 51).

2 Werden Noten- und Berichtszeugnisse den in sie gesetzten Erwartungen gerecht?

Notenzeugnisse und Zensuren erfreuen sich, wie Befragungen von Kindern und Eltern ergaben, großer Beliebtheit und werden so gut wie gar nicht in ihrer Aussagekraft angezweifelt. Im Gegenteil: Eltern fühlen sich gut informiert über den Leistungsstand ihrer Kinder, die Schülerinnen und Schüler finden sich gerecht beurteilt – auch die mit einem schlechten Zeugnis. Diese hohe Beliebtheit von Noten ist schwer nachvollziehbar angesichts der schon von Karl-Heinz INGENKAMP (1995, org. 1969) vor über 30 Jahren festgestellten „Fragwürdigkeit der Zensurengebung".

Zum Aufzeigen der Problematik der Leistungsbeurteilung ist es notwendig, verschiedene Ebenen zu unterscheiden (vgl. auch BRÜGELMANN u.a. 2006, S. 5):
1) die Grundlage der Bewertung (Frage: Auf welchem Wege gelange ich zur Feststellung der Leistung?),
2) die Wahl des Maßstabs (Frage: An welchen Kriterien orientiere ich mich bei der Bewertung?) und
3) die Darstellungsform der Leistungsrückmeldung (Frage: Wähle ich Ziffern, wie beispielsweise Noten bzw. die Anzahl der richtigen/der falschen Lösungen oder verwende ich sprachliche Formulierungen, d.h. kürzere oder längere verbale Beurteilungen?).

2.1 Die Grundlage der Bewertung: Verfahren zur Feststellung der Leistung

Sowohl bei der Notengebung als auch bei der verbalen Beurteilung ist bedeutsam, welche Verfahren zur Feststellung („Messung") der Leistung oder des Lernergebnisses gewählt werden: gelegentliche bzw. systematische Beobachtungen im Unterricht; mündliche, schriftliche und andere fachspezifische Lernkontrollen oder informelle bzw. standardisierte Aufgaben, wie beispielsweise Tests oder Lernstandserhebungen. Die Lehrkräfte sollten sich dessen bewusst sein, dass sich diese Verfahren in ihrer Güte unterscheiden und von unterschiedlicher Objektivität, Zuverlässigkeit und Gültigkeit sind (vgl. auch den Beitrag von Markus ROOS-SCHÜPBACH in diesem Band). In das Lehrerurteil fließen viele subjektive Fehlerquellen ein (vgl. hierzu Janet W. SCHOFIELD und Kira M. ALEXANDER in diesem Band). Diese subjektiven Fehlerquellen tauchen sowohl bei der Notengebung als auch bei der verbalen Beurteilung auf. Verschiedene Studien verweisen darauf, dass drei wichtige, fachfremde Einflussgrößen bei der Notengebung eine Rolle spielen: Geschlecht und soziale Schicht (vgl. LEHMANN/PEEK/

GÄSSFUSS 1997; VALTIN 2002, S. 71; VALTIN/WAGNER/SCHWIPPERT 2005) sowie der Migrationsstatus (vgl. STUBBE/BOS 2008). Derartige systematische Fehler zeigen sich auch bei der Übergangsempfehlung zum Gymnasium (die ja eine kurze verbale Beurteilung darstellt). Während sich laut IGLU bundesweit auch der Migrationshintergrund nachteilig bei der Empfehlung für das Gymnasium auswirkte (vgl. STUBBE/BOS 2008), war dies in der Hamburger Untersuchung nicht der Fall (vgl. LEHMANN/PEEK/GÄSSFUSS 1997).

2.2 Die Wahl des Maßstabs zur Bewertung einer Leistung

Die Bestimmung dessen, was eine spezifische Note ausdrücken und wie viele Noten es überhaupt geben soll, hat eine wechselvolle Geschichte (vgl. dazu ZIEGENSPECK 1999, S. 73 ff.). 1968 präzisierte die KMK die Bedeutung der Notenstufen und machte sie an den ‚Anforderungen' des Unterrichts fest.

Kasten 3 ▶	Definition der Noten laut Kultusministerkonferenz (1968)
„sehr gut	wenn die Leistung den Anforderungen in besonderem Maße entspricht;
gut	wenn die Leistung den Anforderungen voll entspricht;
befriedigend	wenn die Leistung im Allgemeinen den Anforderungen entspricht;
ausreichend	wenn die Leistung zwar Mängel aufweist, aber im Ganzen den Anforderungen noch entspricht;
mangelhaft	wenn die Leistung den Anforderungen nicht entspricht, jedoch erkennen lässt, dass die notwendigen Grundkenntnisse vorhanden sind und die Mängel in absehbarer Zeit behoben;
ungenügend	wenn die Leistung den Anforderungen nicht entspricht und selbst die Grundkenntnisse so lückenhaft sind, dass die Mängel in absehbarer Zeit nicht behoben werden könnten."

Diese Notenstufen gelten für die Klassen 1-10; für das Kurssystem des Gymnasiums gilt eine Punktebewertung von 1-15. Da es jedoch bislang in keinem Bundesland amtlich festgelegte und durch genaue Lernziele bestimmte Kriterien gibt, die diese ‚Anforderungen' spezifizieren würden, haben Lehrkräfte die Qual der Wahl bei einem verbindlichen Bezugspunkt, an dem sie die Leistungen der Schülerinnen und Schüler messen können. Eine Vielzahl von Untersuchungen

belegt, dass Lehrkräfte für unterschiedliche Fächer und unterschiedliche Altersstufen unterschiedliche Maßstäbe anlegen, mit der Folge, dass Noten nicht vergleichbar sind:
- Noten innerhalb eines Schuljahrs sind nicht vergleichbar, denn es gibt harte und weiche Fächer, in denen unterschiedlich streng zensiert wird.
- Noten derselben Fächer sind über verschiedene Schuljahre hinweg nicht vergleichbar: Mit der Dauer der Schulzeit wird strenger zensiert.
- Noten aus unterschiedlichen Klassen sind nicht vergleichbar aufgrund des klasseninternen Maßstabs des Lehrerurteils.

Da Klassen sich in ihrem Leistungsstand deutlich voneinander unterscheiden können und die Lehrkräfte ihre Beurteilungen in unterschiedlichen Klassen gleichermaßen auf die soziale Bezugsnorm stützen, erhalten Kinder – je nach Klassenzugehörigkeit – für dieselbe Leistung unterschiedliche Zensuren, die in der Regel zwischen drei Notenstufen streuen: „Eine Zwei ist eine Drei ist eine Vier" (THIEL/VALTIN 2002), es kann aber auch das gesamte Zensurenspektrum sein (vgl. LEHMANN/PEEK/GÄSSFUSS 1997; BOS u.a. 2004). In leistungsstarken Klassen haben Kinder also geringere Chancen, gute Noten zu erhalten. Es gelingt den Lehrkräften zwar einigermaßen gut, innerhalb einer Klasse Kinder nach dem Leistungsniveau einzuschätzen (vgl. LEHMANN/PEEK/GÄSSFUSS 1997), aber ihre Bewertungsmaßstäbe sind offenbar unterschiedlich.

In der pädagogischen Psychologie unterscheidet man drei Bezugsnormen: die individuelle, die sachliche und die bezugsgruppenorientierte Norm (ausführlich vgl. Markus ROOS-SCHÜPBACH im vorliegenden Band). Während Schulnoten an den ‚Anforderungen' orientiert sein sollen, können verbale Beurteilungen sich auf alle drei Bezugsnormen beziehen. Empirische Forschungen, aber auch Erfahrungsberichte deuten darauf hin, dass die unterschiedlichen Bezugsnormen unterschiedliche Auswirkungen auf die Leistungsbereitschaft und die Selbsteinschätzungen der Schülerinnen und Schüler haben (s. Kasten 4).

Kasten 4 ▶	Auswirkungen unterschiedlicher Bezugsnorm-Orientierungen

> Die Orientierung an individuellen Lernfortschritten der Kinder fördert die Leistungsmotivation der Schülerinnen und Schüler, macht ihnen den Zusammenhang von Anstrengung und Leistung deutlich und begünstigt damit förderliche Attribuierungen (Erklärungsmuster für Erfolg und Misserfolg). Vor allem schwache Schülerinnen und Schüler haben weniger Furcht vor Misserfolg, mehr Hoffnung auf Erfolg und günstigere Selbsteinschätzungen, was zu besseren Leistungen führen kann (vgl. HARTINGER/FÖLLING-ALBERS 2002, S. 119; VALTIN u.a. 2002). An der sozialen Bezugsnorm orientierte Leistungsrückmeldungen wirken bei leistungsschwächeren Schülerinnen und Schülern deutlich negativ, bei leistungsstärkeren neutral oder leicht positiv (vgl. OELKERS 2001).

Bei Verwendung eines sachlichen, auf das Erreichen eines bestimmten Lernziels gerichteten Maßstabs besteht z.B. die Gefahr, dass Lernschwierigkeiten fälschlicherweise auf fachliche Kenntnismängel zurückgeführt werden, obwohl sie auf sprachlichen Verstehensschwierigkeiten beruhen. Bei Verdacht auf sprachliche Schwierigkeiten ist deshalb eine individuelle Sprachstandsanalyse erforderlich. Informationen über sprachdiagnostische Instrumente finden sich bei Agi SCHRÜNDER-LENZEN (2009) sowie Marion DÖLL und Inci DIRIM (2011).

Angesichts der Tatsache, dass heutzutage die Unterrichtssprache Deutsch für viele Schülerinnen und Schüler die Zweitsprache ist, benötigen Lehrkräfte Wissen über den Zweitspracherwerb, um die sprachlichen Leistungen der Schülerinnen und Schüler angemessen beurteilen zu können. Dies betrifft beispielsweise auch die Kenntnis von Interferenzen, welche die schriftlichen (Rechtschreib-) Leistungen beeinträchtigen können.

2.3 Die Darstellungsform der Leistungsrückmeldung: Ziffern oder sprachliche Kommentare

Für die Leistungsrückmeldung bietet ein Notenzeugnis nur die sechs Kategorien der Notenskala (s. Kasten 3). Diese Informationsarmut beeinträchtigt die didaktische Funktion der Leistungsbeurteilung. Kleinere Lernfortschritte können den Kindern nicht rückgemeldet werden. Noten können wenig über Stärken, Schwächen und die Lernentwicklungen der Kinder aussagen. Ziffern eignen sich auch nicht zur diagnostischen Leistungsbeurteilung, die im alltäglichen Unterricht notwendig ist, um die Lernvoraussetzungen der Kinder festzustellen und um didaktische Maßnahmen zu entwerfen, durchzuführen und auf ihren Erfolg hin zu überprüfen. Die Zensur erfüllt damit ihre wesentlichen pädagogischen Funktionen nicht. Aber sie wird auch ihrem gesellschaftlichen Anspruch der Legitimation von Ausleseentscheidungen nicht gerecht, da fachfremde Gesichtspunkte, z.B. Leistungsstand der Klasse, Geschlecht, Bildungs- und Migrationshintergrund, bei der Zensurenvergabe eine Rolle spielen.

Verbale Beurteilungen sollen diesen Mängeln begegnen und großen Ansprüchen gerecht werden. Dabei handelt es sich um:
- umfassende Beschreibung nicht nur des Lernproduktes, sondern auch des Lernprozesses,
- Diagnose von Stärken und Schwächen der Kinder,
- Empfehlungen für Fördermaßnahmen sowie
- Ermutigung.

Bisherige Studien dazu, wie Berichtszeugnisse verfasst werden, führen zu eher ernüchternden Ergebnissen (vgl. SCHMUDE 2001). Auch eine Analyse der verbalen Zeugnisse im NOVARA-Projekt zeigt, dass die mit dieser Zeugnisreform verbundenen Intentionen der umfassenden Leistungsrückmeldung, der Ermutigung und der förderdiagnostischen Verweise nur in Spurenelementen verwirklicht wurden. BRÜGELMANN u.a. (2002, S. 33) kommen in ihrer Zusammenschau der vorliegenden Studien zur verbalen Beurteilung zu folgendem Ergebnis:

Kasten 5 ▶ Zusammenfassung empirischer Befunde zu Berichtszeugnissen

„Die in der Berliner Studie [NOVARA, R.V.] festgestellten Schwächen werden durch verschiedene Analysen von Verbalgutachten bestätigt:
- fehlender Bezug auf die individuelle Lernentwicklung,
- Ungleichgewicht der Fächer und Leistungsdimensionen, d.h. starke Dominanz der Lese-, Rechtschreib- und Rechenleistungen,
- fehlende Fördervorschläge,
- Beschönigung der Rückmeldungen,
- Standardisierung der Aussagen durch Nutzung von Textbausteinen" (BRÜGELMANN u.a. 2006, S. 33).

Ebenso wie Silvia-Iris LÜBKE (1996) konnte auch Corinna SCHMUDE (2001) zeigen, dass sich bei der Beschreibung und Bewertung von Leistungen und Verhaltensweisen von Mädchen und Jungen geschlechterstereotype Beurteilungsmuster finden (vgl. auch VALTIN u.a. 2002, S. 83ff.). Dieser Befund belegt, dass nicht nur bei der Notengebung, sondern auch bei der verbalen Beurteilung Voreingenommenheiten und Klischees eine Rolle spielen. Lehrkräfte sollten sich dessen bewusst sein und sich fragen, welche Normalitätserwartungen sie in Bezug auf Schülerinnen und Schüler haben und welche Diskriminierungen und Benachteiligungen daraus folgen können.

3 Haben Noten und verbale Beurteilungen unterschiedliche Auswirkungen auf die Leistungs- und Persönlichkeitsentwicklung der Schülerinnen und Schüler?

Der Sachverhalt, dass Berichtszeugnisse pädagogisch nicht ihren Möglichkeiten entsprechend genutzt werden, schränkt natürlich mögliche positive Auswirkungen ein. Allerdings ist auch noch ein weiterer Aspekt zu beachten: die Unterrichtsform. Verbale Beurteilungen machen nur Sinn in einem binnendifferenzierten, schülerorientierten Unterricht, der auf individuelle Förderung ausgerichtet ist. Ein derartiger Unterricht wird bislang jedoch nur selten praktiziert (vgl. z.B. HANKE 2005), auch nicht von Lehrerinnen, die verbale Beurteilungen erteilen – wie Beobachtungen des Unterrichts im NOVARA-Projekt zeigen (vgl. VALTIN u.a. 2002, S. 102f.). Beide Faktoren, die mangelhafte Realisierung der Berichtszeugnisse einerseits und das weitgehende Fehlen binnendifferenzierender, auf individuelle Förderung angelegter Unterrichtsformen andererseits, sind zu berücksichtigen, wenn man die Entwicklung von Schülerinnen und Schülern mit Notengebung und verbaler Beurteilung vergleicht. Um vorsichtige Aussagen über Zusammenhänge treffen zu können (kausale Aussagen können angesichts der Komplexität des pädagogischen Feldes ohnehin nicht getroffen werden), sind Längsschnitt-Studien notwendig. Auch muss eine Vergleichbarkeit der Klassen mit und ohne Notengebung gewährleistet sein bzw. auf statistischem Wege hergestellt werden. Da Eltern ein Mitbestimmungsrecht bei der Einführung der verbalen Beurteilung haben und Eltern mit bildungsbürgerlicher Herkunft die verbale Beurteilung bevorzugen, überrascht es nicht, dass die Schülerinnen und Schüler aus Klassen mit verbaler Beurteilung in der NOVARA-Studie und in der LAU-Studie (vgl. LEHMANN/PEEK/GÄSSFUSS 1997, S. 81ff.) einen höheren IQ aufwiesen bzw. aus sozial besser gestellten Elternhäusern stammten.

In Deutschland wurde bislang einzig in der NOVARA-Studie längsschnittlich die Entwicklung von Schülerinnen und Schülern mit Notengebung und verbaler Beurteilung verglichen. Einbezogen wurden zwei Gruppen von Kindern, die zunächst in der ersten Klasse – wie in Berlin üblich – ein Berichtszeugnis erhalten hatten: einerseits Notenkinder (die von der 2. Klasse an ein Notenzeugnis erhielten) sowie andererseits Kinder mit längerer verbaler Beurteilung (die erst von der 3. Klasse beziehungsweise der 4. Klasse an ein Notenzeugnis erhielten). Untersucht wurde die Leistungs- und Persönlichkeitsentwicklung vom 2. bis 4. Schuljahr. 434 Grundschulkinder aus West- und Ostberlin wurden im halbjährlichen Abstand zur Lernfreude, zum Fähigkeitsselbstbild, zur Leistungsmotivation sowie zur Leistungsangst befragt. Erfasst wurden außerdem die Intelligenz und jährlich die Schulleistungen (Leistungstests) in Deutsch (Rechtschreiben und Lesen) und Mathematik. In allen untersuchten Persönlichkeitsmerkmalen hatten die Kinder mit schlechten Schulleistungen niedrigere Werte, und zwar weitgehend unabhängig von der Beurteilungsform.

In Bezug auf die Schulleistungen ergaben sich in den Klassen 2, 3 und 4 nur geringe Unterschiede in den Testleistungen zwischen den beiden Gruppen. Auch in der LAU-Studie zeigten sich nach Berücksichtigung der besseren Lernausgangslage der Kinder aus Klassen mit Berichtszeugnissen keine Unterschiede in den schulischen Leistungen von Kindern aus vierten Klassen mit Berichts- oder Notenzeugnissen (vgl. LEHMANN/PEEK/GÄNSFUSS 1997). Die in der Öffentlichkeit verbreitete Sorge, Kinder würden ohne Noten nicht lernen, ist also unbegründet.

Auch in Bezug auf die Schul- und Lernfreude in den einzelnen Fächern fanden sich keine Unterschiede zwischen den Gruppen, ebenso wenig in Bezug auf das absolute Fähigkeitsselbstkonzept, also die Einschätzung, wie gut man in verschiedenen Fächern ist. Die Befürchtungen der Notengegnerinnen und -gegner, dass Zensuren zu Leistungsängstlichkeit führen und die extrinsische Motivation fördern, ließen sich zumindest teilweise im NOVARA-Projekt bestätigen: Kinder mit schlechten Noten entwickelten eine stärkere Leistungsangst. So dachten beispielsweise die Notenkinder bei einem Diktat häufiger an ein schlechtes Ergebnis als die Schülerinnen und Schüler mit verbaler Bewertung. In Bezug auf die Lernmotivation konnten wir Anzeichen für das beobachten, was Werner SACHER (1996, S. 74) als Notenangst und Notengeilheit bezeichnet: eine stärkere Misserfolgsorientierung in der Leistungsmotivation der Kinder mit schlechten Noten sowie eine stärkere externale Motivation bei Kindern mit guten Noten. Im 3. Schuljahr schätzten die Notenkinder zudem die schulischen Anforderungen als schwieriger ein. Allgemein lässt sich also sagen, dass die schwächeren und ängstlicheren Schülerinnen und Schüler mehr von der verbalen Bewertung profitieren als die leistungsstarken, weniger ängstlichen.

4 Verbale Beurteilungen als Alternative?

Abschließend steht nun die Frage im Zentrum, unter welchen Bedingungen verbale Beurteilungen eine sinnvolle Alternative zur problematischen Notengebung sein können. Zuzustimmen ist dem Fazit von BRÜGELMANN u.a. (2006, S. 53), dass keine Beurteilungsform alle Anforderungen erfüllt und es insofern keine einfachen Auswege aus dem Dilemma Noten oder verbale Beurteilungen gibt: „Die Risiken von Fehlbeurteilungen und die negativen Nebenwirkungen lassen sich nur reduzieren, nicht gänzlich aufheben" (ebd.). Empfohlen wird eine Reihe von Maßnahmen (vgl. Kasten 6):

> **Kasten 6 ▶ Maßnahmen zur Verminderung von Fehlbeurteilungen**
>
> „Bei der Erhebung von Leistungen sind verschiedene Verfahren wie standardisierte Tests, klassenbezogen gestellte oder individuell gewählte Aufgaben sowie informelle Beobachtungen zu kombinieren. Bei der Rückmeldung sind Leistungen mit Bezug auf verschiedene Maßstäbe auszuweisen
> - als individuelle Fortschritte gegenüber früheren Leistungen,
> - als Grad der Lernzielannäherung und
> - als Rangplatz in einer repräsentativen Bezugsgruppe.
>
> In den Beurteilungsprozess sind verschiedene Bewerterinnen und Bewerter einzubeziehen, einschließlich der Selbsteinschätzung durch die Betroffenen, und eventuelle Differenzen ihrer Urteile explizit auszuweisen" (BRÜGELMANN u.a. 2006, S. 53).

Auch LÜBKE (2005) plädiert dafür, Kinder in die Beurteilung ihrer Leistung einzubeziehen. Dies wäre auch ein wichtiger Schritt hin zur Förderung des selbstregulierten Lernens, einer Schlüsselqualifikation, die für lebenslanges Lernen bedeutsam ist.

5 Zusammenfassung

Leistungsbeurteilungen und auch Zeugnisse sollen vielfältigen und in sich widersprüchlichen Funktionen gerecht werden. Einerseits fungieren sie als Dokumentation erreichter Bildungsabschlüsse und als Legitimation von Ausleseentscheidungen; andererseits dienen sie zur pädagogischen Feststellung des Lernstands und zur Identifikation von Fördermöglichkeiten. In diesem Kapitel wurde diskutiert, ob Zeugnisse, seien es Noten- oder Berichtszeugnisse, diesen Ansprüchen gerecht werden können. Hier zeigten sich Ambivalenzen:

Während in der empirischen Forschung die Nachteile von Zensuren seit langem erforscht sind (sie leiden an mangelnder Objektivität, Zuverlässigkeit und Gültigkeit), erfreuen sich Noten aus der Sicht der Betroffenen, der Kinder und Eltern, nach wie vor großer Beliebtheit. Das verbale Zeugnis hat nur wenige Anhängerinnen und Anhänger bei Kindern, Eltern und auch unter Lehrkräften.

Die Fehlurteile, die bei Noten auftreten, gibt es auch bei der verbalen Beurteilung. Lehrkräfte sollten sich dessen bewusst sein, dass Voreingenommenheiten ihren objektiven Blick auf Leistungsergebnisse von Schülerinnen und Schülern verzerren können und dass – wie die Forschungen zeigen – vor allem die drei Faktoren Geschlecht, Bildungsstatus und Migrationshintergrund bei der Leistungsbeurteilung eine diskriminierende Rolle spielen.

Die Vorzüge der verbalen Beurteilung (Möglichkeiten der Orientierung am individuellen Lernfortschritt, der differenzierten Beschreibung des Lernstandes, der Hinweise auf Fördermöglichkeiten und der Ermutigung) werden bislang – so zeigen Analysen von Berichtszeugnissen – nicht ausreichend realisiert. Aus diesem Grunde ist es auch nicht verwunderlich, dass kaum Unterschiede zu finden sind in den schulischen Leistungen und der Persönlichkeitsentwicklung von Kindern aus Klassen mit und ohne Notengebung. Allenfalls lässt sich sagen, dass die schwächeren und ängstlicheren Schülerinnen und Schüler mehr von der verbalen Beurteilung profitieren als die leistungsstarken, weniger ängstlichen.

Eine Zeugnisreform kann nur wirkungsvoll sein unter den Bedingungen von verändertem Unterricht und einer veränderten Funktion der Schule, die nicht auf Auslese, sondern auf die gemeinsame und individuelle Förderung aller Kinder gerichtet ist. Dazu bräuchten Lehrkräfte auch eine bessere Ausbildung in der Diagnose des Lernentwicklungsstands sowie in der Entwicklung und Durchführung darauf abgestimmter didaktischer Maßnahmen. Dazu gehören nicht nur gute Kenntnisse in Entwicklungspsychologie, Pädagogischer Psychologie und Fachdidaktik, sondern auch Kenntnisse des Zweitspracherwerbs und sprachdiagnostischer Instrumente, damit fachliche und sprachliche Schwierigkeiten unterschieden werden können. Erst nach Schaffung dieser Voraussetzungen ist damit zu rechnen, dass das Potential verbaler Beurteilung auch angemessen ausgeschöpft werden kann und nicht das ist, was einem Kind aus dem NOVARA-Projekt in einem Interview als Versprecher unterlief: eine „verbale Verurteilung".

Fragen und Denkanstöße

1. Vergegenwärtigen Sie sich die Bedeutung der Instrumente für die Leistungserhebung (wie gelegentliche und systematische Beobachtungen im Unterricht, mündliche, schriftliche oder andere Lernkontrollen, informelle oder standardisierte Aufgaben) und begründen Sie, welche Vor- und Nachteile sie für die Leistungsbeurteilung bieten.
2. Erläutern Sie die Unterschiede zwischen sachlicher, individueller und sozialer Bezugsnorm.
3. Wenn Sie an Ihre Zeugnisse in der Schule zurückdenken: Welche Bedeutung hatten die Zeugnisse für Sie? Welche Funktion von Zeugnissen war Ihnen besonders wichtig?
4. Stellen Sie sich vor, Sie sollten auf einem Elternabend die Eltern von den Vorzügen der verbalen Beurteilung überzeugen. Welche Argumente würden Sie wählen? Wie würden Sie vorgehen?

5. Vergegenwärtigen Sie sich die subjektiven Fehlerquellen bei der Personenwahrnehmung. Welche Konsequenzen ziehen Sie daraus für Ihre eigene Praxis der Leistungsbeurteilung?

Literaturempfehlungen

BRÜGELMANN, H. u.a. (2006): Sind Noten nützlich – und nötig? Ziffernzensuren und ihre Alternativen im empirischen Vergleich. Frankfurt a.M.
Es handelt sich um eine wissenschaftliche Expertise des Grundschulverbands, erstellt von der Arbeitsgruppe Primarstufe an der Universität Siegen unter der Leitung von Hans BRÜGELMANN. Die Expertise bietet einen vorzüglichen Überblick über die relevante internationale und nationale Literatur zu allen Aspekten der Thematik der Leistungsbeurteilung (z.B. Verfahren der Leistungsmessung, Bezugsnormen, verschiedene Formen der Leistungsdarstellung und ihre Auswirkungen). Dort finden sich auch die derzeit geltenden Zeugnisregelungen für die einzelnen Bundesländer.

VALTIN, R. u.a. (2002): Was ist ein gutes Zeugnis? Noten und verbale Beurteilungen auf dem Prüfstand. Weinheim.
Dieses Buch berichtet über die Ergebnisse des Projekts NOVARA (s. Kasten 1) und bietet einen empirisch fundierten Einblick in die Thematik verschiedener Aspekte von Leistungsbeurteilung in der Grundschule. Ferner enthält das Buch detaillierte Anregungen und Beispiele zur Abfassung von Berichtszeugnissen, die den Intentionen von Ermutigung und förderdiagnostischen Hinweisen entsprechen.

Literaturverzeichnis

Beutel, S.-I. (2005): Zeugnisse aus Kindersicht. Weinheim.
Bos, W./Lankes, E.-M./Prenzel, M./Schwippert, K./Valtin, R./Walther, G. (Hrsg.) (2004): IGLU. Einige Länder der Bundesrepublik Deutschland im nationalen und internationalen Vergleich. Münster.
Brügelmann, H./Backhaus, A./Brinkmann, E./Coelen, H./Franzkowiak, T./Knorre, S./ Müller-Naendrup, B./Oser, E./Roth, S. (2006): Sind Noten nützlich – und nötig? Ziffernzensuren und ihre Alternativen im empirischen Vergleich. Frankfurt a.M.
Döll, M./Dirim, I. (2011): Mehrsprachigkeit in der Sprachdiagnostik. In: Fürstenau, S./ Gomolla, M. (Hrsg.): Migration und schulischer Wandel. Mehrsprachigkeit. Wiesbaden, S. 153-168.
Hanke, P. (2005): Öffnung des Unterrichts in der Grundschule. Münster.
Hartinger, A./Fölling-Albers, M. (2002): Schüler motivieren und interessieren. Bad Heilbrunn.

Ingenkamp, K. (1969/1995): Die Fragwürdigkeit der Zensurengebung. Texte und Untersuchungsberichte. Weinheim.
Kennedy, A.M./Mullis, I.V.S./Martin, M.O./Trong, K.L. (Hrsg.) (2007): PIRLS 2006 Encyclopedia. A Guide to Reading Education in the Forty PIRLS 2006 Countries. Chestnut Hill.
Lehmann, R./Peek, R./Gänsfuß, R. (1997): Aspekte der Lernausgangslage von Schülerinnen und Schülern der fünften Klassen an Hamburger Schulen. Hamburg. Im Internet verfügbar unter: www.hamburger-bildungsserver.de/schulentwicklung/lau/
Lübke, S.-I. (1996): Schule ohne Noten. Lernberichte in der Praxis der Laborschule. Opladen.
Lütgert, W./Tillmann, K.-J./Beutel, S.-I./Jachmann, M./Vollstädt, W. (2001): Leistungsbeurteilung und Leistungsrückmeldung an Hamburger Schulen. Bericht über ein Forschungsprojekt, Behörde für Schule, Jugend und Berufsbildung. Hamburg.
Maier, M. (2001): Das Verbalzeugnis in der Grundschule. Landau.
Oelkers, J. (2001): Leistungsbeurteilung als Problem und Chance der Schulentwicklung. Im Internet verfügbar unter: www.impulsmittelschule.ch/.../2001/leistungsbeurteilung.html
Pohl, B./Beekmann, A. (2005a): Deutsche Schulen – gut oder ausreichend? Ergebnisse der repräsentativen Eltern-Befragung durch FORSA. Hamburg.
Pohl, B./Beekmann, A. (2005b): Deutsche Schulen – gut oder ausreichend? Ergebnisse der repräsentativen Lehrer-Befragung durch FORSA. Hamburg.
Sacher, W. (1994): Prüfen. Beurteilen. Benoten. Bad Heilbronn.
Schmude, C. (2001): Berichtszeugnisse – unnötiger Aufwand oder aufwendige Notwendigkeit? Evaluation verbaler Leistungsbeurteilungen und differenzielle Entwicklungsverläufe bei Kindern im Grundschulalter. Dissertation. Humboldt-Universität zu Berlin. Institut für Psychologie.
Schmude, C. (2002): Ängste von Kindern im Grundschulalter. Im Internet verfügbar unter: http://www.praxisgrundschule.de/unterricht/downloads_artikel_unterricht.php
Schründer-Lenzen, A. (2009): Sprachlich-kulturelle Heterogenität als Unterrichtsbedingung. In: Fürstenau, S./Gomolla, M. (Hrsg.): Migration und schulischer Wandel: Unterricht. Wiesbaden, S. 121-138.
Stubbe, T./Bos, W. (2008): Schullaufbahnempfehlungen von Lehrkräften und Schullaufbahnentscheidungen von Eltern am Ende der vierten Jahrgangsstufe. In: Empirische Pädagogik, Jg. 22, Heft 1, 49-63.
Thiel, O./Valtin, R. (2002): Eine Zwei ist eine Drei ist eine Vier. Oder: Sind Zensuren aus verschiedenen Klassen vergleichbar? In: Valtin, R. u.a.: Was ist ein gutes Zeugnis? Weinheim, S. 67-76.
Tillmann, K.-J./Vollstädt, W. (1999): Funktionen der Leistungsbewertung. Eine Bestandsaufnahme. In: Beutel, S.-I./Vollstädt, W.: Leistung ermitteln und bewerten. Hamburg, S. 27-38.
Valtin, R. unter Mitarbeit von Schmude, C. u. a. (2002): Was ist ein gutes Zeugnis? Noten und verbale Beurteilungen auf dem Prüfstand. Weinheim.
Valtin, R./Wagner, C./Schwippert, K. (2005): Schülerinnen und Schüler am Ende der vierten Klasse – schulische Leistungen, lernbezogene Einstellungen und außerschulische Lernbedingungen. In: Bos, W./Lankes, E.-M./Prenzel, M./Schwippert,

K./Valtin, R./Walther, G. (Hrsg.): IGLU. Vertiefende Analysen zu Leseverständnis, Rahmenbedingungen und Zusatzstudien. Münster, S. 187-230.
Ziegenspeck, J. W.(1999): Handbuch Zensur und Zeugnis in der Schule. Bad Heilbrunn.

Kapitel 5

Johannes König

Wandel der Beurteilungspraxis hin zur Arbeit mit Zielen und festgelegten Kompetenzen

Seit etwa zehn Jahren erlebt die Praxis schulischer Leistungsbeurteilung einen grundlegenden Wandel. Die „Auffassung, dass die Qualität eines Bildungssystems über seinen Ertrag anhand der empirisch feststellbaren Wirkungen beurteilt werden sollte" (PEEK 2006, S. 1352), ist verstärkt in das politische und pädagogische Blickfeld gerückt. Sichtbares Zeichen dieses Wandels sind die Bildungsstandards, die von der *Kultusministerkonferenz* (KMK; vgl. Kasten 1) seit einigen Jahren eingeführt werden. Mit ihnen werden bundesweit Kompetenzen festgelegt, die Schülerinnen und Schüler am Ende der Grundschule und der Sekundarstufe I erworben haben sollen. Um zu überprüfen, inwieweit Kinder und Jugendliche zu den vorgesehenen Zeitpunkten über die Kompetenzen tatsächlich verfügen, werden regelmäßig länderübergreifende Leistungstests eingesetzt. Bildungsstandards und ihre Überprüfung sollen zur Sicherung der Qualität in Schule und Unterricht beitragen und helfen, schulische Lehr-Lern-Prozesse zu optimieren.

Das Kapitel gibt einen Einblick in neue Formen der Lern- und Leistungsbeurteilung, die sich mit den Begriffen Bildungsstandards und Kompetenzorientierung verbinden. Zunächst werden der Kontext aktueller Veränderungen der Beurteilungspraxis sowie Grundideen und Ziele der Standardorientierung skizziert. Daraufhin werden exemplarisch Instrumente vorgestellt und Hinweise auf die Institutionalisierung der neuen Beurteilungspraxis gegeben. Am Ende werden Chancen und Risiken, insbesondere hinsichtlich des Umgangs mit migrationsbedingter Heterogenität einer kritischen Reflexion unterzogen.

1 Bildungspolitischer und administrativer Kontext

Bildungssysteme wie das allgemeinbildende Schulwesen in Deutschland fußen auf bildungspolitischen und bildungsadministrativen Vorgaben, denen bei der Steuerung von Planungs- und Entscheidungsprozessen eine wichtige Funktion zukommt (vgl. FEND 2008). In der aktuellen Diskussion werden zwei Steuerungsmöglichkeiten unterschieden: (1) Unter ‚Inputsteuerung' wird die Steuerung des allgemeinbildenden Schulwesens primär durch Lehr- und Rahmenpläne, Strukturreformen oder Regelungen zur Verwaltung und Ausstattung verstanden. (2) Im Mittelpunkt der ‚Outputsteuerung' steht dagegen die Steuerung durch eine systematische Überprüfung von Erträgen schulischer Lehr- und Lernprozesse – zumeist auf der Grundlage der in standardisierten Testverfahren gemessenen Leistungen von Schülerinnen und Schülern.

Bis in die 1990er Jahre dominierte in Deutschland eine so genannte Inputsteuerung des allgemeinbildenden Schulwesens, die fast ausschließlich den Länderregierungen oblag. Fachbezogene Lehrpläne dienten Schulen und Lehrpersonen als Richtlinie und Orientierung. So wussten Lehrkräfte sowie Schulleitungen zum Beispiel, wie sie Lerninhalte eines Faches strukturieren und Lehr- und Lernziele für den Unterricht formulieren sollten. Allerdings gab es keine Maßnahmen, um etwa zu überprüfen, inwieweit den Lehrplänen im Schulunterricht tatsächlich gefolgt worden war oder welche Fähigkeiten und Fertigkeiten die Schülerinnen und Schüler erworben hatten. Länderübergreifende zentrale Kontrollen des Lernerfolgs fehlten gänzlich.

Insbesondere die Veröffentlichung der wenig zufriedenstellenden Ergebnisse deutscher Schülerinnen und Schüler in der Third International Mathematics and Science Study (TIMSS; vgl. BAUMERT u.a. 1997) im Jahr 1997 ließ Zweifel an der Wirksamkeit einer reinen Inputsteuerung aufkommen und hatte ein grundsätzliches Umdenken zur Folge. Noch im gleichen Jahr fällte die KMK die Entscheidung, eine auf Standards basierende Überprüfung von erreichten Lernleistungen der Schülerinnen und Schüler mithilfe standardisierter Tests einzuführen, um das deutsche Schulsystem zu evaluieren (vgl. KMK 2004). Diese Entscheidung der KMK markiert den Startpunkt einer output-orientierten Kontrolle im Bildungssystem.

Kasten 1 ▶	Zentrale bildungspolitische Entscheidungen zur Umstellung der Bildungssteuerung

Traditionell fallen in der Bundesrepublik Deutschland bildungspolitische Angelegenheiten überwiegend in die Zuständigkeiten der einzelnen Bundesländer. Die Ständige Konferenz der Kultusminister der Länder der Bundesrepublik

Deutschland (KMK) fungiert als Forum permanenter Zusammenarbeit, um zentrale Fragen der Bildung, Forschung und Kultur über die einzelnen Bundesländer hinweg zu koordinieren. Ein von der KMK gefasster Beschluss hat zunächst den Status einer Empfehlung, bis er von den Landtagen der einzelnen Bundesländer als Gesetz offiziell erlassen wird (weitere Informationen zur KMK unter http://www.kmk.org).
Waren vor 1997 die Bundesländer für die Ausarbeitung detaillierter Lehrpläne zuständig, sind seitdem bundesweit geltende Bildungsstandards für verschiedene Fächer und Jahrgangsstufen entwickelt worden. Zentrale Prüfungen am Ende der Sekundarstufe I und II wurden in fast allen Bundesländern eingeführt. Neben TIMSS nahm Deutschland an weiteren internationalen Schulleistungsvergleichsstudien wie an dem Program for International Student Assessment (PISA; BAUMERT u.a. 2001; PRENZEL u.a. 2004, 2007; KLIEME 2010) und der *Internationalen Grundschul-Lese*-Untersuchung (IGLU/PIRLS; BOS u.a. 2003, 2007) teil. Auch wurden Schulleistungsstudien auf regionaler Ebene – Vergleichsarbeiten (vgl. Kasten 4) – initiiert.
Die Bildungsstandards sind nicht spezifisch für eine bestimmte Jahrgangsstufe formuliert, sondern beziehen sich auf eine Bildungsstufe, konkret auf die Primarstufe oder die Sekundarstufe I. Für die Sekundarstufe I werden zwei verschiedene Qualifikationsniveaus unterschieden, das für den Hauptschulabschluss (9. Jahrgangsstufe) und das für den Mittleren Schulabschluss (10. Jahrgangsstufe).

2 Grundidee und Ziele der Standards

Die Diskussion um Bildungsstandards und ihre flächendeckende Einführung in Deutschland enthält das zentrale Begriffspaar ‚Standardsetzung' und ‚Standardüberprüfung'. Hinsichtlich der *Standardsetzung* in Schulen sind verschiedene Standards denkbar. Zu unterscheiden sind etwa *Unterrichtsstandards*, die sich auf die Lerngelegenheiten im Schulunterricht beziehen (z.B. auf Merkmale eines ‚guten' Unterrichts zielend) und *Leistungsstandards*, die sich auf Schülerkompetenzen beziehen, welche im Rahmen schulischen Lernens erreicht werden sollen. *Regelstandards* beschreiben eher pragmatisch ein mittleres Leistungsniveau (das, was die durchschnittliche Schülerin beziehungsweise der durchschnittliche Schüler erreichen soll) und gehen implizit davon aus, dass sich die Leistungen der Schülerinnen und Schüler auch unterhalb oder oberhalb dieses Niveaus verteilen dürfen (so genanntes Normalverteilungsmodell). Problematisch ist hierbei, dass dabei auch das Nichteinlösen der Standards gerechtfertigt werden kann, denn schwache Leistungen ziehen nicht zwangsläufig Handlungsnotwendigkeiten nach sich, sie gehören zur ‚Normalität'. *Mindeststandards* hingegen zielen auf die Sicherung eines Mindestniveaus von Kompetenzen (so genannte Basiskompetenzen), die von allen Schülerinnen und Schülern erworben werden müssen, damit diese später aktiv am beruflichen und öffentlichen Leben teilhaben sowie ihr privates Leben angemessen gestalten können. Eine große Chance von Mindeststandards wird etwa darin gesehen, trotz des hochselektiven deutschen Schulsystems allen Heranwachsenden eine Mindestbildung verbindlich zusichern zu können, da mit ihnen Schulen zur Förderung leistungsschwächerer Schülerinnen und Schüler quasi verpflichtet werden. Zwar wird die Entwicklung von Mindeststandards von Wissenschaftlerinnen und Wissenschaftlern gefordert (vgl. KLIEME u.a. 2003), von der KMK sind sie jedoch bislang nicht definiert worden.

Die Bildungsstandards der KMK werden als Leistungsstandards auf Seite der Ergebnisse schulischer Lehr-Lern-Prozesse definiert (vgl. KLIEME u.a. 2003). Alle 16 Bundesländer verpflichteten sich zu einer Einführung der Bildungsstandards in Schule und Unterricht, beginnend im Schuljahr 2004/2005 oder 2005/2006. Bildungsstandards definieren für die schulischen Kernfächer klare und überprüfbare Lernziele. Dies geschieht, indem sie ‚Kompetenzen' (vgl. Kasten 2) festlegen, die Schülerinnen und Schüler zu einem bestimmten Zeitpunkt ihrer Schullaufbahn erworben haben sollen.

Kasten 2 ▶ Zum Begriff der Kompetenz

Es lassen sich verschiedene Traditionen unterscheiden, auf die die Verwendung des Kompetenzbegriffs zurückgeführt werden kann (für einen Überblick vgl. KLIEME/HARTIG 2007). In den vergangenen zehn Jahren hat der Psychologe Franz Emanuel WEINERT (2001) die Definition des Kompetenzbegriffs stark geprägt. Er versteht darunter „die bei Individuen verfügbaren oder durch sie erlernbaren kognitiven Fähigkeiten und Fertigkeiten, um bestimmte Probleme zu lösen, sowie die damit verbundenen motivationalen, volitionalen und sozialen Bereitschaften und Fähigkeiten um die Problemlösungen in variablen Situationen erfolgreich und verantwortungsvoll nutzen zu können" (ebd., S. 27f.).

Im Kontext aktueller empirischer Forschung zur Modellierung und Messung von Kompetenzen wurde die Definition von WEINERT vielfach aufgegriffen und spezifiziert. Dort werden Kompetenzen als „kontextspezifische kognitive Leistungsdispositionen, die sich funktional auf Situationen und Anforderungen in bestimmten Domänen beziehen" (KLIEME/LEUTNER 2006, S. 879), definiert. Diese Definition enthält wesentliche Aspekte funktional-pragmatischer Kom-

petenzkonzepte der Psychologie und knüpft an erziehungswissenschaftliche Diskussionen zu Kompetenzen der vergangenen Jahrzehnte an. Wesentliche Aspekte sind dabei (vgl. WEINERT 2001; HARTIG/KLIEME 2006):
- *Kontextspezifität und Erlernbarkeit:* Kompetenzen werden als Leistungsdispositionen definiert, die kontextspezifisch und erlernbar sind. Aufgrund ihrer Kontextabhängigkeit wird der Aufbau von Kompetenzen als Ergebnis von Lernprozessen erachtet, in welchen sich das Individuum mit seiner Umwelt auseinandersetzt. Kompetenzen zeichnen sich also dadurch aus, dass sie bereichsspezifisch und nicht generisch sind.
- *Anforderungsbezug:* Durch die Forderung zu stärkerer Lebensnähe und Kontextabhängigkeit menschlichen Handelns kommt zur Definition hinzu, dass Kompetenzen durch Erfahrung in bedeutsamen Anforderungssituationen erworben werden. Wie Kompetenzen zu strukturieren sind, hängt deshalb von Situationen und Anforderungen ab, die typisch für den spezifischen Bereich sind und die es zu bewältigen gilt. Das bedeutet, dass die Definition eines Kompetenzbereichs oder die Definition von Teilbereichen einer Kompetenz an den Inhalten, den zentralen Aufgaben sowie den Lösungen, die für die erfolgreiche Bewältigung von Anforderungen dieser zentralen Aufgaben nötig sind, ausgerichtet ist.
- *Eingrenzung auf Leistungsdispositionen:* Damit grenzt sich die Definition von einem breiteren Verständnis des Kompetenzbegriffs ab, der nicht nur kognitive Fähigkeiten, sondern auch Komponenten der Selbstregulation, sozial-kommunikativer Fähigkeiten und motivationale Orientierungen umfasst.

Die Bildungsstandards sind aufgrund ihres Bezugs zu den Kompetenzen der Schülerinnen und Schüler so konkret formuliert, dass sie auch mithilfe von Tests empirisch überprüft werden können. Mit ihnen werden also nicht nur Zielsetzungen festgelegt, die Auskunft über zu erwerbende Kenntnisse, Fähig- und Fertigkeiten geben, wie man es bereits den herkömmlichen Rahmen- und Lehrplänen der einzelnen Bundesländer entnehmen konnte. Das eigentlich Neue besteht darin, dass mit der Festlegung bestimmter Ziele die *Standardüberprüfung* untrennbar verbunden ist: Nach einem bestimmten Ausbildungsabschnitt wird kontrolliert, ob die in diesem Teil der Ausbildung jeweils gesetzten Ziele tatsächlich erreicht wurden oder nicht, beziehungsweise in welchem Ausmaß sie erreicht wurden.

Allerdings sind Kompetenzen an Fachinhalte gebunden (vgl. Kasten 2), so dass mit Bildungsstandards auch verbindliche Inhalte festgelegt werden. Outputorientierung darf also nicht als absoluter Gegensatz zu der, die Inhalte in den Mittelpunkt rückenden, Inputorientierung gewertet werden: Bildungsstandards „greifen die Grundprinzipien des jeweiligen Unterrichtsfachs auf" und „beschreiben die fachbezogenen Kompetenzen und zugrunde liegenden Wissensbestände, die Schülerinnen und Schüler bis zu einem bestimmten Zeitpunkt ihres Bildungsgangs erworben haben sollen" (KMK 2003, S. 3). Ferner sind die KMK-Bildungsstandards als sogenannte ‚Regelstandards', nicht jedoch als ‚Mindeststandards' formuliert.

Mit der Kompetenzorientierung in Schule und Unterricht wird eine grundlegend neue Sichtweise auf schulisches Lernen in den Vordergrund gerückt (vgl. KLIEME u.a. 2003; KMK 2003; PEEK 2006), mit der sich unter anderem auch der Versuch verbindet, Aspekten der Heterogenität und Problemen der Bildungsungleichheit auf wirksamere Weise Rechnung zu tragen als im bisherigen System:

- Bildungsstandards und die verbindlichen Festlegungen der zu erreichenden Ziele informieren präziser als bisherige Rahmen- und Lehrpläne, welche Kompetenzen Schülerinnen und Schüler zu einem bestimmten Zeitpunkt erreicht haben sollten. Die für alle Beteiligten größere Klarheit hinsichtlich der konkreten Ziele des Unterrichts wird gerade im Fall von Kindern aus bildungsferneren sozialen Milieus als Chance für ihre Lernentwicklung und deren gezielte Unterstützung durch Lehrkräfte und Eltern aufgefasst;
- durch die Präzisierung von zu erreichenden Kompetenzen und deren kontinuierlicher Überprüfung sollen individuelle Entwicklungs- und Leistungsstände spezifischer erkannt und Schülerinnen und Schüler weitaus gezielter als bisher individuell gefördert werden;
- mit der Überprüfung, inwiefern die mit den Bildungsstandards angestrebten Kompetenzen tatsächlich erreicht wurden, wird auch das Bildungssystem auf Funktionsfähigkeit geprüft (so genanntes ‚Bildungsmonitoring') – Ungleichheitsmuster können aufgedeckt und eine empirisch gesicherte Grundlage für Systementscheidungen zum Umgang mit Heterogenität geschaffen werden.

3 Exemplarische Instrumente

Im Folgenden geht es um eine exemplarische Betrachtung der Instrumente, an denen sich das System der Standardsetzung und Standardüberprüfung manifestiert. Dies wird am Beispiel der Bildungsstandards im Fach Mathematik für den Mittleren Schulabschluss verdeutlicht, der verschiedene Kompetenzbereiche umfasst (vgl. dazu weiterführend BLUM u.a. 2006): Problemlösen, Argumentieren, Darstellung von Mathematik, Kommunizieren, Modellieren.

Im Kompetenzbereich ‚Modellieren' sehen diese Standards vor, dass Schülerinnen und Schüler „den Bereich oder die Situation, die modelliert werden soll, in mathematische Begriffe, Strukturen und Relationen übersetzen, in dem jeweiligen mathematischen Modell arbeiten, Ergebnisse in dem entsprechenden Bereich oder der entsprechenden Situation interpretieren und prüfen" (KMK 2003, S. 8). Dieser Kompetenzbereich kann mithilfe des Teils a) der Testaufgabe 1 veranschaulicht werden. Teil b) der Testaufgabe illustriert hingegen beispielhaft den Kompetenzbereich ‚Problemlösen'. Dieser sieht vor, dass Schülerinnen und Schüler „vorgegebene und selbst formulierte Probleme bearbeiten, geeignete heuristische Hilfsmittel, Strategien und Prinzipien zum Problemlösen auswählen und anwenden, die Plausibilität der Ergebnisse überprüfen sowie das Finden von Lösungsideen und die Lösungswege reflektieren" (ebd.).

Im Kompetenzbereich ‚Argumentieren' sehen diese Standards vor, dass Schülerinnen und Schüler „Fragen stellen, die für die Mathematik charakteristisch sind (‚Gibt es ...?', ‚Wie verändert sich...?', ‚Ist das immer so ...?') und Vermutungen begründet äußern, mathematische Argumentationen entwickeln (wie Erläuterungen, Begründungen, Beweise), Lösungswege beschreiben und begründen" (ebd.). Dieser Kompetenzbereich steht in der Testaufgabe 2 im Vordergrund.

> **Kasten 3 ▶ Beispielaufgaben im Fach Mathematik für den Mittleren Schulabschluss**

Testaufgabe 1: Kompetenzbereiche ‚Modellieren' (a) und ‚Problemlösen' (b)
Fünf Seiten eines Würfels von 3 cm Kantenlänge werden rot angestrichen, die sechste Fläche bleibt ohne Anstrich.

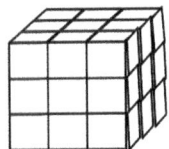

a) Wie viel Prozent der Würfeloberfläche sind rot?
Der Würfel wird in Teilwürfel von 1 cm Kantenlänge zerlegt. Diese Teilwürfel werden in ein Gefäß gelegt, aus dem anschließend einer mit geschlossenen Augen entnommen wird.
b) Mit welcher Wahrscheinlichkeit hat der entnommene Würfel keine, genau eine (zwei, drei, vier) rot angestrichene Fläche(n)?

Testaufgabe 2: Kompetenzbereich ‚Argumentieren'
Viele Autofahrer benutzen für die Fahrt von A nach B nicht die stark befahrenen Hauptstraßen, sondern einen ‚Schleichweg'. Äußern Sie sich, ob die Abkürzung eine Zeitersparnis bringt, wenn man auf dem ‚Schleichweg' durchschnittlich mit 30 km/h und auf den Hauptstraßen durchschnittlich mit 50 km/h fahren kann.

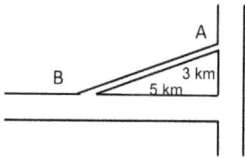

(vgl. KMK 2003, S. 16, 23; eigene Darstellung)

Die anhand der Aufgaben zu überprüfenden fachspezifischen Kompetenzen sind für die Auseinandersetzung mit konkreten Inhalten, die für das jeweilige Fach vorgesehen sind, erforderlich beziehungsweise werden in Auseinandersetzung mit den Inhalten des Faches erworben. Im Falle der Bildungsstandards für den Mittleren Schulabschluss im Fach Mathematik werden dabei fünf mathematische Leitideen unterschieden: (1) Zahl, (2) Messen, (3) Raum und Form, (4) Funktionaler Zusammenhang und (5) Daten und Zufall. Sie beschreiben Phänomene, „die man sieht, wenn man die Welt mit mathematischen Augen betrachtet. Man sieht z.B. Quantifizierungen aller Art (Zahl), oder man sieht ebene und räumliche Figuren, Formen, Gebilde, Muster (Raum und Form)" (BLUM u.a. 2006, S. 20). Die jeweilige Leitidee „vereinigt Inhalte verschiedener mathematischer Sachgebiete und durchzieht ein mathematisches Curriculum spiralförmig" (KMK 2003, S. 9). Die mit den Bildungsstandards definierte Mathematik-Kompetenz wird somit über eine inhaltsbezogene Seite (Leitideen) und eine prozessbezogene Seite (Kompetenzen) beschrieben. In der ersten Beispielaufgabe „Würfel" steht die mathematische Leitidee des Messens (Teil a) beziehungsweise es stehen die Leitideen Raum und Form sowie Daten und Zufall (Teil b) im Vordergrund, in der zweiten Beispielaufgabe „Lohnt sich die Abkürzung?" ist es ebenfalls die Leitidee des Messens.

Über die inhalts- und prozessbezogenen Orientierungen hinausgehend unterscheidet das Mathematik-Kompetenzmodell der Bildungsstandards drei Anforderungsbereiche, welche die Testaufgaben hinsichtlich ihres jeweiligen Anspruches und ihrer jeweiligen Komplexität einstufen: ‚Reproduzieren' (I),

‚Zusammenhänge herstellen' (II) und ‚Verallgemeinern und Reflektieren' (III). Mit diesen drei Anforderungsbereichen, die eng an die Schwierigkeit der jeweiligen Aufgabe gekoppelt sind, beschreiben die Bildungsstandards die erwarteten Leistungen der Schülerinnen und Schüler. Im Teil a) der Beispielaufgabe ‚Würfel' liegt der Anforderungsbereich im einfachen ‚Reproduzieren' und kann für den Kompetenzbereich des Modellierens dahingehend charakterisiert werden, dass Schülerinnen und Schüler „einfachen Erscheinungen aus der Erfahrungswelt mathematische[n] Objekte[n] zuordnen" (ebd., S. 14). Mit der zweiten Beispielaufgabe (s.o.) ist hingegen der anspruchsvollere Anforderungsbereich ‚Zusammenhänge herstellen' verbunden, der es im Kompetenzbereich des Argumentierens erfordert, dass Schülerinnen und Schüler „überschaubare mehrschrittige Argumentationen erläutern oder entwickeln und Lösungswege beschreiben und begründen" (ebd., S. 13).

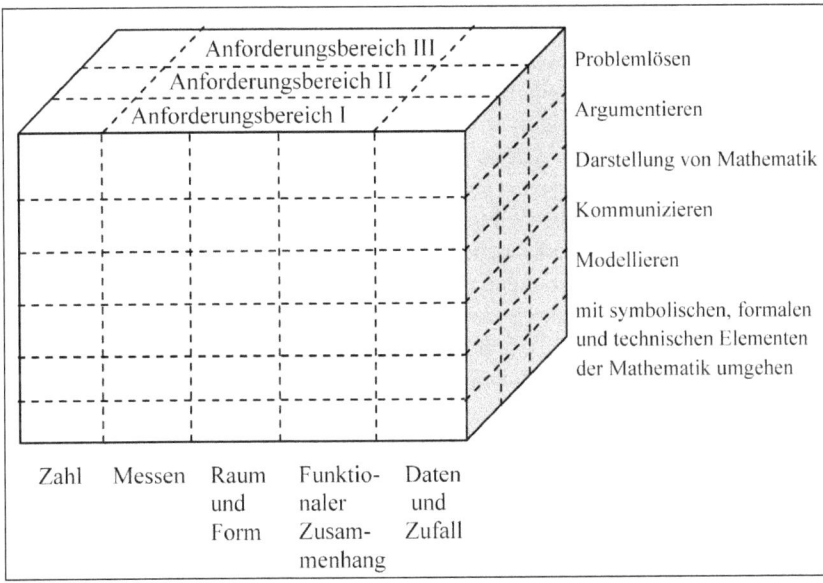

Abbildung 1: Kompetenzmodell der KMK-Bildungsstandards im Fach Mathematik für den Mittleren Schulabschluss

Wie die beispielhafte Darstellung für die Bildungsstandards im Fach Mathematik für den Mittleren Bildungsabschluss also verdeutlicht, entsteht über die Definition von mathematischen Inhalten – den Leitideen – und über die prozessorientierten Beschreibungen – den Kompetenzen – sowie darüber hinaus über die Stufung der drei verschieden schwierigen Anforderungsbereiche ein

Kompetenzmodell, welches in Abbildung 1 als eine Art Quader mit einzelnen Bausteinen dargestellt ist. Für alle ‚Bausteine', das heißt für alle Kombinationen von Inhalten, Kompetenzen und Anforderungen, dieses Kompetenzmodells werden Testaufgaben zur Überprüfung der Bildungsstandards entwickelt. Nach dem Modell lassen sich Testaufgaben klassifizieren und erreichte Schülerleistungen diagnostizieren.

4 Institutionalisierung von Bildungsstandards

Im Jahr 2004 wurde das *Institut zur Qualitätsentwicklung im Bildungswesen* (IQB; vgl. www.iqb.hu-berlin.de) als zentrale Einrichtung zur Entwicklung und Einführung angemessener Verfahren der Überprüfung von Bildungsstandards gegründet. Es ist ein an die Humboldt-Universität zu Berlin angegliedertes Forschungsinstitut. Das IQB trägt die Verantwortung für die empirische Überprüfung der Bildungsstandards auf Bundesebene. Dazu gehört zum Beispiel die umfassende Entwicklung entsprechender Leistungstests auf der Basis der KMK-Bildungsstandards: Große Sammlungen von Testaufgaben mussten von Fachexpertinnen und -experten entwickelt werden, und in so genannten Pilotierungen wurden erste Probetestungen in Schülergruppen durchgeführt.

Parallel zu diesen bundesweiten, auf den nationalen Bildungsstandards basierenden Kompetenzmessungen wurden auf regionaler Ebene beziehungsweise Ebene der einzelnen Bundesländer so genannte Vergleichsarbeiten (Vera) eingeführt (vgl. Kasten 4). Diese Art der Testung intendiert, Kompetenzen wesentlich näher am Curriculum der Schulen zu messen. Etwa die Hälfte der Testaufgaben wird von den Bundesländern vorgeschrieben, während die andere Hälfte von den Schulen aus einem großen Testaufgabenpool ausgewählt werden kann. Schulen wird dabei nahe gelegt, Testaufgaben zu wählen, die mit ihrem Schulprogramm korrespondieren. Die Antworten der Schülerinnen und Schüler auf die Testaufgaben mit offenem Antwortformat werden anonym von Lehrpersonen anderer Schulen beurteilt und kodiert (vgl. LEUTNER u.a. 2007).

Vergleichsarbeiten sollen eine „ergebnisorientierte Unterrichtsentwicklung" unterstützen (vgl. BONSEN/BÜCHTER/PEEK 2006). Sie sollen Lehrkräften eine Orientierung bieten, indem sie Rückmeldung zur Leistung ihrer Lerngruppe bereitstellen. Testergebnisse können über die Internetseiten der Landesministerien eingesehen werden, so dass auch Eltern sowie Schülerinnen und Schüler Einblick in die Ergebnisse schulischer Lehr-Lernprozesse erhalten. Jedes Bundesland hat Agenturen für Qualitätsentwicklung im Bildungsbereich eingerichtet, deren Aufgabe darin besteht, bei der Testentwicklung mitzuwirken, die Testdurchführungen zu organisieren und Bericht über die Ergebnisse zu erstatten.

> **Kasten 4 ▶ Vergleichsarbeiten (Vera) in den 3. und 8. Klassen**
>
> „Jedes Frühjahr werden in den meisten 3. und 8. Klassen der allgemeinbildenden Schulen in Deutschland parallel Tests in bestimmten Fächern geschrieben. (…) Vera dient vor allem der Unterrichtsentwicklung, besonders mit Blick auf die nationalen Bildungsstandards. (…) Durch die Ergebnisse der Vera-Durchgänge, die 1 bzw. 2 Jahre vor der Abschlussklasse durchgeführt werden, erhalten die Lehrkräfte Erkenntnisse über die Stärken und Schwächen ihrer Klassen auch im Bezug auf die Bildungsstandards. Entsprechend dieser Ergebnisse kann der Unterricht durch die Lehrkräfte beibehalten, angepasst oder in bestimmten Domänen ausgebaut werden. (…)
> Zuständig für die Durchführung sind die Länder. Sie organisieren die Vorbereitung, den Ablauf, die Auswertung und die Ergebnisrückmeldung in jeweils eigener Verantwortung und haben dabei unterschiedliche Regelungen getroffen. (…) Aufgrund unterschiedlicher Vorläuferprojekte variiert zudem die Bezeichnung – z.B. als ‚Vergleichsarbeiten', ‚Kompetenztest', ‚Diagnosearbeiten' oder ‚Lernstandserhebung'. (…)
> Unter Federführung des IQB werden die Testaufgaben länderübergreifend von Lehrkräften erarbeitet, von Fachdidaktikern an Hochschulen überprüft und bewertet sowie von wissenschaftlichen Testspezialisten (IQB) vor dem flächendeckenden Einsatz empirisch mit jeweils mehreren hundert Schülerinnen und Schülern auf Eignung und Schwierigkeit überprüft. (…)" (vgl. www.iqb.hu-berlin.de/vera).

5 Chancen und Probleme der Standardorientierung in heterogenen Schulkontexten

Bestehen in der Standardsetzung und ihrer empirischen Prüfung Chancen für ein neues Verständnis von Lehren und Lernen im Kontext heterogener Lerngruppen? Verbindliche Festlegungen der in Schule und Unterricht zu erreichenden Ziele, das heißt die ‚Ausbuchstabierung' von Kompetenzen, die bei Kindern und Jugendlichen zu einem bestimmten Zeitpunkt in ihrer Schulkarriere vorhanden sein sollen, schaffen ein höheres Maß an Transparenz als es bisherige Rahmen- und Lehrpläne leisten konnten. Bildungsstandards sowie ihre Ausdifferenzierung in z.B. Kernlehrpläne geben Lehrkräften konkrete und auf das Schulfach bezogene Kriterien an die Hand, um Schülervoraussetzungen zu diagnostizieren und erreichte Lernergebnisse einzuschätzen. Für den Umgang mit heterogenen Leistungen einer Lerngruppe bedeutet dies, dass Lehrkräfte die einzelne Schülerleistung von einem Vergleich mit der Lerngruppe (so genannter ‚sozialer Vergleich') besser entkoppeln und dafür ihre Leistungsbeurteilung stärker an einen ‚kriterialen Vergleich' binden können: Es muss nicht darum gehen, dass Schüler A schlechter als Schüler B, C, D und E ist, sondern darum, dass Schüler A diese und jene konkrete Anforderung des Schulfaches noch zu erlernen hat, um einer bestimmten Teilkompetenzbeschreibung, die allen Beteiligten – Lehrenden, Lernenden und Eltern – bekannt ist, bis zu einem bestimmten Zeitpunkt (mindestens) zu entsprechen. Ob dies dann zutrifft oder nicht, liegt nicht mehr allein im Ermessen der Lehrperson. Anhand der Ergebnisse aus standardisierten Tests liegt eine neue Qualität der Beurteilungspraxis vor, die zum Lehrerurteil ergänzend hinzutreten kann. Ein Potenzial wird darin gesehen, leistungsschwache Schülerinnen und Schüler im Anschluss an die Standardüberprüfung gezielter unterstützen zu können.

Doch so eindeutig kann die Initiative zur Standardsetzung und Standardprüfung leider nicht bewertet werden. Ein Kritikpunkt am System der Bildungsstandards und ihrer Überprüfung lautet, dass die testbasierte Arbeit mit Zielen und festgelegten Kompetenzen allein keine besseren Schülerleistungen nach sich ziehe (vgl. z.B. RUHLOFF 2007). Eingewendet wird, dass die Gefahr bestehe, dass die neuen Instrumente die Selektivität des Schulsystems eher verstärken und die Lehrkräfte nicht darin unterstützen, einer heterogenen Schülerschaft gerecht zu werden, wenn sie nicht durch weitere Maßnahmen auf den Ebenen des Unterrichts und der Schulorganisation flankiert werden (vgl. z.B. BROKAMP 2005). So können etwa die Ergebnisse aus standardisierten Leistungsüberprüfungen zu Selektionszwecken instrumentalisiert werden (z.B. wenn eine Maßnahme wie das Sitzenbleiben mithilfe von Testergebnissen aus Lernstandserhebungen gerechtfertigt wird). Derzeit ist auch noch unklar, wie sich die testbasierte Rechenschaftslegung in Deutschland auf die Gestaltung von Lehr-Lern-Prozessen in Schulen und Unterricht auswirken wird. Es gibt die Befürchtung, dass der Unterricht eine inhaltliche Engführung und ein 'teaching to the test' erfährt, wie es beispielsweise in den USA beobachtet werden kann (vgl. MAIER 2010). Allerdings konnte in den USA immerhin festgestellt werden, dass auf der Basis einer testbasierten Rechenschaftslegung Lehrerurteile weniger verzerrt ausfallen können und eine Entkopplung von Schülerbeurteilung und sozialer Herkunft erfolgen kann (vgl. MULLER/SCHILLER 2000).

6 Zusammenfassung

Die Praxis schulischer Leistungsbeurteilung befindet sich derzeit in einem grundlegenden Wandel. Bildungsstandards geben neuerdings an, welche Kompetenzen Schülerinnen und Schüler am Ende der Primarstufe beziehungsweise am Ende der Sekundarstufe I erworben haben sollen. Sie werden in einzelne Testaufgaben übersetzt und mithilfe von standardisierten Leistungstests länderübergreifend erfasst und überprüft. Bundesweite Überprüfungen der Bildungsstandards sind zum einen an die Teilnahme internationaler Vergleichsstudien (PISA, IGLU) gekoppelt und werden zum anderen in Form von Vergleichsarbeiten durchgeführt.

Der Nutzen der ergebnisorientierten Steuerung und der damit verbundenen neuen curricularen Orientierung wird zunächst auf den Evaluationsebenen Schulsystem (Bildungsmonitoring) und Einzelschule (Ergebnisse aus Lernstanderhebungen für Schul- und Unterrichtsentwicklung) gesehen, während eine Verwendung der Testdaten für individualdiagnostische Zwecke nicht empfohlen wird. Neben den zur Überprüfung erreichter Schülerkompetenzen verwendeten Testaufgaben werden allerdings auch kompetenzorientierte Aufgabensammlungen entwickelt, die Lehrkräften als Orientierung im Unterricht dienen sollen, wobei noch unklar ist, welche langfristigen Wirkungen damit verbunden sein werden. Ein großer Gewinn bestünde darin, wenn das System der Bildungsstandards und ihrer Überprüfung eine gezieltere Unterstützung leistungsschwacher Schülerinnen und Schüler nach sich zöge. Der Wandel der Beurteilungspraxis könnte sich jedoch auch zu einem neuen Instrument zur Rechtfertigung schulischer Selektionsmaßnahmen entwickeln (vgl. DEPPE-WOLFINGER 2005).

Fragen und Denkanstöße

1. Reflektieren Sie die Entscheidung der KMK, Bildungsstandards als *Leistungsstandards* eingeführt zu haben: Welche Vor- und Nachteile sehen Sie in dieser Schwerpunktsetzung?
2. Welche Aspekte der Definition des Kompetenzbegriffs in Kasten 2 sehen Sie in dem in Abschnitt 3 beschriebenen Kompetenzmodell der Bildungsstandards für den Mittleren Schulabschluss im Fach Mathematik realisiert? Stellen Sie sich diese Frage weiterführend in Bezug auf Ihre Unterrichtsfächer und informieren Sie sich über die Kompetenzmodelle der anderen Fächer (vgl. www.kmk.org/bildung-schule/qualitaetssicherung-in-schulen/bildungsstandards/dokumente.html).
3. Informieren Sie sich am Beispiel der Lernstandserhebungen in Nordrhein-Westfalen über die Art der Ergebnisrückmeldung, die Lehrkräften zur Verfü-

gung gestellt wird (Informationen zugänglich über: www.lernstand9.nrw.de, Dummy-Schulnummer: 850873, Dummy-Kennwort: schule; vgl. LEUTNER u.a. 2007). Welche Vorteile sehen Sie in einer solchen Rückmeldung, welche Schwierigkeiten verbinden Sie mit dieser? Vergleichen Sie Ihre Einschätzung mit der Diskussion um Chancen und Probleme von Bildungsstandards in Abschnitt 5.

Literaturempfehlung

KLIEME, E. u.a. (2003): Zur Entwicklung nationaler Bildungsstandards. Eine Expertise. Bildungsforschung Bd. 1. Bonn.
Die so genannte ‚Klieme-Expertise' ist vermutlich die am häufigsten zitierte wissenschaftliche Publikation zum Thema Bildungsstandards in Deutschland. Sie gibt eine gute Einführung in das komplexe Themengebiet einer an Standards ausgerichteten Qualitätssicherung in Schule und Unterricht und kann kostenlos vom BMBF bezogen werden.

Literaturverzeichnis

Baumert, J./Lehmann, R./Lehrke, M./Schmitz, B./Clausen, M./Hosenfeld, I./Köller, O./ Neubrand, J. (1997): TIMSS. Mathematisch-naturwissenschaftlicher Unterricht im internationalen Vergleich. Deskriptive Befunde. Opladen.
Baumert, J./Klieme, E./Neubrand, M./Prenzel, M./Schiefele, U./Schneider, W./Stanat, P./ Tillmann, K.-J./Weiß, M. (Hrsg.) (2001): PISA 2000. Basiskompetenzen von Schülerinnen und Schülern im internationalen Vergleich. Opladen.
Blum, W./Drüke-Noe, C./Hartung, R/Köller, O. (Hrsg.) (2006): Bildungsstandards Mathematik. Konkret – Aufgabenbeispiele, Unterrichtsanregungen, Fortbildungsideen. Berlin.
Bonsen, M./Büchter, A./Peek, R. (2006): Datengestützte Schul- und Unterrichtsentwicklung. Bewertungen der Lernstandserhebungen in NRW durch Lehrerinnen und Lehrer. In: Bos, W./Holtappels, H. G./Pfeiffer, H./Rolff, H.-G./Schulz-Zander, R. (Hrsg.) (2006): Jahrbuch der Schulentwicklung. Weinheim, S. 125-148.
Bos, W./Lankes, E.M./Prenzel, M./Schwippert, K./Valtin, R./Walther, G. (Hrsg.) (2003): Erste Ergebnisse aus IGLU. Schülerleistungen am Ende der vierten Jahrgangsstufe im internationalen Vergleich. Münster.
Bos, W./Hornberg, S./Arnold, K. H./Faust, G./Fried, L./Lankes, E.M./Schwippert, K./ Valtin, R. (Hrsg.) (2007): IGLU 2006. Lesekompetenzen von Grundschulkindern in Deutschland im internationalen Vergleich. Münster.
Brokamp, B. (2005): Welche Chancen bieten Bildungsstandards für die Weiterentwicklung der Inklusion? In: Geiling, U./Hinz, A. (Hrsg.) (2005): Integrationspädagogik im Diskurs. Auf dem Weg zu einer inklusiven Pädagogik? Bad Heilbrunn, S. 113-116.

Deppe-Wolfinger, H. (2005): Was macht die inklusive Qualität einer guten Schule aus und wie kann sie umgesetzt werden? In: Geiling, U./Hinz, A. (Hrsg.) (2005): Integrationspädagogik im Diskurs. Auf dem Weg zu einer inklusiven Pädagogik? Bad Heilbrunn, S. 106-109.

Fend, H. (2008): Schule gestalten. Systemsteuerung, Schulentwicklung und Unterrichtsqualität. Wiesbaden.

Hartig, J./Klieme, E. (2006): Kompetenz und Kompetenzdiagnostik. In: Schweizer, K. (Hrsg.): Leistung und Leistungsdiagnostik. Berlin, S. 127-143.

Klieme, E./Hartig, J. (2007): Kompetenzkonzepte in den Sozialwissenschaften und im erziehungswissenschaftlichen Diskurs. In: Zeitschrift für Erziehungswissenschaft, Sonderheft 8, S. 11-29.

Klieme, E./Artelt, C./Hartig, J./Jude, N./Köller, O./Prenzel, M./Schneider, W./Stanat, P. (Hrsg.) (2010): PISA 2009. Bilanz nach einem Jahrzehnt. Münster.

Klieme, E./Leutner, D. (2006): Kompetenzmodelle zur Erfassung individueller Lernergebnisse und zur Bilanzierung von Bildungsprozessen. In: Zeitschrift für Pädagogik, Jg. 52, Heft 6, S. 876-903.

Klieme, E./Avenarius, H./Blum, W./Döbrich, P./Gruber, H./Prenzel, M./Reiss, K./Riquarts, K./Rost, J./Tenorth, H.-E./Vollmer, H. J. (Hrsg.) (2003): Zur Entwicklung nationaler Bildungsstandards. Eine Expertise. Bildungsforschung. Bd. 1. Bonn.

KMK (2003): Bildungsstandards im Fach Mathematik für den Mittleren Schulabschluss. Beschluss vom 4.12.2003.

KMK (2004): Bildungsstandards der Kultusministerkonferenz. Erläuterungen zur Konzeption und Entwicklung.

Leutner, D./Fleischer, J./Spoden, C./Wirth, J. (2007): Landesweite Lernstandserhebungen zwischen Bildungsmonitoring und Individualdiagnostik. In: Zeitschrift für Erziehungswissenschaft, 8. Beiheft, S. 149-167.

Maier, U. (2010): Effekte testbasierter Rechenschaftslegung auf Schule und Unterricht. Ist die internationale Befundlage auf Vergleichsarbeiten im deutschsprachigen Raum übertragbar? In: Zeitschrift für Pädagogik, Jg. 56, Heft 1, S. 112-128.

Muller, C./Schiller, K. S. (2000): Leveling the Playing Field? Students' Educational Attainment and States' Performance Testing. In: Sociology of Education, Jg. 73, Heft 3, S. 196-218.

Peek, R. (2006). Dateninduzierte Schulentwicklung. In: Buchen, H./Rolff, H.-G. (Hrsg.) (2006): Professionswissen Schulleitung. Weinheim, S. 1343-1366.

Prenzel, M./Baumert, J./Blum, W./Lehmann, R./Leutner, D./Neubrand, M./Pekrun, R./Rolff, H.-G./Rost, J./Schiefele, U. (Hrsg.) (2004): PISA 2003. Der Bildungsstand der Jugendlichen in Deutschland. Ergebnisse des zweiten internationalen Vergleichs. Münster.

Prenzel, M./Artelt, C./Baumert, J./Blum, W./Hammann, M./Klieme, E./Pekrun, R. (Hrsg.) (2007): PISA 2006. Die Ergebnisse der dritten internationalen Vergleichsstudie. Münster.

Ruhloff, J. (2007): Grenzen von Standards im pädagogischen Kontext. In: Benner, D. (Hrsg.): Bildungsstandards. Chancen und Grenzen. Beispiele und Perspektiven. Paderborn, S. 49-59.

Weinert, F. E. (2001): Vergleichende Leistungsmessung in Schulen. Eine umstrittene Selbstverständlichkeit. In: Weinert, F. E. (Hrsg.): Leistungsmessung in Schulen. Weinheim, S. 17-31.

Kapitel 6

Drorit Lengyel | Hans-Joachim Roth

Beobachtung der Schreibentwicklung in der Sekundarstufe I

In sprachlich heterogenen Lerngruppen ist die Beurteilung von fachlichen Schülerleistungen eine besondere Herausforderung, insbesondere dann, wenn die Schülerinnen und Schüler neben dem Umgang mit dem Deutschen weitreichende Kommunikations- und Lernerfahrungen in anderen Sprachen aufweisen. Mit Beginn der Sekundarstufe I, in der eine Fächerausdifferenzierung erfolgt, ist die fachliche Leistung zunehmend an die sprachliche Durchdringung und Darstellung gekoppelt. Vielen Fachlehrkräften stellt sich dann die Frage: Ist ein fachlicher Gegenstand oder Vorgang zwar in der Sache verstanden worden, kann aber nur (noch) nicht adäquat in der Zweit- oder Drittsprache Deutsch formuliert werden? Oder ist er inhaltlich noch nicht hinreichend konturiert und verstanden, so dass eine adäquate Versprachlichung gar nicht erwartet werden kann?

Sprachstandsfeststellungen können bei der Klärung solcher Fragen wichtige Hilfestellungen bieten. Sie erlauben differenzierte Aussagen über den jeweiligen Sprachstand eines Individuums und bei wiederholtem Einsatz auch über dessen Fortschritte. Sie sollen also Verläufe von Sprachenaneignung und Sprachenlernen sichtbar machen und in mehrsprachigen Lerngruppen dazu beitragen, fachliches und sprachliches Lernen aufeinander zu beziehen und aufeinander abzustimmen (vgl. DÖLL/DIRIM 2011). Verfahren zur Sprachstandsfeststellung tragen somit potentiell zu einer gerechteren Leistungsbeurteilung bei. Mit ihrer Hilfe lassen sich die sprachlichen Kompetenzen und der Kompetenzzuwachs in die Leistungsbewertung einbeziehen. Ebenso geben sie Hinweise auf Segmente und Richtungen zur individuellen Förderung von Schülerinnen und Schülern, die sich in der Zone der nächsten Entwicklung befinden. In dieser Zone ist die Auseinandersetzung mit Sprache und Gegenständen für die Schülerin oder den Schüler erreichbar. Sprachstandsfeststellungen können zur Entscheidungsfindung über Ziele und Anlage solcher Förderungen eine Grundlage bieten.

In der Sekundarstufe I, in der insbesondere das Verfügen über *Bildungssprache* einen bedeutenden Anteil am Schulerfolg hat, fehlen Instrumente, mit denen Kompetenzentwicklungen beim sprachlichen Lernen im Kontext des fachlichen Lernens festgestellt werden können und die es erlauben, den Schülerinnen und Schülern individuelle sprachliche Lernwege zu eröffnen und Unterstützung zu bieten (vgl. TAJMEL 2009, S. 147-153). Solche Instrumente dienen nicht der Leistungsbeurteilung im klassischen Sinne, sondern der Beobachtung des auf die Schule und die Fächer bezogenen sprachlichen Aneignungs- und Lernprozesses.

Kasten 1 ▶ Was ist Bildungssprache?

Der Begriff Bildungssprache wurde von Ingrid GOGOLIN, Ursula NEUMANN und Hans-Joachim ROTH (2003) in die erziehungswissenschaftliche Diskussion im Kontext von Migration und Mehrsprachigkeit eingeführt. Er stammt aus dem englischsprachigen Diskurs. Im Rahmen des Modellprogramms FörMig (s. Kasten 2) ist der Begriff in seiner Breite diskutiert worden (vgl. ausführlich GOGOLIN/LANGE 2011). Erste Bezüge finden sich allerdings schon bei Jürgen HABERMAS (1977, S. 39): „In der Öffentlichkeit verständigt sich ein Publikum über Angelegenheiten allgemeinen Interesses. Dabei bedient es sich weitgehend der Bildungssprache. Die Bildungssprache ist die Sprache, die überwiegend in den Massenmedien, in Fernsehen, Rundfunk, Tages- und Wochenzeitungen benutzt wird. Sie unterscheidet sich von der Umgangssprache durch die Disziplin des schriftlichen Ausdrucks und durch einen differenzierteren, Fachliches einbeziehenden Wortschatz; andererseits unterscheidet sie sich von Fachsprachen dadurch, daß sie grundsätzlich für alle offensteht, die sich mit den Mitteln der allgemeinen Schulbildung ein Orientierungswissen verschaffen können."
Bildungssprache differenziert sich im Bildungsgang zunehmend domänenspezifisch aus. Das macht ihre linguistische Beschreibung kompliziert. Die Besonderheiten von Bildungssprache sind für die deutsche Sprache in Ansätzen beschrieben (vgl. GOGOLIN/ROTH 2007, S. 40ff.), als Grundcharakteristika gelten: Sie ist an der „Sprache der Distanz" (KOCH/OESTERREICHER 1985, S. 23) orientiert, unabhängig davon, ob sie mündlich oder schriftlich gebraucht wird. Neben einem Formulierungswissen erfordert sie eine Art Musterwissen, das heißt Wissen über den Aufbau von Textsorten und die konventionelle Art und Weise, bestimmte Sprachhandlungen auszuführen, also zu berichten, zu beschreiben, zu begründen, zu argumentieren, zu erklären usw. (vgl. EHLICH/REHBEIN 1986). Die Grundprinzipien lassen sich wie folgt zusammenfassen: Explizitheit, Situationsentbundenheit, Differenziertheit, Allgemeinheit, gedankliche Ordnung und sachliche Genauigkeit (vgl. REICH 2008, S. 9).

Bildungssprache wurde und wird im Unterricht nicht explizit vermittelt. In Zeiten, in denen sprachliche Heterogenität von Kindern und Jugendlichen eine grundsätzliche Gegebenheit des pädagogischen Handelns in Institutionen ist, erscheint das unzureichend. Schon monolinguale deutschsprachige Schülerinnen und Schüler, die die Bildungssprache nicht im Rahmen ihrer ersten Sozialisationsinstanz – der Familie – mit auf den Weg bekommen, werden dadurch ausgegrenzt (vgl. LENGYEL 2009, S. 52-59). Noch weniger greift die implizite ‚Vermittlung' in multilingualen Lehr-Lern-Kontexten, in denen die Bildungssprache für Viele die zweite Sprache ist und die individuellen sprachlichen Voraussetzungen in hohem Maße divergieren. Es liegt in der Verantwortung der Bildungsinstitutionen, Bildungssprache zu vermitteln, um sachliches und fachliches Lernen zu ermöglichen und dazu beizutragen, die Abhängigkeit des Schulerfolgs von Zufällen der Herkunft zu verringern und Aufstiegsbarrieren abzubauen (vgl. GOGOLIN/NEUMANN/ROTH 2003).

Im Folgenden wird dazu ein diagnostisches Instrument vorgestellt, das die prozessbegleitende Beobachtung (schriftlicher) bildungssprachlicher Fähigkeiten im Fachunterricht ins Zentrum stellt. Zunächst geben wir einen kurzen Überblick über Entstehung und Entwicklung, bevor wir am Beispiel des ‚Berichtens' – einer in schulischen Kontexten häufig erforderlichen Sprachhandlung – das Instrument selbst und seine Anwendung genauer vorstellen.

1 Kontext und Entwicklung des Instruments ‚Diagnose der Schreibentwicklung in der Sekundarstufe I'

Spätestens seit dem Gutachten „Anforderungen an Verfahren der regelmäßigen Sprachstandsfeststellung", das Konrad EHLICH (2005) in Zusammenarbeit mit weiteren Wissenschaftlerinnen und Wissenschaftlern für das Bundesministerium für Bildung und Forschung vorgelegt hat, ist offenbar, dass im Sekundarbereich sprachdiagnostische Instrumente fehlen (vgl. EHLICH u.a. 2005, S. 45). Ursula BREDEL (2005, S. 77) spricht von einer „verlassenen Landschaft". Im Modellprogramm ‚Förderung von Kindern und Jugendlichen mit Migrationshintergrund' (FÖRMIG, s. Kasten 2) gründete sich aufgrund dieser Schieflage zu Programmbeginn eine länderübergreifende Arbeitsgruppe mit der Zielsetzung, ein Beobachtungsinstrument für die Sekundarstufe zu entwickeln, das die schriftliche Sprachaneignung auf dem Weg zur bildungs- und fachgruppenspezifischen Sprache ins Zentrum rückt. An der Arbeitsgruppe nahmen Vertreterinnen und Vertreter aus den Ländern Berlin, Mecklenburg-Vorpommern, Nordrhein-

Westfalen, Rheinland-Pfalz, Sachsen, Schleswig-Holstein sowie Mitglieder des Programmträgers teil.[1]

> **Kasten 2 ▶ Durchgängige Sprachbildung als Kernanliegen im Modellprogramm FörMig**
>
> Anliegen des Modellprogramms FörMig (Laufzeit 2004-2009) war es, innovative Ansätze zur Förderung von Kindern und Jugendlichen mit Migrationshintergrund auf den Weg zu bringen und diese Entwicklungsarbeiten zu bündeln. Der inhaltliche Schwerpunkt lag auf der sprachlichen Bildung. In zehn teilnehmenden Bundesländern wurden Konzepte und Ansätze hierfür entwickelt, erprobt und evaluiert. Das im Modellprogramm entwickelte Gesamtkonzept der „Durchgängigen Sprachbildung" will Brüche in den Bildungsbiografien der Schüler an den institutionellen Übergängen vermeiden und die Tradition der impliziten Vermittlung von Bildungssprache in den Institutionen aufbrechen (vgl. LANGE/GOGOLIN 2010; GOGOLIN/LANGE 2011).
>
> Für den (Fach-)Unterricht bedeutet dies, Sprache dann zum Gegenstand der Auseinandersetzung zu machen, wenn sie zum fachlichen Lernen gebraucht wird. Indem die Vermittlung bildungssprachlicher Fähigkeiten auf Lernvoraussetzungen und curriculare Lernanforderungen abgestimmt wird, soll der kumulative Aufbau bildungssprachlicher Fähigkeiten ermöglicht werden. Der Erwerb von Bildungssprache wird also nicht als bloße Sprachlernaufgabe gesehen, denn das Sprachlernen erfolgt gerade durch die Auseinandersetzung mit einem fachlichen Gegenstand, in Lerngelegenheiten also, in denen sich Sprach- und Sachlernen aufeinander beziehen. Unterricht, der bildungssprachförderlich angelegt ist, lässt sich somit von punktuellen und zusätzlichen Fördermaßnahmen abgrenzen und damit auch von der weit verbreiteten Annahme, dass Sprachförderung vor allem darin bestehe, kurzfristig und nachholend sprachliche Grundlagen zu vermitteln.
>
> Zu Beginn des Jahres 2010 wurde das FörMig Kompetenzzentrum an der Universität Hamburg gegründet. Ziel ist es, die in FÖRMIG begonnene Arbeit weiterzuführen, Projekte, die sich der Chancengleichheit in heterogenen Bildungskonstellationen widmen, wissenschaftlich zu begleiten und Forschungsergebnisse in diesem Kontext für die interessierte Öffentlichkeit aufzubereiten (vgl. www.blk-foermig.uni-hamburg.de).

---

[1] Mitglieder der Arbeitsgruppe waren Ulrike CIZEK, Maria GRECKL, Andreas HEINTZE, Jagoda KÖDITZ, Heide KRÖGER, Drorit LENGYEL, Margit MARONDE-HEYL, Wiebke SAALMANN, Heidi SCHEINHARDT-STETTNER, Ingrid RADDATZ, Hans H. REICH, Inga RIEDEMANN, Hans-Joachim ROTH, Sabine RUTTEN.

Mit der Entwicklung des Beobachtungsinstruments wurden folgende Ziele verbunden: Im Fokus sollten schriftliche Sprachhandlungen stehen, mit denen die Schülerinnen und Schüler in der Sekundarstufe im (Fach-)Unterricht konfrontiert werden. Das Instrument sollte so angelegt werden, dass es die Aneignung der zur Bewältigung der unterrichtlichen Lernanforderungen erforderlichen sprachlichen Fähigkeiten der Schülerinnen und Schüler im Verlauf des Lernprozesses abbildet, um daraus Konsequenzen für sprachliche Bildung im Unterricht abzuleiten (vgl. LENGYEL u.a. 2009, S. 129-138).

Für die Entwicklung des Instruments mussten zu Beginn die in den unterschiedlichen Fächern geforderten Sprachhandlungen zusammengetragen und analysiert werden, z.B. ‚Argumentieren', ‚Begründen', ‚Berichten', ‚Beschreiben', ‚Beurteilen', ‚Erklären'. Dies erfolgte durch die Analyse von Lehrplänen und Bildungsstandards. Es zeigte sich, dass die Sprachhandlungen (auch Operatoren genannt) in den Lehrplänen nicht einheitlich verwendet, definiert und voneinander abgegrenzt werden.

Kasten 3 ▶ Was sind Sprachhandlungen? Das Beispiel ‚Berichten'

Eine Sprachhandlung ist eine Form sozialen Handelns, mit der eine Sprecherin oder ein Sprecher bestimmte kommunikative Absichten in spezifischen sprachlichen Gestalten realisiert. ‚Erklären', ‚Berichten', ‚Beschreiben', ‚Argumentieren' usw. sind generalisierte und zum Teil kulturell konventionalisierte Sprachhandlungen. Es gibt einen strukturellen Zusammenhang von kommunikativen Absichten, die mit dem jeweiligen Sprachhandlungstypus einhergehen, und den dafür benötigten sprachlichen Mitteln.

‚Berichten' gehört zu den informierenden Sprachhandlungen. Bereitgestellt werden Informationen über (nonfiktionale) Vorgänge, ihr Zustandekommen und ihre Ergebnisse. Das ‚Berichten' unterscheidet sich vom Erzählen vor allem durch die Orientierung am Resultat: „Sie haben den *Diebstahl* geleugnet" (Bericht-Form) im Gegensatz zur Erzähl-Form „Sie sagten: ‚Wir haben das nicht geklaut.'" (vgl. REHBEIN 1984, S. 94). Die Sprecherin beziehungsweise der Sprecher muss eine Vorstellung davon haben, welche Informationen sie beziehungsweise er zu welchem Zweck und Anlass welchem Adressatenkreis zukommen lassen möchte. Es geht also, anders als beim Beschreiben, nicht um eine detaillierte Wiedergabe, sondern um die Verbalisierung des *Wissenswerten*. Das ‚sprachliche Umkreisen' des Vorgangs und was dabei als wissenswert oder als wesentlich eingestuft wird und auf Basis welcher Kriterien eine Auswahl erfolgt, ist abhängig von dem (institutionellen) Kontext und den dort geltenden Vorgaben. Kontext, Vorwissen und spezifische Interessen müssen also in einer Art planerischer, dem eigentlichen ‚Berichten' vorgeschalteter Tätigkeit von der Sprecherin, dem Sprecher beziehungsweise der Schreiberin, dem Schreiber berücksichtigt werden. Hieran schließen sich weitere Vorgaben an, nämlich: dass die oder der Berichtende sich kurz und präzise fasst (stilistische Norm), eigene Stellungnahmen als solche sprachlich markiert und die Nachvollziehbarkeit (zur Rekonstruktion des Sachverhalts) gewährleistet sein muss. Die oder der Berichtende muss also dafür Sorge tragen, dass die von ihm gewählten sprachlichen Formulierungen sachgerecht und dem Gegenstand angemessen sind.

Im schulischen Kontext ist ‚Berichten' Gegenstand des Faches Deutsch und Medium des Lernens in vielen Unterrichtsfächern, z.B. als Untersuchungsbericht oder Bestandteil von Versuchsprotokollen im naturwissenschaftlichen Unterricht, als Erfahrungsbericht in der Sozialkunde, als Praktikumsbericht in der Berufsorientierung usw. Auch wenn die Sprachhandlung ‚Berichten', anders als beispielsweise das ‚Erklären' oder ‚Argumentieren', nach unserer Durchsicht der Bildungsstandards und Lehrpläne nur im Fach Deutsch explizit genannt wird, ist es implizit auch in anderen Fächern relevant: Wenn z.B. in den Bildungsstandards der KMK von 2004 für die naturwissenschaftlichen Fächer (Chemie, Biologie und Physik) im Bereich Kommunikation verlangt wird, „Informationen sach- und fachbezogen zu erschließen und auszutauschen" oder „Arbeitsergebnisse adressatengerecht zu präsentieren", dann deutet dies implizit auf den Kern des ‚Berichtens' hin.

Die Hauptaufgabe war dann, die jeweiligen Sprachhandlungen theoretisch zu beschreiben und deren Entwicklung im Sinne des Aneignungsverlaufs stufenförmig darzustellen. Hier wurde auf Studien zum monolingualen Entwicklungsverlauf (vgl. z.B. BECKER-MROTZEK 2004; FEILKE/SCHMIDLIN 2005) zurückgegriffen, da für Zweitsprachlernende solche Studien bislang fehlen (vgl. EHLICH/BREDEL/REICH 2008). Allgemeine Spezifika des Zweitspracherwerbs hingegen wurden berücksichtigt, wie beispielsweise Übergangsphänomene im grammatischen oder lexikalischen Bereich, die unter Umständen länger und häufiger den Aneignungsprozess bestimmen können als dies beim monolingualen Erwerb der Fall ist.

Aufbauend auf diesen Arbeiten wurden Beobachtungsbögen, auch Kompetenzraster genannt, entwickelt, zunächst für die Sprachhandlungen ‚Berichten' und ‚Erklären', später folgten ‚Beschreiben' und ‚Argumentieren'. In den teilnehmenden Bundesländern wurden von 2006 bis 2008 authentische Texte aus unterschiedlichen Fächern von ein- und zweisprachigen Schülerinnen und Schülern verschiedener Schulformen (Haupt-, Gesamt- und Mittelschulen, Gymnasien) erhoben. Mit diesem Schülertextkorpus erfolgte eine erste empirische Überprüfung der theoretisch hergeleiteten Stufen, die in Teilen zur Revidierung der

Kompetenzraster führte. Im Schuljahr 2008/2009 gingen die Kompetenzraster ‚Berichten' und ‚Erklären' in eine erste Erprobung.

2 Das Instrument ‚Diagnose der Schreibentwicklung in der Sekundarstufe 1' am Beispiel der Sprachhandlung ‚Berichten'

Das Instrument besteht aus Kompetenzrastern für verschiedene Sprachhandlungen im Umfang von jeweils einer Seite und dazugehörigen Manualen, die als Arbeitshilfen und Auswertungshinweise dienen. Bei allen Sprachhandlungen werden drei Auswertungsebenen unterschieden: *Lexik/Semantik*, *Syntax* und *Text*. Auf diese Weise kann die Entwicklung des Schreibens als Profil dokumentiert werden: Gerade wenn es darum geht, „auf die Suche nach Textqualitäten zu gehen" und „Textproduktionsfähigkeiten zu erkennen und ihre Entfaltung zu ermöglichen" (BERKEMEIER 2007, S. 401f.), empfiehlt es sich, Texte getrennt für jede Ebene auszuwerten und sich den darüber differenzierten Blick nicht durch einen pauschalen Gesamteindruck verstellen zu lassen. So erleben wir beispielsweise in Lehrkräftefortbildungen zum Instrument immer wieder, dass die Teilnehmenden überrascht sind, was in einem auf den ersten Blick vermeintlich schwachen Text ‚drin steckt'.

Für jede Ebene werden sechs Stufen fortschreitender Kompetenz beschrieben. Die unterste Stufe 1 stellt jeweils die einfachste Form der sprachlichen Äußerung dar; die Stufe 5 markiert stets die in den Lehrplänen und Bildungsstandards formulierte Erwartung an eine schriftsprachliche Kompetenz, wie sie sich am Ende der 10. Klasse unter optimalen Bedingungen entfaltet haben sollte. Die Stufe 6 weist darüber hinaus in den Bereich der gymnasialen Oberstufe und eines Studiums und wird in den folgenden Ausführungen nicht berücksichtigt. Stufenübergänge können fließend sein oder auch ein Spektrum unterschiedlich entfalteter sprachlicher Mittel abbilden.

Verstöße gegen die sprachliche Norm im Bereich der Orthographie werden in den Kompetenzrastern nicht analysiert. Für Fachlehrkräfte geht es primär darum, zu erkennen, was die Entwicklung eines fachlich adäquaten Textes ausmacht, an welchen Stellen die Schülerinnen und Schüler gerade mit ihrer Sprache ‚kämpfen' und wo eine durchgängige sprachliche Bildung im Fachunterricht demgemäß ansetzen kann und soll.

Im folgenden Abschnitt wird anhand der Analyse eines Schülertextes das Kompetenzraster ‚Berichten' exemplarisch vorgestellt.

> **Kasten 4 ▶ Exemplarischer Schülertext – Kompetenzraster ‚Berichten'**
>
> Text eines Schülers, Herkunftssprache Türkisch, Klasse 9, Gesamtschule
> Unterrichtsfach: Chemie, erhoben am: 13.2.2007
> Aufgabe: Protokoll zum Versuch ‚Reaktion von Calcium mit Wasser'
>
> *Herr N. hat Calcium auf die Hand der freiwilligen getahn und sie etwas befeuchtet dann fing es an warm zu werden. Dann hat er Glas behalter genomen und sie mit Wasser gefüllt, dan hat er Calcium rauf gekippt und das Calcium fing an sich zu aufzulösen als Herr N. dan mit Feuerzeug über den entstandenes Schaum gehalten die Flamme und es fing an zu knistern also das Wassergas entzündete sich.*

Auf der Ebene *Lexik/Semantik* geht es um die Verwendung eines (fach-)sprachlich präzisen Wortschatzes und dessen Vorläufer: Die *Stufe 1* ist im Wesentlichen nur bei Zweitsprachlernenden mit noch geringen Kenntnissen der deutschen Sprache zu beobachten; Wörter wie *Dings* oder *Sache* werden als Platzhalter für differenziertere Bezeichnungen gebraucht. Näherungsbegriffe auf *Stufe 2* gehen über solche Platzhalter hinaus, indem sie Dinge oder Vorgänge andeutungsweise und/oder umgangssprachlich bezeichnen, ohne dass alltagssprachliche Präzision erreicht wird. Im Beispieltext finden sich einige Belege für diese Stufe, z.B. *tun (getahn), raufkippen* oder auch der Terminus *Wassergas*. Dieser Begriff ist eine Wortneuschöpfung des Schülers, gemeint ist hier Wasserstoff, der bei der Reaktion von Calcium mit Wasser entsteht. Auf *Stufe 3* werden treffende und verständliche Formulierungen verwendet, allerdings mit einem einfachen und geläufigen, eher alltagssprachlich geprägten Wortschatz. Dazu gehören auch Umschreibungen für Dinge und Vorgänge anstelle ihrer genauen Bezeichnung. Für die Stufe 3 finden sich viele Belege im Beispieltext, z.B. *warm werden, nehmen, halten, Schaum, Flamme*. Auf *Stufe 4* vollzieht sich der entscheidende Schritt vom einfach gehaltenen Wortschatz hin zur Bildungssprache. Es werden differenzierte Begriffe, Verben und Formulierungen der Standardsprache gebraucht, die komplexer und angemessener sind als die Begriffe auf Stufe 3; im Beispieltext sind dies einen Vorgang spezifizierende Verben wie etwa *befeuchten, sich entzünden, entstehen, knistern, auflösen*. Auf *Stufe 5* werden die spezifischen fachsprachlichen Bezeichnungen und Begriffe der jeweiligen schulischen Unterrichtsfächer der Sekundarstufe I verwendet. Im Beispieltext findet sich hierfür nur der Beleg *Calcium*; wichtige Bezeichnungen, die auch den chemischen Vorgang verdeutlichen wie Knallgasprobe, reagieren/Reaktion, etwas hinzugeben, Nachweis fehlen noch. Diese sprachlichen Mittel müssten im Fachunterricht bewusst eingeführt und von den Schülerinnen und Schülern vielfach, zunächst auch mündlich, verwendet werden.

Die Ebene *Syntax* beschreibt Stufen der sprachlichen Komplexität und Ökonomie von Aussagen. Auf der *Stufe 1*, auf der nur beginnende Zweitsprachlernende erfasst werden, kommt es zu Aussagen ohne Verbform oder zu bloßen Benennungen (z.B. *Also zuerst bei der Glucose!*). Auf *Stufe 2* werden Objekte und Sachverhalte durch die Verwendung von Verben schon näher und zusammenhängender als auf Stufe 1 bestimmt. Es finden sich aber noch Unsicherheiten in Wortstellung und Wortformenbildung. Auch diese Stufe ist in der Regel in der Sekundarstufe überschritten, kann aber besonders bei beginnenden Zweitsprachlernenden beobachtet werden. *Stufe 3* umfasst einfache Hauptsätze beziehungsweise die schematische Aneinanderreihung einfacher Hauptsätze, die bei der Darstellung von Vorgängen wie beim ‚Berichten' typischerweise mit *und (dann, danach)* verbunden werden. Im Beispieltext finden sich überwiegend Belege dieser Art. *Stufe 4* ist dadurch gekennzeichnet, dass Aussagen über die einfache Reihung hinaus miteinander verbunden werden. Die sprachlichen Mittel hierzu sind vielfältig: zum Beispiel Konjunktionen, Adverbien, Relativsätze, Präpositionalphrasen usw. Im Beispieltext findet sich der Versuch eines Satzgefüges mit einer einleitenden Konjunktion: *Als Herr N. dan mit Feuerzeug übber den entstandenes Schaum gehalten die Flamme.* Die Stufe 4 ist damit noch nicht vollständig erreicht, jedoch zeigt sich in dieser schriftlichen Äußerung die Zone der nächsten Entwicklung des Schülers, in der es ihm mit entsprechender Unterstützung gelingen kann, korrekte Satzgefüge zu bilden. Dieser Entwicklungsschritt liegt also in erreichbarer Nähe, anders als die *Stufe 5*, auf der es zu einer weiteren Erhöhung der sprachlichen Komplexität kommt, in naturwissenschaftlichen Zusammenhängen typischerweise durch Formen der Entpersonalisierung wie dem Passiv oder der Verwendung unpersönlicher Ausdrücke (*man* oder *es lassen sich*) und durch die Nominalisierung von Verben (*Das Hinzugeben von ...*).

Bei der Analyse der *Textebene* bilden die logische Strukturierung und die Kohärenz des Textes die entscheidenden Kriterien. Die Stufung in unserem Instrument entspricht im Kern auch anderen Modellierungen von Entwicklungsstufen, wie sie z.B. Gerd AUGST u.a. (2007) in ihrer Longitudinalstudie zur Entwicklung der Textkompetenz für das ‚Berichten' rekonstruiert haben. Auf *Stufe 1* kann von einem Text streng genommen nicht gesprochen werden, da es zu einer bloßen Aneinanderreihung von Benennungen oder unverbundener Einzelaussagen kommt. Auf *Stufe 2* ist die Darstellung etwas zusammenhängender, aber noch so lückenhaft und ungenau, dass das Globalverständnis gefährdet ist. Der Vorgang oder Sachverhalt kann vom Rezipienten auch nicht in Ansätzen rekonstruiert werden. Im Gegensatz dazu wird auf *Stufe 3* der Gesamtzusammenhang bereits erfasst, dennoch kommt es in Teilbereichen zu thematischen Sprüngen oder auch zu einer zu geringen Detaillierung, so dass die Darstellung nicht lückenlos nachvollziehbar ist. Der Beispieltext kann der Stufe 3 zugeordnet werden: Es kann nicht unmissverständlich nachvollzogen werden, wie der Versuch abgelaufen ist, dennoch ist der Gesamtzusammenhang erkennbar, Beobachtungen sind oberflächlich dargestellt und die Reihenfolge der Ergebnisse wird eingehalten. Der Schüler hat den Zweck des ‚Berichtens', nämlich Beobachtungen anschließend fachlich interpretieren zu können, im Ansatz erkannt und zumindest die wesentlichen Schritte der chemischen Reaktion, wenn auch nicht immer mit den angemessenen sprachlichen Mitteln, benannt. Hier kann in der sprachlichen Bildung im naturwissenschaftlichen Fachunterricht angesetzt werden, indem die Funktion des Protokollierens (‚Berichtens') herausgearbeitet und Nachvollziehbarkeit, Sachangemessenheit und Präzision als wesentliche Kriterien verinnerlicht werden. Auch die Unterscheidung von Wesentlichem und Unwesentlichem beim ‚Berichten', die diesem Schüler auf Stufe 3 noch unzureichend gelingt, kann im Unterricht thematisiert werden. Dies ist ein wesentlicher Entwicklungsschritt hin zur Bildungssprache und zur *Stufe 4*, bei der die Darstellung insgesamt sachangemessen und nachvollziehbar ist und Wesentliches von Unwesentlichem unterschieden wird. Eine Qualitätssteigerung gegenüber der vierten Stufe zeigt sich auf *Stufe 5* darin, dass Zusammenhänge nunmehr umfassend und präzise dargestellt und in einen Gesamtzusammenhang eingeordnet werden, wodurch Adressaten das Verständnis erleichtert wird.

Zusammenfassend ergibt sich für den Schüler, dessen Text wir für die beispielhafte Analyse verwendet haben, folgendes Profil:

Ebene		Stufe 2	Stufe 3	Stufe 4	Stufe 5
Lexik, Semantik	(fach) sprachliche Präzision	tun, raufkippen Wassergas	warm werden, nehmen, halten, Schaum, Flamme	befeuchten, knistern, auflösen, entstehen, sich entzünden	Calcium
Syntax	sprachliche Ökonomie und Komplexität von Aussagen		und dann	Als Herr N.	
Text	Strukturierung und Kohärenz der Sprachhandlung		Gesamtzusammenhang erkennbar		

3 Zusammenfassung

In diesem Beitrag haben wir einen Ansatz zur Beobachtung der schriftlichen Kompetenzentwicklung in der Sekundarstufe vorgestellt, der derzeit noch für weitere Sprachhandlungen ausgebaut wird. Unsere bisherigen Untersuchungen weisen darauf hin, dass sich in Texten zum einen unterschiedliche Stufenzuordnungen zwischen den Ebenen erkennen lassen, zum anderen decken die Texte auf den einzelnen Beobachtungsebenen auch mehrere Stufen ab, wie im obigen Profil ersichtlich. Dieses Phänomen nennen wir Spektrum – insbesondere auf der Ebene des Wortschatzes ist das nicht nur häufig zu beobachten, sondern liegt in der Natur von Texten, denn für ihre Verständlichkeit ist eine gewisse Variabilität im Wortschatz notwendig. Das Spektrum ist für die sprachliche Bildung von hohem Wert, kann die Übergänge zwischen Mündlichkeit und Schriftlichkeit sowie alltäglichem und fachlichem Formulieren markieren und darüber offenlegen, wo individuell oder auf die Lerngruppe bezogen Unterstützungsbedarfe bestehen (s. Stufe 2 im obigen Beispiel). Wichtiger sind jedoch die Hinweise darauf, dass sich eine Schülerin oder ein Schüler im Übergang auf eine höhere Stufe bewegt, ohne dass diese schon sicher erreicht wäre. Die individuelle Unterstützung sollte dann sinnvollerweise am oberen Ende des Spektrums ansetzen.

Die Kompetenzraster eignen sich auch zur Unterrichtsplanung im Zuge von Individualisierungsmaßnahmen sowie zu Rückmeldungen an Schülerinnen und Schüler. Besonders wertvoll – dies hat die erste Erprobung gezeigt – ist das Instrument zur Entwicklung einer kollegialen Kommunikation über sprachliche Bildung zwischen Lehrkräften der Sprachfächer und denen der Sachfächer sowie zur Sensibilisierung der Fachlehrkräfte für die Belange einer sprachlich heterogenen Schülerschaft auf dem Weg in die Bildungssprache. Letztlich kann der Einsatz der Kompetenzraster auch dabei unterstützend wirken, die implizite und häufig nicht reflektierte ‚Vermittlung' von Bildungssprache über das eigene Sprechen, die Auswahl von Texten usw. aufzubrechen und transparente sprachliche Maßstäbe zu entwickeln, die für alle Beteiligten – Lehrkräfte wie Schülerinnen und Schüler – plausibel und akzeptabel sind.

Fragen und Denkanstöße

1. Erheben und analysieren Sie einen authentischen Schülertext in einem Ihrer Unterrichtsfächer mit Hilfe des Kompetenzrasters zum ‚Berichten'. Bis zur Veröffentlichung der endgültigen Fassung des Instruments können die Kompetenzraster im FörMig Kompetenzzentrum an der Universität Hamburg bestellt werden: www.foermig.uni-hamburg.de/web/de/all/mat/diag/index.html

2. Erläutern Sie die Herausforderungen bei der Leistungsbeurteilung für Lehrkräfte und Lernende im Fachunterricht aus sprachlicher Perspektive. Diskutieren Sie in diesem Zusammenhang die Rolle und mögliche Vorgehensweisen einer entwicklungsbezogenen Beobachtung.
3. Analysieren Sie einen kurzen Text aus einem Fachlehrwerk unter bildungssprachlichen und fachsprachlichen Gesichtspunkten. Welche bildungssprachlichen und fachsprachlichen Formulierungen finden Sie? Denken Sie nicht nur an Nomen und klassische Fachbegriffe, sondern auch an differenzierende Verben, komplexe Satzkonstruktionen usw.

Literaturempfehlungen

SCHMÖLZER-EIBINGER, S. (2008): Lernen in der Zweitsprache. Grundlagen und Verfahren der Förderung von Textkompetenz in mehrsprachigen Klassen. Tübingen.
Sabine SCHMÖLZER-EIBINGER erarbeitet auf der Grundlage von Untersuchungen zur Textkompetenz eine sogenannte literale Didaktik. Sie entwickelt aufeinander aufbauende Phasen und eine Aufgabentypologie für die Textarbeit und Förderung von Textkompetenz in sprachlich heterogenen Gruppen.

EHLICH, K. u.a. (2005): Anforderungen an Verfahren der regelmäßigen Sprachstandsfeststellung als Grundlage für die frühe und individuelle Förderung von Kindern mit und ohne Migrationshintergrund. Bildungsreform Band 11. Bonn.
In diesem umfassenden Band werden aus verschiedenen fachwissenschaftlichen Perspektiven (z.B. Fachdidaktik, Sprachwissenschaft, Psychometrie, interkulturelle Pädagogik) Voraussetzungen, Ziele, Anforderungen und Herausforderungen der Sprachstandsfeststellung bei ein- und mehrsprachigen Kindern und Jugendlichen herausgearbeitet. Beispiele aus Schweden, Österreich und den Niederlanden sind ebenfalls enthalten. Unter www.bmbf.de/publikationen/index.php#pub besteht die Möglichkeit, das Gutachten vollständig und kostenlos herunterzuladen.

LENGYEL, D./REICH, H./ROTH, H.-J./DÖLL, M. (Hrsg.) (2009): Von der Sprachdiagnose zur Sprachförderung. FÖRMIG Edition Band 5. Münster.
Dieser Band der FörMig Edition gibt einen Überblick zur pädagogischen Sprachdiagnostik für Kinder und Jugendliche mit Migrationshintergrund und dokumentiert Fortschritte, Neu- und Weiterentwicklungen in diesem Bereich, die im Modellprogramm FörMig und darüber hinaus erzielt wurden. Ein Schwerpunkt liegt auf dem Übergang vom Primar- in den Sekundarbereich. Ein praxisorientierter Teil zeigt konkrete Verwendungszusammenhänge und das Ineinandergreifen von Sprachdiagnose und Sprachförderung auf.

Literaturverzeichnis

Augst, G./Disselhoff, K./Henrich, A./Pohl, T./Völzing, P. (2007): Text – Sorten – Kompetenz. Eine echte Longitudinalstudie zur Entwicklung der Textkompetenz im Grundschulalter. Frankfurt a.M.

Becker-Mrotzek, M. (2004): Schreibentwicklung und Textproduktion. Der Erwerb der Schreibfertigkeit am Beispiel der Bedienungsanleitung. Radolfzell.

Berkemeier, A. (2007): Perspektiven der Weiterentwicklung einer DaZ-spezifischen Schreibdidaktik. In: Redder, A. (Hrsg.): Diskurse und Texte: Festschrift für Konrad Ehlich zum 65. Geburtstag. Tübingen, S. 401-410.

Bredel, U. (2005): Sprachstandsmessung – eine verlassene Landschaft. In: Ehlich, K. u.a. (Hrsg.): Anforderungen an Verfahren der regelmäßigen Sprachstandsfeststellung als Grundlage für die frühe und individuelle Förderung von Kindern mit und ohne Migrationshintergrund. Bonn, S. 77-119.

Döll, M./Dirim, I. (2010): Mehrsprachigkeit in der Sprachdiagnostik. In: Fürstenau, S./Gomolla, M. (Hrsg.): Migration und schulischer Wandel: Mehrsprachigkeit. Wiesbaden, S. 153-167.

Ehlich, K./Rehbein, J. (1986): Muster und Institution. Untersuchungen zur schulischen Kommunikation. Tübingen.

Ehlich, K. mit Bredel, U./Garme, B./Komor, A./Krumm, H.-J./McNamara, T./Reich, H. H./Schnieders, G./Thije, J. D. ten/Bergh, H. van den (2005): Anforderungen an Verfahren der regelmäßigen Sprachstandsfeststellung als Grundlage für die frühe und individuelle Förderung von Kindern mit und ohne Migrationshintergrund. Bonn.

Ehlich, K./Bredel, U./Reich, H.H. (Hrsg.) (2008): Referenzrahmen zur altersspezifischen Sprachaneignung. Bonn.

Feilke, H./Schmidlin, R. (Hrsg.) (2005): Literale Textentwicklung. Frankfurt a.M.

Gogolin, I./Lange, I. (2011): Bildungssprache und Durchgängige Sprachbildung. In: Fürstenau, S./Gomolla, M. (Hrsg.): Migration und schulischer Wandel: Mehrsprachigkeit. Wiesbaden, S. 107-127.

Gogolin, I./Neumann, U./Roth, H.-J. (2003): Förderung von Kindern und Jugendlichen mit Migrationshintergrund. Bonn.

Gogolin, I./Roth, H.-J. (2007): Bilinguale Grundschule: Ein Beitrag zur Förderung der Mehrsprachigkeit. In: Anstatt, T. (Hrsg.): Mehrsprachigkeit bei Kindern und Erwachsenen. Erwerb, Formen, Förderung. Tübingen, S. 31-45.

Habermas, J. (1977): Umgangssprache, Wissenschaftssprache, Bildungssprache. In: Max-Planck-Gesellschaft (Hrsg.): Jahrbuch der Max-Planck-Gesellschaft 1977. Göttingen, S. 36-51.

Koch, P./Oesterreicher, W. (1985): Sprache der Nähe – Sprache der Distanz. Mündlichkeit und Schriftlichkeit im Spannungsfeld von Sprachtheorie und Sprachgeschichte. In: Romanistisches Jahrbuch 36, S. 15-43.

Lange, I./Gogolin, I. (2010): Durchgängige Sprachbildung. Eine Handreichung. Münster.

Lengyel, D. (2009): Zweitspracherwerb in der Kita. Eine integrative Sicht auf die sprachliche und kognitive Entwicklung mehrsprachiger Kinder. Münster.

Lengyel, D./Heintze, A./Reich, H. H./Roth, H.-J./Scheinhardt-Stettner, H. (2009): Prozessbegleitende Diagnose zur Schreibentwicklung: Beobachtung schriftlicher

Sprachhandlungen in der Sekundarstufe I. In: Lengyel, D./Reich, H. H./Roth, H.-J./ Döll, M. (Hrsg.): Von der Sprachdiagnose zur Sprachförderung. Münster, S. 129-138.

Rehbein, J. (1984): Beschreiben, Berichten und Erzählen. In: Ehlich, K. (Hrsg.): Erzählen in der Schule. Tübingen, S. 67-125.

Reich, H. H. (2008): Materialien zum Workshop „Bildungssprache". Hamburg. Unveröffentlichtes Schulungsmaterial für die FörMig-Weiterqualifizierung „Berater(in) für sprachliche Bildung, Deutsch als Zweitsprache".

Sekretariat der ständigen Konferenz der Kultusminister der Länder in der Bundesrepublik Deutschland (KMK) (Hrsg.): Beschlüsse der Kultusministerkonferenz: Bildungsstandards im Fach Biologie für den Mittleren Schulabschluss (Jahrgangsstufe 10). Beschluss vom 16.12.2004.

Sekretariat der ständigen Konferenz der Kultusminister der Länder in der Bundesrepublik Deutschland (KMK) (Hrsg.): Beschlüsse der Kultusministerkonferenz: Bildungsstandards im Fach Chemie für den Mittleren Schulabschluss (Jahrgangsstufe 10). Beschluss vom 16.12.2004.

Sekretariat der ständigen Konferenz der Kultusminister der Länder in der Bundesrepublik Deutschland (KMK) (Hrsg.): Beschlüsse der Kultusministerkonferenz: Bildungsstandards im Fach Physik für den Mittleren Schulabschluss (Jahrgangsstufe 10). Beschluss vom 16.12.2004.

Tajmel, T. (2009): Ein Beispiel: Physikunterricht. In: Fürstenau, S./Gomolla, M. (Hrsg.): Migration und schulischer Wandel: Unterricht. Wiesbaden, S. 139-155.

Kapitel 7

Susanne Thurn

Die Bielefelder Laborschule – Leistung in einer Kultur der Vielfalt oder: „Die Würde des heranwachsenden Menschen macht aus, sein eigener ‚Standard' sein zu dürfen."[1]

Ich bin inzwischen fest davon überzeugt, dass es zwei grundlegend unterschiedliche Vorstellungen von dem gibt, was Schulleistung ist, die mit unterschiedlichen Vorstellungen von Schule einhergehen. Die eine Variante nenne ich die ‚Leistungsschule der Belehrung und der vergleichenden Gerechtigkeit'; die andere die ‚Leistungsschule einer Kultur der Vielfalt'. Während die erste Variante den Großteil der Schulwirklichkeit in Deutschland charakterisiert, wird die zweite Variante bisher nur in einzelnen innovativen Modellschulen, wie der Laborschule in Bielefeld (vgl. Kasten 1) entwickelt und erprobt.

> **Kasten 1 ▶   Die Laborschule in Bielefeld**
>
> Die Laborschule des Landes Nordrhein-Westfalen an der Universität Bielefeld wurde 1974 von Hartmut von HENTIG gegründet. Sie ist eine Schule für fast alle Kinder und Jugendliche von fünf Jahren bis zum Ende ihrer Pflichtschulzeit (10. Schuljahr). Ein Aufnahmeschlüssel soll gewährleisten, dass sich in ihr die Vielfalt von sozialer Schichtung, religiöser Orientierung, ethnischer Herkunft, Farbigkeit und Fähigkeit in etwa der Verteilung zusammenfindet, wie sie der Gesellschaft einer deutschen Großstadt entspricht.
> Als staatliche Versuchsschule werden in der Laborschule neue Formen des Lehrens, Lernens und miteinander Lebens entwickelt, erprobt, reflektiert, aufbereitet und weitergegeben. Dazu ist sie von vielen staatlichen Regelschulvorgaben freigesetzt.

---

[1] Das Motto verdanke ich (grammatikalisch leicht abgewandelt) Ulrich HERMANN (2004, S. 41).

> In der Laborschule leben und lernen Kinder und Jugendliche ohne jegliche äußere Leistungsdifferenzierung in sie stärkenden Gruppen – vom Kind mit Beeinträchtigungen des körperlichen Vermögens, des Lernens oder des Verhaltens bis zum Kind mit außergewöhnlichen Begabungen in nur bestimmten oder auch umfassenden Bereichen. Die Gruppen sind jahrgangsübergreifend, weil Lebens-, Lern- und Entwicklungsalter nicht notwendig zusammenfallen. Die Kinder und Jugendlichen lernen möglichst viel voneinander, an der Erfahrung, durch Beteiligung und möglichst oft im Zusammenhang der Probleme statt in Fächern. Sie lernen nur so viel wie nötig und sinnvoll durch Belehrung und selten im Gleichschritt. Sie lernen möglichst so viel, wie ihnen eben möglich ist und werden daher an ihrem eigenen Leistungsvermögen gemessen und nicht an einer von außen gesetzten Norm. Bis zum Ende des 9. Schuljahrs gibt es keine Ziffernnoten, sondern Leistungsbeurteilungen erfolgen ausschließlich durch individuelle Rückmeldungen in ausführlichen Briefen und Gesprächen (vgl. http://www.laborschule.de).

Jedes Konzept von Leistung und das damit korrespondierende Schulmodell sind in sich schlüssig. Entgegen der verbreiteten Tendenz, beide Systeme zu mischen, behaupte ich jedoch: Vergleichende, am Durchschnitt einer Gruppe gemessene Noten und individuelle Rückmeldungen als Nachweis von Leistungen können nicht zusammengehen, ohne dass sie einander aushebeln. Indem man sie zu mischen sucht, verlieren beide Formen der Leistungsbeurteilung an Überzeugungskraft und werden letztlich unglaubwürdig – was in pädagogischen Zusammenhängen immer verheerend ist. So hätten auch meine Schülerinnen und Schüler an der Laborschule gern Noten von einem bestimmten Alter an – natürlich nur *gute* Noten und natürlich nicht *anstatt*, sondern *zusätzlich* zu den hoch geschätzten, sehr persönlichen schriftlichen Berichten zu ihrer Lernentwicklung. Sie wollen Noten, weil es so schwer ist, sich außerhalb der Schule ohne Noten einzuordnen. Ich möchte aber den enormen Lernzuwachs einer Schülerin, ihren guten Weg, ihre besondere Anstrengung, ihren Durchbruch auf höhere Ziele hin, ausführlich loben und diesen Prozess in jeder Hinsicht ‚sehr gut' nennen, weil sie mehr zu diesem Zeitpunkt nicht hätte leisten können – muss ihr aber eine ‚Vier' dafür testieren, weil die anderen ihrer Altersgruppe ihr zurzeit immer noch weit überlegen sind. Und umgekehrt: Ich möchte dem Schüler, der immer ohne jede Anstrengungen ‚der Beste' ist, in seinen Bericht schreiben, dass seine Leistungen nicht ausreichend waren, weil er gemessen an *seinem* Leistungsvermögen noch lange nicht das geleistet hat, was *er* für *seine* beste Leistung zu leisten hätte – muss ihm dennoch die ‚Eins' geben im Vergleich zu den anderen.

In diesem Kapitel werden angesichts von Erfahrungen an der Bielefelder Laborschule die beiden unterschiedlichen Vorstellungen über Schulleistung und damit korrespondierende Modelle von Schule und Unterricht ausführlich, aber ‚idealiter' dargestellt – auch die Laborschule erfüllt noch nicht alle genannten Merkmale.

1 Die Leistungsschule der Belehrung und der vergleichenden Gerechtigkeit

Die Leistungsschule der Belehrung und der vergleichenden Gerechtigkeit folgt einer systematischen Vorstellung über die Zwecke von Schule, nach der der Nachwuchs ausgebildet und zur Gesellschaftsfähigkeit erzogen werden soll. Dabei wird das Prinzip der Selektion als grundlegendes Strukturprinzip von Schule erachtet. Da Menschen verschieden sind, also nicht jede und jeder Lernende befähigt ist, den höchstmöglichen Bildungsabschluss in der Schule zu erreichen, ist Schule – so behauptet Niklas LUHMANN (1996, S. 287f.) – ohne Selektion nicht denkbar. Sie produziert systematisch Gewinnende und Verlierende. Am Anfang der Ausbildung steht die Herstellung größtmöglicher Homogenität, um im weiteren Bildungsverlauf durch Notengebung, Versetzungsentscheide, etc. Heterogenität auf höherem Niveau herzustellen, mit dem Ziel, auf höherer Stufe wieder mit einer gewissen Homogenisierung beginnen zu können (vgl. LUHMANN 1990; zitiert nach HUBER 2002, S. 9; vgl. auch FÜRSTENAU/GOMOLLA 2009).

Dieses historisch gewachsene Organisationsprinzip prägt Unterricht und Schule in sämtlichen Bereichen. Unter dem Ziel, in möglichst homogenen Gruppen die als relevant erkannten ‚Sachen' zu vermitteln, besteht die vorrangige Aufgabe der für ihr Fach speziell ausgebildeten Lehrkraft darin, ihre ‚Sache' nach möglichst neuesten lernpsychologischen, didaktischen, methodischen und medialen Gesichtspunkten aufzubereiten und sie möglichst effektiv in gut strukturiertem Unterricht zu vermitteln. Richtlinien, Lehrpläne und Stoffverteilungspläne unterstützen sie in dieser Aufgabe. Die Hinführung zur ‚Sache' geschieht sinnvollerweise in Räumen, die stark auf die Vortragenden und ihre Präsentation (unterstützt durch Tafel, Overhead Projektor, Power Point) hin ausgerichtet sind. Je homogener eine Lerngruppe, je ähnlicher die Aufnahme- und Verarbeitungsfähigkeit ihrer Mitglieder, Gelerntes in bereits Gewusstes und Gekonntes einzuordnen – so die grundlegende Annahme – umso effektiver kann die Präsentation der ‚Sache(n)' zum Vorteil aller vor sich gehen.

Nach dieser Logik können ‚Einheitsschulen' trotz des ihnen zugestandenen pädagogischen Optimismus und großen Idealismus nur scheitern. Wenn sowohl die Vermittlung der ‚Sache' in ihrer Anspruchshöhe als auch die zu erwartende Lernleistung an einem gedachten Durchschnittslernenden orientiert sind, werden schnell Lernende zugunsten der langsam Lernenden künstlich unter ihrem Niveau gehalten und gelangweilt. Andersherum werden langsam Lernende durch den ständig präsenten Vergleich unnötigerweise entmutigt und zudem nicht genügend in ihren ‚eher praktischen' Zugängen zur ‚Sache' gefördert. Beiden werden Leistungsentwicklungen und Lernchancen verwehrt.

Nach dieser Logik von Schule sind die Lernenden verpflichtet, sich die präsentierte ‚Sache' nach dem Unterricht in Eigenarbeit – Hausaufgaben, Nachhilfe, Privatlehrer – anzueignen, sie zu wiederholen und verfügbar zu haben, wenn sie abgefragt wird. Die Prüfungen beziehen sich auf den erarbeiteten Stoff, werden rechtzeitig angekündigt, sind für alle gleich und unter für alle gleichen Bedingungen zu absolvieren. Die Schule ist verpflichtet, diese ‚Gleichheit der Chancen' herzustellen beziehungsweise zu gewährleisten. Die Lehrenden beurteilen die erbrachten Leistungen aufgrund ihrer Erfahrungen ‚gerecht', das heißt personenneutral, messen sie am Durchschnitt der Lerngruppe, beachten dabei die Normalverteilungskurve und fügen sie zu einer Ziffernnote zusammen. Dies ist vernünftig, denn alle Menschen wollen sich vergleichen – Vergleich fördert Motivation durch Wettbewerb. Ohne Tests, die Gefahr des Sitzenbleibens oder der Schulabstufung, ohne Gratifikationen wie Noten, Zertifikate, Zeugnisse, sind Menschen demnach nicht bereit, Anstrengungen auf sich zu nehmen.

Unterrichtung in der Schule geschieht vorwiegend am Vormittag. Die Erziehungspflicht, aber auch das Erziehungsrecht der Eltern darf zeitlich nicht eingeschränkt werden. Für jene Kinder, die aufgrund der unabdingbar notwendigen Berufstätigkeit ihrer Eltern Betreuung auch an Nachmittagen brauchen, ist ein entsprechendes Angebot bereitzustellen, das sowohl Hausarbeitskontrolle als auch förderliche Freizeitangebote umfasst. Außerhalb der Schule – und gegebenenfalls in Ganztagsschulen auch innerhalb derselben – hat der Staat dafür zu sorgen, dass Kinder und Jugendliche mit sozialen Benachteiligungen, psychischen Problemen oder (vermeintlichen!) migrationsbedingten Defiziten Hilfe und Förderung durch dafür eigens sozialpädagogisch und psychologisch geschultes Personal erhalten. Lehrende sind mit diesen Aufgaben überfordert, weil sie eine andere Profession erlernt haben (zu dieser Vorstellung von Schule vgl. GIESECKE 1996; zur Nützlichkeit von Zensuren SCHRÖTER 1981; STEINTHAL 1983).

Da Lernende also nur unter ihresgleichen gefördert und im Vergleich mit ihresgleichen herausgefordert werden, tut man ihnen den Gefallen, sie nicht in für sie unpassenden Systemen zu belassen und sie dort der Gefahr der Langeweile oder ständig neuen Misserfolgserlebnissen auszusetzen. Wenn Lernende – aus welchen Gründen auch immer – die ‚Sache' dauerhaft nicht verstanden haben, können sie den nächsten darauf aufbauenden Lernschritt auch nicht nachvollziehen, müssen also die ‚Sache' wiederholen, gegebenenfalls indem ihnen dafür ein weiteres Schuljahr Zeit gewährt wird. Oder ihnen wird das Recht zugestanden, in Sonderschulen mit Hilfe speziell für ihre Einschränkungen ausgebildeter Lehrkräfte optimal gefördert zu werden. Umgekehrt muss es auch ausgewiesene Klassen oder Schulen geben, die den besonders befähigten und schnell Lernenden optimale Fördermöglichkeiten im Vergleich mit ihresgleichen offerieren.

2 Die Leistungsschule einer Kultur der Vielfalt

Daneben steht eine gänzlich andere Vorstellung von Schule, die *in sich* ebenso schlüssig, konsequent und unmittelbar einleuchtend dargestellt werden kann. Nach diesem Modell besuchen alle Kinder im Alter zwischen vier und sechzehn Jahren gemeinsam ihre Kindertagesstätte und ihre Schule in einem Schulbezirk, der so zusammengesetzt ist, dass eine bekömmliche Mischung von sozial, ethnisch und sozio-kulturell unterschiedlichen Herkunftsfamilien entsteht. Die Verschiedenheit ist gewollt und wird deswegen bewusst hergestellt, gegebenenfalls durch entsprechende Zuschnitte von Einzugsbereichen. Sie gilt als Reichtum einer Schule, nicht als Einschränkung. *Jedes* Kind ist willkommen, *keines* wird weggeschickt.

> **Kasten 2 ▶ Verschiedenheit als Reichtum**
>
> Die Laborschule stellt diese ‚bekömmliche Mischung' über einen Aufnahmeschlüssel her, der die Bildungshintergründe der Eltern ermittelt und gewährleisten soll, dass sich in der Schule die soziale Zusammensetzung einer Großstadt spiegelt. Etwas mehr als die Hälfte der Kinder kommen aus eher bildungsfernen Schichten, etwa ein Viertel der Kinder entstammen Familien mit Migrationshintergrund aus 12 Nationen. Alle diese Kinder werden bevorzugt aufgenommen und um sie wird geworben. Etwa ein Zehntel der Kinder benötigen sonderpädagogische Betreuung. ‚Bekömmlich' ist für uns eine Lerngruppe dann, wenn sich in ihr die gesamte Vielfalt wiederfindet – ‚Integrationsklassen' zu bilden, widerspricht diesem Gedanken. ‚Bekömmlich' ist für unsere Gruppen auch, dass besonders leistungsfähige und in ihren Familien entsprechend geförderte Kinder über ihre Grundschulzeit hinaus in der Schule bleiben, also nicht auf Gymnasien abwandern. Eine gut gemischte, vielfältig zusammengesetzte Gruppe ist für uns ein wichtiger Schlüssel zum Erfolg.

> Zwei Forschungsprojekte der Laborschule haben sich explizit mit dem Thema Migration beschäftigt. Eines wurde 2007 abgeschlossen (vgl. SCHMERBITZ/SEIDENSTICKER 2007), zu einem weiteren liegt ein Zwischenbericht vor (vgl. GEIST/SEIDENSTICKER/HOLLENBACH 2009). Die Berichte sind über die Laborschule erhältlich.

Da bekannt ist, dass Entwicklungs- und Lernalter bis zu vier Jahren auseinanderliegen können, ohne dass schon eine Behinderung vorliegen muss (vgl. SINGER 2002, S. 95), werden die Kinder in jahrgangsübergreifenden Gruppen ihren mitgebrachten und erworbenen Fähigkeiten entsprechend individuell gefördert. Die Lehrkräfte sind diagnostisch, psychologisch und pädagogisch sowie in einem oder zwei Fachbereichen gründlich ausgebildet, in anderen haben sie einen Überblick gewonnen. Sie haben sich im Laufe ihres Studiums für einen Schwerpunkt entschieden, der sich auf das Lern- und Entwicklungsalter von Kindern und Jugendlichen bezieht, also für die 4- bis 10- oder die 10- bis 16- oder die 17- bis 18-Jährigen. Die Lehrenden verbringen den ganzen Tag in der Schule, tauschen sich regelmäßig mit den Kolleginnen und Kollegen über die Entwicklung ihrer Kinder und Jugendlichen, über die zu lernenden Sachen und über den Alltag in der Schule aus, den sie als gemeinsamen Lebensraum mitgestalten (auch weil sie selbst dort ‚gut leben' wollen). Sie bemühen sich, für jedes Kind herauszufinden, was es besonders gut kann, um dort anzusetzen und nicht bei dem, was es noch nicht kann (vgl. BAMBACH 2001).

Auch die Kinder und Jugendlichen verbringen den ganzen Tag in der Schule. Zeiten von Arbeit und Spiel, Anstrengung und Ruhe, körperlicher Aktivität und seelischer Muße wechseln sich über den Tag hinweg ab. Je jünger die Kinder sind, umso kleiner sind die Gruppen und umso überschaubarer die Anzahl der Erwachsenen, die mit ihnen umgehen. Kindertagesstätte und Schule sind so eingerichtet, dass Kinder und Jugendliche eine anregungsreiche und herausfordernde Lernumwelt sowohl in ihren Gruppenräumen als auch in Lern- und Erfahrungsorten wie Bibliothek, Werkstätten, Laboratorien, Kunst- und Musikräumen, Sporthallen, Schulgarten und Bauplätzen vorfinden. Diese stehen ihnen und ihren Forschungsfragen, Lerninteressen und Gestaltungsideen jederzeit offen. Kinder werden früh in die Verantwortung für ihre eigene Leistung einbezogen. Sie lernen Lernmethoden und Arbeitstechniken, die ihnen helfen, sich die Sachen selbstständig anzueignen. Lehrkräfte, die ihre Rolle eher als Lernhelferinnern und -helfer denn als Belehrende verstehen, sind dadurch freigesetzt, sich um einzelne oder kleine Gruppen jener Kinder zu kümmern, die Anregung und gezielte Hilfen für ihren nächsten Lernschritt benötigen.

Neben den individuell von Kindern und Jugendlichen mitzugestaltenden eigenen Arbeitszeiten, in denen auch systematische Lehrgänge ihren Ort haben, gibt es gemeinsame Bildungserlebnisse, die von Lernenden oder Erwachsenen oder beiden gemeinsam gestaltet werden. Im Mittelpunkt stehen dabei Projektthemen und Problemfragen – mathematische, naturwissenschaftliche, philosophische, politische –, die auf unterschiedliche, möglichst fächerübergreifende Weise und mit unterschiedlichen Zugängen je nach Fähigkeiten der Lernenden angegangen, bearbeitet oder gelöst, stets aber wieder an die Gruppe zurückgemeldet und zusammengebracht werden. Literarische, künstlerische, musische Zugänge zur Erschließung der Welt spielen dabei eine wichtige Rolle. Alle Kinder lernen ein Instrument zu spielen (nicht nur jene, deren Eltern dafür extra bezahlen). Die Erörterung von Lebensproblemen und Gruppensorgen, die Lösung von Konflikten, die Aufstellung von Regeln für das Zusammenleben in der Gemeinschaft oder die Beschäftigung mit ‚letzten Fragen' ist täglich möglich; dafür ist die nötige Zeit in den Versammlungen der Gruppen vorhanden oder wird zusätzlich geschaffen.

Von Lernenden wird erwartet, dass sie individuell und im sozialen Miteinander ihr jeweils Bestmögliches leisten wollen. Von der Schule wird erwartet, dass sie alles daran setzt, ihnen dies zu ermöglichen. Diese Prämisse stellt zugleich hohe Leistungsanforderungen an alle. Umfangreiche individuelle Beratungszeiten, notwendige Unterstützungssysteme und entsprechende Förderangebote, gegebenenfalls durch besonders ausgebildete und geschulte Pädagoginnen und Pädagogen stehen bereit, damit die weitgesteckten Ziele auch erreicht werden können. Die Verantwortung für den Lernerfolg und das Fortkommen ist geteilt zwischen Lehrenden und Lernenden sowie dem System, das darauf achten muss, dass alle Heranwachsenden zu ihrem Bestmöglichen gefördert werden. Je heterogener die Zusammensetzung der Gruppen, umso leichter ist dies möglich, weil Kinder und Jugendliche in einer förderlichen Umgebung voneinander so viel lernen wie von den Erwachsenen.

Rückmeldungen über die Leistungsentwicklung in diesem System können nicht vergleichend sein. Sie müssen individuell erfolgen: mündlich oder schriftlich und regelmäßig auch mit den Eltern. Gemeinsam mit den Bildungs- und Erziehungspartnern werden dabei die nächsten Lernziele, Arbeitsschritte und Fördermöglichkeiten vereinbart. Der Vielfalt ihrer Menschen entspricht eine Vielfalt des Lebens in der Schule, eine Vielfalt des Lernens und eine Vielfalt des Leistens. Jene, die täglich in der Schule sind, dürfen auch entscheiden, z.B. darüber, wer eingestellt oder entlassen wird und wofür die zur Verfügung stehenden Mittel ausgegeben werden. Am Ende der gemeinsamen Schulzeit verlassen die Jugendlichen die Schule mit höchst unterschiedlichen Leistungsprofilen, mit umfangreichen Rückmeldungen zu ihren Leistungen, mit Mappen und Ordnern, die die Ergebnisse ihrer Leistungen repräsentieren sowie detaillierten Empfehlungen für die weitere schulische oder berufliche Ausbildung. Diese Empfehlungen werden von Ulrich HERMANN Befähigung für „Anschlüsse" statt Nachweis von „Abschlüssen" genannt (HERMANN 2003, S. 629).

> **Kasten 3 ▶   Literatur zum Beurteilungssystem der Laborschule**
>
> **Zum Beurteilungssystem der Laborschule:**
> BAMBACH, H. (1994): Ermutigungen. Nicht Zensuren. Lengwil.
> DÖPP, W./GROEBEN, A. VON DER/THURN, S. (2000): Lernberichte statt Zensuren. Erfahrungen von Schülern, Lehrern und Eltern. Bad Heilbrunn.
> GROEBEN, A. VON DER (1993): Gemeinsam lernen und individuell bewerten? Zum Umgang mit der Leistungsmessung in der Bielefelder Laborschule. In: Pädagogik 6, S. 26-30.
> HENTIG, H. VON (1983): Das Beurteilungssystem der Bielefelder Laborschule. In: Becker, H./Hentig, H. von (Hrsg.): Zensuren. Lüge – Notwendigkeit – Alternativen. Frankfurt a.M., S. 97-180.
> THURN, S. (2005): Lernen, Leistung, Zeugnisse. Eine Schule (fast) ohne Noten. In: Thurn, S./Tillmann, K.-J. (Hrsg.): Laborschule – Modell für die Schule der Zukunft. Bad Heilbrunn, S. 49-61.
>
> **Zu Lernzielvereinbarungen, Formen selbständigen Lernens, direkten Leistungsvorlagen und Beispielen für Lern- und Leistungswege an der Laborschule:**
> THURN, S. (2005): Individualisierung des Lernens an der Laborschule in Bielefeld. In: Lanthaler, M./Meraner, R. (Hrgs.): Neue Lernkulturen in Kindergarten und Schule. Das Lernen in den Mittelpunkt stellen. Bozen, S. 224-39
> THURN S. (2005): Anders lernen und mehr leisten – Eirini, ein Beispiel. In: Welbers, U./Gaus, O. (Hrsg.): The Shift from Teaching to Learning. Bielefeld, S. 321-329.

In der Praxis der Laborschule Bielefeld ist es das wichtigste Ziel, die Verschiedenheit von Kindern und Jugendlichen als Reichtum der Schule anzusehen. Das heißt, diese Kinder und Jugendlichen so anzunehmen, wie sie sind und nicht daran zu messen, wie sie sein sollten, aber vor allem, ihnen beim Aufwachsen zu helfen in einer Welt, die sie gestalten sollen, ohne sich ihr unterwerfen zu müssen. Vieles auf dem Weg zu unseren Zielen gelingt uns bereits. So sind unsere Jugendlichen offenbar in erstaunlich höherem Maße bereit, die ‚Anderen' neben sich und in unserer Gesellschaft vorurteilsfrei anzunehmen und für sie, für ein humanes Miteinander in unserer Gesellschaft, Verantwortung zu übernehmen (so die Ergebnisse der international durchgeführten Civic Education Study, vgl. THURN 2005; WATERMANN 2005).

3 Systemische Widersprüche in der Leistungsschule der Belehrung und der vergleichenden Gerechtigkeit – folgenlos erkannt

Die erstmals auf einer umfassenden empirischen Grundlage erhobenen, für Deutschland peinlichen Ergebnisse der internationalen und nationalen PISA-Studien sowie die daraufhin einsetzende Debatte haben die brüchige Logik des Systems, das auf vergleichender Notengebung, erbarmungsloser Selektion und damit verbundener demütigender Ausgrenzung beruht, so deutlich aufgezeigt, dass seine Vertreterinnen und Vertreter zumindest verunsichert sind. Hartmut VON HENTIG hatte schon 1990 in einem Vortrag zur „Bilanz der Bildungsreform in der Bundesrepublik Deutschland" auf dem 12. Kongress der Deutschen Gesellschaft für Erziehungswissenschaft in Bielefeld angeklagt: „Der größte Skandal und eine für alle pädagogische Reform tödliche Bedingung ist die Beibehaltung des Noten-Beurteilungssystems – wider alle wissenschaftlich erhärtete Erkenntnis der Zunft" (VON HENTIG 1990, S. 381). Die Erkenntnisse der Zunft, dass Ziffernnoten als Instrument zur Leistungsbeurteilung die berechtigten Ansprüche an Objektivität, Reliabilität und Validität nicht einlösen können, sind seit Jahrzehnten bekannt und erhärtet (vgl. u.a. INGENKAMP/LÜDERS 2001; KLIEME 2003).

Mühelos lassen sich ‚Marktvorgaben' bei der Notenvergabe nachweisen: Bei zu hoher Bildungsnachfrage werden die Zensuren schlechter, bei knapperer Nachfrage bessern sie sich bis hin zur beklagten Zensureninflation (vgl. TITZE 1981). Schülerinnen und Schüler werden durch Noten nur ausschnitthaft wahrgenommen (vgl. LEHMANN/PEEK 1997). Die prognostischen Fähigkeiten der Lehrenden in unseren Schulen sind erschreckend wenig ausgebildet, entsprechend sind ihre Leistungsbeurteilungen von Schülerinnen und Schülern nicht valide und infolge dessen ihre Zuweisungen zu weiterführenden Schulen im gegliederten System allzu oft fehlerhaft. Es zeigt sich, dass die für den Schul- und oft auch den Lebenserfolg bestimmenden Leistungszuschreibungen zwischen den verschiedenen Schulen und Schultypen uneinheitlich und dadurch ungerecht sind (vgl. DEUTSCHES PISA-KONSORTIUM 2001, 2003).

Untersuchungen der pädagogischen Psychologie haben zudem immer wieder die alarmierenden Wirkungen der klassischen Leistungsbeurteilungen bestätigt (vgl. den Beitrag von SCHOFIELD/ALEXANDER in diesem Band). Auf diese Weise werden die später als solche bezeichneten Versager und Verliererinnen erst zu solchen gemacht, denn die klassische Versagerkarriere folgt der Abwärtsspirale von geringem Selbstwertgefühl, schlechten Leistungen, noch geringerem Selbstbewusstsein, noch schlechteren Leistungen, etc. (vgl. RAMSEGER 1993, S. 6).

Diese Ergebnisse beweist PISA erneut: Mehr als ein Drittel aller 15-Jährigen in Deutschland hat – durch Abstufungen im System oder Sitzenbleiben – bereits ein demotivierendes und entmutigendes Erlebnis verkraften müssen, das erwiesenermaßen keinen Lernerfolg nach sich zieht und obendrein erhebliche Systemkosten verursacht. Es ist nur konsequent, dass fast ein Viertel unserer 15-Jährigen nicht über jene untersten Basiskompetenzen verfügt, die ein erfolgreiches Berufsleben überhaupt erst ermöglichen.

Hinzu kommt ein Ergebnis mit vielleicht noch schwerer wiegenden Folgen: PISA zeigt (durch Studien der Jugendforschung bestätigt), dass die soziale Trennung durch frühe Differenzierung sich nahtlos fortsetzt in Cliquen und Freundesgruppen sowie in deren Freizeitaktivitäten, die wiederum deutliche Bezüge zu den erworbenen Fachkompetenzen aufweisen. Jugendliche, die sich längst innerlich von der Schule verabschiedet haben, finden sich zusammen in eigenen Gruppen, verbringen einen hohen Anteil ihrer Freizeit mit problematischen Medienproduktionen (Pornos, Gewaltvideos, Internetangeboten) und verhalten sich oft aggressiv. Getrennt von ihnen verbringen andere Jugendliche ihre Freizeit deutlich vielfältiger und anregungsreicher, lesen beispielsweise mehr (vgl. DEUTSCHES PISA-KONSORTIUM 2001, dort vor allem der Beitrag von SCHÜMER u.a.; vgl. auch MERKELBACH 2001). Von dieser sozialen Segregation sind Jugendliche mit Migrationshintergrund in besonderem Maße betroffen.

Chancengleichheit, wenngleich fortwährend postuliert und systemlogisch begründet, hat dieses schulische System also nicht bewirken können – im Gegenteil, so Andreas SCHLEICHER (2004) in einem Vortrag:

„Jede institutionelle Barriere, die wir aufbauen, hindert Lernen und verstärkt Chancenungleichheit. Dazu gehören Zurückstellungen, Sitzenbleiben, feste Bildungsgänge in der gegliederten Schulstruktur und Fachleistungskurse in den Integrierten Gesamtschulen."

4 Systemimmanente und systemfremde Antworten auf die Analyse

Schaffen wir angesichts dieser Erkenntnisse nun endlich in einer großen gemeinsamen Anstrengung jene institutionellen Barrieren, die Notengebung und die auf ihr beruhende Selektion ab? Mitnichten! Um die nicht von der Hand zu weisenden Probleme zu lösen, reagieren die meisten Bildungspolitikerinnen und Bildungspolitiker *systemimmanent*, d.h. mit Reformvorschlägen, die das erwiesenermaßen gescheiterte System mit eben jenen Mitteln zu reformieren suchen, die zu seinem Scheitern geführt haben.

Systemimmanent
- soll das Niveau der Schulleistungen systematisch verbessert werden, vor allem durch die bundesweite Einführung von einheitlichen schulformspezifischen Kernlehrplänen und Bildungsstandards, deren Erfüllung durch regelmäßige flächendeckende Tests überprüft werden soll (vgl. ORTH 2004);
- soll Unterricht auf jene obligatorischen Kernfächer konzentriert werden, die Gegenstand internationaler Leistungsvergleichsstudien sind (Deutsch, erste Fremdsprache, Mathematik, Naturwissenschaften);
- soll die Einbindung in das Noten- und Vergleichssystem bereits in den allerersten Klassen beginnen, um den ‚Ernstcharakter' von Leistung frühzeitig zu verdeutlichen;
- soll das gegliederte System nach dem vierten Schuljahr beginnen (z.B. aktuelle bildungspolitische Entwicklungen in Niedersachsen und Hamburg);
- soll Notengebung aufgrund von genormten Vergleichstests auf den verschiedenen Niveaus der Schulformen vereinheitlicht werden;
- soll die Selektion im Anschluss an die Grundschulzeit durch vielfältige, intrapersonell auszuwertende, möglichst genormte Vergleichstests valide werden;
- soll in angeblich nicht-gegliederten Systemen wie Gesamtschulen durch noch mehr äußere Fachleistungsdifferenzierung noch mehr gegliedert werden;
- soll die Vergabe des mittleren und des höheren Schulabschlusses durch bundeseinheitliche Maßstäbe und entsprechende zentrale Tests ‚gerechter' werden;
- sollen die Ergebnisse zentraler Prüfungen den Schulen – und damit der Öffentlichkeit – übergeben werden.

Aber es gibt auch – was mir die Verunsicherung zeigt – Bildungspolitikerinnen und Bildungspolitiker, die mit *systemfremden* Reformvorschlägen reagieren.

Systemfremd
- sollen Schuleingangsstufen gebildet werden, die altersübergreifend Entwicklungsunterschiede ausgleichen;
- sollen Ganztagsangebote sprachliche oder soziale ‚Defizite' ausgleichen;
- sollen individuelle Förderpläne erstellt und Sitzenbleiben erschwert werden;
- sollen Kinder mit sonderpädagogischem Förderbedarf in ihren Schule bleiben und dort so lange wie eben möglich gefördert werden;
- sollen mehr individuelle Fördermaßnahmen angeregt und (möglichst kostenneutral) durchgeführt werden;
- sollen neue Formen des Lehrens und Lernens erprobt werden;
- sollen Schulen mehr Spielraum für ihre Entwicklung bekommen;
- sollen einzelne Prüfungen durch individuelle Leistungsvorlagen ersetzt werden;
- sollen schulformübergreifende Kernlehrpläne und einheitliche Minimalstandards entwickelt und vergleichende Lernstandserhebungen zu förderlichen Zeitpunkten durchgeführt werden – gerade nicht im Zusammenhang mit Schulform- oder Schulabschlussentscheidungen, weil sie allein der Systemaufklärung und -verbesserung dienen sollen (vgl. KRAINER 2001; BÖTTCHER 2003, 2004; vgl. auch: ALTRICHTER 2003; GUDJONS 2004; HEYMANN 2004; ROTHER/SCHNACK 2004);
- sollen einheitliche zentrale Abschlusstests für einen mittleren Abschluss erstellt werden, die Ergebnisse aber nur einen Teil der Abschlusswertung ausmachen;
- sollen Testergebnisse prinzipiell nicht öffentlich gemacht werden.

Aus dem bisher Gesagten ist bereits deutlich geworden, dass die Frage, in welchem System wir uns die Schule der Zukunft vorstellen wollen, von grundlegender Bedeutung ist. Ich denke, alle Argumente, nicht nur die im pädagogischen Umgang mit Kindern und Jugendlichen gewonnenen, sondern auch die zuletzt in den PISA-Studien wissenschaftlich erhärteten, sprechen für das zweite System. Wir haben in unserem Land viele erprobte und evaluierte Vorbilder dafür, nicht nur die Laborschule in Bielefeld. Unter www.blickueberdenzaun.de finden sich Beispiele aus über 100 Schulen, die sich gemeinsamen Standards (ebd.) für eine gute Schule verpflichtet haben und ihre Schulen dahin entwickeln.

Dieser Beitrag bietet eine mögliche Alternative an: Er offeriert das Angebot, realutopisch weitere Möglichkeiten zu denken, wie Leistung sichtbar gemacht und individualisierend bewertet werden kann.

4 Zusammenfassung

In diesem Kapitel geht es um die Unvereinbarkeit zweier Bewertungssysteme von Leistungen, die mit unterschiedlichen Vorstellungen der Gestaltung von Schule einhergehen: Die erste Variante, die hier „Leistungsschule der Belehrung und der vergleichenden Gerechtigkeit" genannt wird, charakterisiert den Großteil der Schulwirklichkeit in Deutschland. Die zweite Variante, die hier „Leistungsschule einer Kultur der Vielfalt" genannt wird, findet sich in Deutschland in innovativen Modellschulen umgesetzt und wird in diesem Kapitel am Beispiel der Bielefelder Laborschule illustriert. Beide Varianten zur Gestaltung von Schule legen dazu passende Bewertungssysteme von Leistungen nahe, die – so die zentrale These – einander aufgrund ihrer unvereinbaren systemimmanenten Logik ausschließen. Es wird weiterhin aufgezeigt, dass die in Deutschland dominante Variante der Leistungsbewertung und Selektion im gegliederten Schulsystem Verunsicherungen erfahren hat. Allerdings wird auch deutlich, dass die Zeit offenbar noch nicht reif dafür ist, mutig Entschlüsse auf der Basis erkannter Widersprüche des Systems zu fällen, um die erkannten Mängel des deutschen Schulsystems und seiner Sicht auf Leistung, seine Bewertung von Leistung, von ihren Wurzeln her zu beseitigen.

Fragen und Denkanstöße

1. Fassen Sie stichwortartig die Argumente für eine ‚Leistungsschule der Belehrung und der vergleichenden Gerechtigkeit' und solche für die ‚Leistungsschule einer Kultur der Vielfalt' zusammen und stellen sie diese Argumente einander gegenüber.
2. Suchen Sie für ein Rollenspiel klassische Rollen für Position 1 und Position 2 aus. Ergänzen Sie die gesammelten Argumente rollenspezifisch und führen Sie eine Podiumsdiskussion durch. Reflektieren Sie die Podiumsdiskussion gemeinsam und protokollieren Sie Ihre Wahrnehmungen.
3. Stellen Sie mit Hilfe dieses Kapitels und auf der Grundlage weiterer Recherchen systemimmanente und systemfremde bildungspolitische Vorschläge, Verordnungen und Reformvorhaben von Landesregierungen zusammen.
4. Skizzieren Sie Ihre ‚Schule der Zukunft', beschreiben Sie sie so genau wie möglich und seien Sie dabei kreativ und mutig!

Literaturempfehlungen

GROEBEN, A.v.d. (2006): Yildiz und Aytekin. Die zweite Generation erzählt. Opladen.
Dieses Buch beschreibt den Lebensweg einer türkischen Laborschülerin zwischen Familientraditionen, Zukunftshoffnungen und Bildungswünschen.

GROEBEN, A.v.d. (2008): Verschiedenheit nutzen. Besser lernen in heterogenen Gruppen. Berlin.
Dieses Werk beschreibt anschaulich eine neue Lern- und Leistungskultur, die die Verschiedenheit von Kindern und Jugendlichen in einer Schule produktiv zu nutzen weiß.

GROEBEN, A.v.d. (2010): Wir wollen Schule machen. Opladen.
Dieses Buch beschreibt, wie die „Standards für eine gute Schule", die sich die Schulen der Arbeitsgemeinschaft „Blick über den Zaun" gegeben haben, konkret im Alltag von Schule umgesetzt werden können. Es findet sich darin auch ein eigenes Kapitel: „Lernen und Leistung, groß geschrieben".

THURN, S./TILLMANN, K.-J. (2011): Laborschule – Modell für die Schule der Zukunft. Bad Heilbrunn.
Dieses Buch gibt einen guten Überblick über die Arbeit der Laborschule und diskutiert diese im Kontext der wissenschaftlichen Diskussion über zentrale Fragen der Schulpädagogik. Darin findet sich auch ein Artikel zum Thema „Lernen, Leistung, Zeugnisse: eine Schule (fast) ohne Noten".

Literaturverzeichnis

Altrichter, H. u.a. (Hrsg.) (2003): Themenheft „Leisten und Bewerten". In: Lernende Schule, Jg. 49, Heft 21.

Bambach, H. (2001): Nur wer sich gut fühlt, kann sein Bestes geben. Über die Leistungen von Kindern, die Schwierigkeiten mit dem Lernen haben. In: Demmer-Dieckmann, I./Struck, B. (Hrsg.) (2001): Gemeinsamkeit und Vielfalt. Pädagogik und Didaktik einer Schule ohne Aussonderung. Weinheim, S. 77-97.

Böttcher, W. (2003): Starke Standards. Bessere Lernergebnisse und mehr Chancengleichheit. In: Lernende Schule, Jg. 49, Heft 24, S. 4-9.

Böttcher, W. (2004): Des Lehrplans neue Kleider. In: neue deutsche schule, Jg. 56, Heft 3, S. 16.

Deutsches PISA-Konsortium (2001): PISA 2000. Basiskompetenzen von Schülerinnen und Schülern im internationalen Vergleich. Opladen.

Deutsches PISA-Konsortium (2003): PISA 2000. Ein differenzierter Blick auf die Länder der Bundesrepublik. Opladen.

Fürstenau, S./Gomolla, M. (Hrsg.) (2009): Migration und schulischer Wandel: Unterricht. Wiesbaden.

Geist, S./Seidensticker, W./Hollenbach, N. (2009): Zum Problem der Chancengleichheit von Kindern und Jugendlichen unterschiedlicher sozial-kultureller Herkunft an der Laborschule. Erhältlich in der Laborschule.

Giesecke, H. (1996): Wozu ist die Schule da? In: Fauser, P. (Hrsg.): Wozu die Schule da ist. Eine Streitschrift der Zeitschrift Neue Sammlung. Seelze, S. 5-16.

Gudjons, H. (Hrsg.) (2004): Themenheft „Die gute Präsentation". In: Pädagogik, Jg. 56, Heft 3.

Hentig, H. v. (1990): Bilanz der Bildungsreform in der Bundesrepublik Deutschland. In: Neue Sammlung, Jg. 30, Heft 3, S. 366-384.

Hermann, U. (2003): „Bildungsstandards" – Erwartungen und Bedingungen, Grenzen und Chancen. In: Zeitschrift für Pädagogik, 49. Jg., Heft 5, S. 625-639.

Hermann, U. (2004) : Schule im Jahre IV nach PISA. Ein 10-Punkte-Programm gegen die illusionären Erwartungen an Bildungsstandards. In: Pädagogik, Jg. 56, Heft 4, S. 38-41.

Heymann, H. W. (Hrsg.) (2004): Themenheft „Standardsicherung konkret". In: Pädagogik, Jg. 56, Heft 6.

Huber, L. (2002): Standards und Individuen – Wie kann sich die gymnasiale Oberstufe noch entwickeln? Abschiedsvortrag gehalten bei der Emeritierungsfeier am 5. Juli 2002.

Ingenkamp, K./Lüders, M. (2001): Dispositionsspielräume im Bereich der Schülerbeurteilung. In: Zeitschrift für Pädagogik, Jg. 47, Heft 2, S. 217-234.

Klieme, E. (2003): Benotungsmaßstäbe an Schulen. Pädagogische Praxis und institutionelle Bedingungen. In: Döbert, H. u.a. (Hrsg.): Bildung vor neuen Herausforderungen. Neuwied, S. 195-210.

Krainer, K. (2001): Die „Testwirklichkeit" nicht zur „Unterrichtswirklichkeit" machen! Oder: Standardisierte Leistungstest tragen zwar zur Generierung von Steuerungswissen bei, sind aber als Normvorgabe für den Unterricht kontraproduktiv. In: journal für schulentwicklung, Jg. 5, Heft 2, S. 33-44.

Lehmann, R./Peek, R. (1997): Aspekte der Lernausgangslage von Schülerinnen und Schülern der fünften Klassen an Hamburger Schulen. Hamburg.

Luhmann, N. (1990): Die Homogenisierung des Anfangs. Zur Ausdifferenzierung der Schulerziehung. In: Luhmann, N.: Zwischen Anfang und Ende. Fragen an die Pädagogik. Frankfurt a.M.

Luhmann, N. (1996): Takt und Zensur im Erziehungssystem. In: Luhmann, N./Schorr, K.-E. (Hrsg.): Zwischen System und Umwelt. Fragen an die Pädagogik. Frankfurt a.M., S. 279-294.

Merkelbach, V. (2001): Neue Akteure im alten Streit um ein anderes Schulsystem in Deutschland. Im Internet verfügbar unter: www.rz.uni-frankfurt.de/~merkelba/akteure.htm, bezogen auf PISA 2001, S. 485.

Orth, G. (2004) im Interview: Der Erwartungsdruck ist groß. In: neue deutsche schule. Jg. 56, Heft 3, S. 14-15.

Ramseger, J. (1993): Lernprozesse differenziert beurteilen. Neue Anforderungen an die Grundschule. In: Die Grundschulzeitschrift, 63, S. 6-8.

Rother, U./Schnack, J. (Hrsg.) (2004): Themenheft „Ganztagsschule". In: Pädagogik, Jg. 56, Heft 2.

Schleicher, A. (2004): Vortrag auf der Tagung „Blick über den Zaun" in Hofgeismar vom 18.-20. Mai 2004.

Schmerbitz, H./Seidensticker, W. (2007): Bericht zum Forschungs- und Entwicklungsprojekt „Migration an der Laborschule". Erhältlich in der Laborschule.

Schröter, G. (1981): Zensuren? Zensuren! Allgemeine und fachspezifische Probleme. Grundkenntnisse und neue Forschungsergebnisse für Lehrer, Eltern und interessierte Schüler. Baltmannsweiler.

Schümer, G./Weiß, M./Steinert, B./Baumert, J./Tillmann, K.-J./Meier, U. (2001): Lebens- und Lernbedingungen von Jugendlichen. In: Deutsches PISA-Konsortium (Hrsg.): PISA 2000. Opladen, S. 411-504.

Singer, W. (2002): Was kann ein Mensch wann lernen? In: Killius, N./Kluge, J./Reisch, L. (Hrsg.): Die Zukunft der Bildung. Frankfurt a.M., S. 78-99.

Steinthal, H. (1983): Über Zensuren. In: Becker, H./Hentig, H. v. (Hrsg.): Zensuren. Lüge – Notwendigkeit – Alternativen. Frankfurt a.M., S. 33 – 53.

Titze, H. (1981): Überfüllungskrisen in akademischen Karrieren. Eine Zyklustheorie. In: Zeitschrift für Pädagogik, Jg. 27, Heft 2, S. 187–224.

Thurn, S. (2005): Die Laborschule als polis, als Verantwortungsgemeinschaft. In: Watermann, R./Thurn, S./Tillmann, K.-J./Stanat, P. (Hrsg.): Die Laborschule im Spiegel ihrer PISA-Ergebnisse. Pädagogisch-didaktische Konzepte und empirische Evaluation reformpädagogischer Praxis. Weinheim, S. 181-187.

Watermann, R. (2005): Die Laborschule als polis, als Verantwortungsgemeinschaft. Empirische Befunde zur politischen Sozialisation. In: Watermann, R./Thurn, S./Tillmann, K.-J./Stanat, P. (Hrsg.): Die Laborschule im Spiegel ihrer PISA-Ergebnisse. Pädagogisch-didaktische Konzepte und empirische Evaluation reformpädagogischer Praxis. Weinheim, S. 189-200.

Kapitel 8

Markus Roos-Schüpbach

Ganzheitliches Beurteilen und Fördern als Feld der Schulentwicklung: Strategien im Schweizer Kanton Luzern

Die Beurteilung von Schülerinnen und Schülern stellt Lehrpersonen täglich vor anspruchsvolle Herausforderungen. Beispielsweise könnte eine Lehrperson im Zusammenhang mit einer durchgeführten Prüfung vor folgender fiktiven Situation stehen:

Schülerin A	hat alles verstanden, war aber zu langsam und konnte deshalb vier Aufgaben nicht lösen.
Schüler B	hat alles verstanden, war aber so nervös, dass vier Aufgaben falsch gelöst wurden.
Schülerin C	hat genau jene vier Aufgaben falsch gelöst, die sich auf ein und dasselbe Problem bezogen.
Schüler D	war krank und hat deshalb gar keine Aufgabe gelöst.
Schülerin E	hat bisher immer zwölf Aufgaben falsch gelöst, nun nur noch vier.
Schüler F	hat wegen seines Migrationshintergrundes vier Aufgaben sprachlich nicht verstanden und deshalb nicht gelöst, in seiner Erstsprache hätte er diese aber lösen können.

Wie lassen sich diese Leistungen angemessen beurteilen? Wie soll eine Beurteilung aussehen, welche die besondere Situation aller Kinder, also auch jene von fremdsprachigen Kindern berücksichtigt? Ist es angemessen, wenn die Beurteilung erst am Ende des Lernprozesses erfolgt oder müsste diese bereits in den Lernprozess integriert werden?

Eine mögliche Antwort gibt das Luzerner Beurteilungskonzept „Ganzheitlich Beurteilen und Fördern" (GBF): Unter Verzicht auf Schulnoten wird die kindliche Selbst-, Sozial- und Sachkompetenz von den Lehrpersonen, Eltern und Kindern auf Grund einer breiten Datenbasis *gemeinsam* beurteilt. Um eine möglichst große Förderwirkung zu entfalten, ist die Beurteilung teilweise bereits in den Lernprozess integriert. Dabei werden Kinder an den mit ihnen vereinbarten Lernzielen und an ihrem eigenen Fortschritt gemessen – jedoch nicht an den Leistungen anderer Kinder. Diese Form von Beurteilung anhand von Portfolios ist auf die Förderung der Stärken der Kinder ausgerichtet und nicht so sehr auf eine (vermeintlich) exakte Standortbestimmung oder Selektion.

GBF zielt nicht spezifisch auf Kinder mit Migrationshintergrund oder interkulturelle Pädagogik, sondern ganz grundsätzlich auf die Förderung einer heterogenen Schülerschaft beziehungsweise auf einen Unterricht für alle. Dies schließt hochbegabte Kinder, Kinder mit Lernschwächen, Mädchen und Jungen, Kinder verschiedener sozialer Schichten und Kinder mit Migrationshintergrund gleichermaßen ein. Ausgehend von einer großen Heterogenität der Kinder bezüglich Motivation, Interessen, sozialem Hintergrund, Leistungsfähigkeit, Verhaltensauffälligkeiten, (Lern-) Behinderungen, sprachlichen Kompetenzen, kulturellem Hintergrund usw. werden alle Kinder individuell gefördert.

Das Beurteilungskonzept GBF soll im Folgenden vorgestellt werden, indem dessen Idee in Theorie und Praxis erläutert wird. Anschließend werden die lokale Geschichte und Organisation dieser Beurteilungskonzeption sowie Erfahrungen und Erkenntnisse zu GBF dargestellt – insbesondere auch solche, die sich auf den Umgang mit migrationsbedingter Heterogenität beziehen.

1 Die Idee von „Ganzheitlich Beurteilen und Fördern"

Das Luzerner Beurteilungskonzept GBF nimmt verschiedene normative Setzungen vor. Beispielsweise stellt GBF die *Förderung* des Lernens und der kindlichen Entwicklung in den Mittelpunkt aller Überlegungen zur Beurteilung – und nicht etwa die *Selektion* (vgl. VÖGELI-MANTOVANI 2005, S. 1).

1.1 Theoretischer Hintergrund und normative Prämissen

GBF macht bei verschiedenen pädagogischen Traditionen und Denkrichtungen Anleihen. So lassen sich beispielsweise reformpädagogische Elemente einer ‚Pädagogik vom Kinde aus' erkennen, wie sie schon von Maria MONTESSORI vertreten wurden. Ebenso finden sich in GBF zentrale Anliegen der humanistischen Pädagogik und der konstruktivistisch ausgerichteten Lernpsychologie integriert.

Kasten 1 ▶	Theoretische Grundlagen von GBF
Reformpädagogik	Im Rahmen einer kindzentrierten ‚Pädagogik vom Kinde aus' sollen Kinder zu Selbstständigkeit, Selbstbestimmung, Eigenständigkeit, Verantwortung, Kooperation und Solidarität hin erzogen werden (vgl. EICHELBERGER 1997, S. 12).
Humanistische Pädagogik	Der ganze Mensch mit seinen Bedürfnissen, Gefühlen und seinem Denken steht im Mittelpunkt. Wichtig sind Akzeptanz, Empathie, Wachstum, Entwicklung und selbstinitiiertes Lernen (vgl. BERLINGER/BIRRI/ZUMSTEG 2006, S. 33).
Konstruktivistische Lernpsychologie	Wissen wird immer individuell gebildet (konstruiert), selbst in einem eng geführten Unterricht. Beim Aufbau von Wissen sind eigene Vorstellungen der Lernenden entscheidend beteiligt (vgl. WINTER 2004, S. 155).

Im Folgenden werden die für die Beurteilungskonzeption GBF zentralen Begriffe eingeführt und geklärt. Die daraus abgeleiteten normativen Prämissen von GBF werden in kursiver Schrift hervorgehoben.

1.1.1 Verzicht auf Noten

Traditionellerweise wird von Beurteilungen erwartet, dass sie objektiv, reliabel und valide sind (vgl. JÜRGENS 2005, S. 74-81).

Kasten 2 ▶	Gütekriterien der Beurteilung
Objektivität	Bei einem Wechsel der prüfenden Person bleiben die Ergebnisse gleich (kein persönlicher Einfluss der prüfenden Person).
Reliabilität	Die Messung wird exakt, das heißt genau, vorgenommen.
Validität	Es wird tatsächlich das zu beurteilende Merkmal gemessen – und nicht etwas anderes.

Eine erdrückende Beweislast zeigt seit Jahrzehnten, dass Schulnoten die genannten Gütekriterien in keiner Weise einlösen können und weit mehr von anderen Faktoren als der Leistungsfähigkeit der Schülerinnen und Schüler abhängen (vgl. BRÜGELMANN u.a. 2006, S. 16-27). Wenn Schulen trotzdem mit Noten arbeiten, so liegt dies nicht an deren hoher Beurteilungsqualität, sondern einerseits an der Einfachheit und Verrechenbarkeit von Noten und andererseits an Traditionen und politischem Beharrungsvermögen.

Auf Grund der Tatsache, dass Noten die Leistungen der Kinder nicht angemessen abbilden können und für die Förderung der Kinder nicht geeignet sind, verzichtet GBF konsequenterweise auf Schulnoten. Noten begünstigen den Vergleich mit anderen Kindern, was für schwache Kinder demotivierend und für starke wenig herausfordernd ist. Sie behindern eine ganzheitliche Förderung mehr als sie diese unterstützen.

1.1.2 Ganzheitlichkeit

Der Begriff ‚Ganzheitlichkeit' wird von GBF in verschiedenen Zusammenhängen verwendet. Ganzheitlichkeit kann zum einen so verstanden werden, dass zur Beurteilung nicht einseitig Prüfungen – also Produkte – herangezogen werden, sondern auch Prozesse, die sich in Beobachtungen und Arbeitsspuren niederschlagen. Zum anderen wird unter Ganzheitlichkeit der Einbezug aller Beteiligten verstanden: Kind, Eltern und (Fach-)Lehrpersonen werden gleichermaßen in die Beurteilung und Förderung einbezogen. Da GBF *nicht* primär der Selektion dient, zielt der Austausch unter den beteiligten Personen nicht auf eine Klärung, wer mit seiner Beurteilung recht hat. Der Dialog über das Selbst- und Fremdbild zielt vielmehr auf die Förderung des Kindes. Darüber hinaus ist mit Ganzheitlichkeit gemeint, dass nicht einseitig kognitive Dimensionen beurteilt und gefördert werden sollen, sondern genauso soziale und personale Aspekte sowie Ziele im Bereich der Lern- und Arbeitstechnik. In Anlehnung an Heinrich ROTH lassen sich diese Dimensionen als Sozial-, Selbst- und Sachkompetenz beschreiben (vgl. HOBMAIER u.a. 1996, S. 200f.).

Kasten 3 ▶	Grunddimensionen von Lernen und Entwicklung
Sozialkompetenz	Fähigkeit zur partnerschaftlichen Begegnung, produktive Teilnahme an Gruppenprozessen, aktive Auseinandersetzung mit gesellschaftlichen Entwicklungen, Begegnungsfähigkeit, Kommunikationsfähigkeit.
Sachkompetenz	Kenntnisse, sachliche Problemlösefähigkeit sowie Fähigkeit, Informationen zu verarbeiten und die dingliche Welt zu verändern.

Selbstkompetenz	Selbstakzeptanz, Kritikfähigkeit, Entscheidungsfähigkeit, Selbstbewusstsein, Selbsterkenntnis, Selbstbestimmung (vgl. HOBMAIER u.a. 1996, S. 200f.).

GBF beurteilt und fördert Kinder in den drei Bereichen Sozial-, Selbst- und Sachkompetenz ausgewogen, das heißt alle drei Bereiche sind im Unterricht, in der Beurteilung und Förderung gleichermaßen bedeutsam. Alle Beteiligten und Betroffenen werden in eine gemeinsame Beurteilung und Förderung eingebunden, die auf der Grundlage einer breiten Datenbasis vorgenommen wird. Die Entwicklung der Selbstbeurteilungsfähigkeit des Kindes stellt ein zentrales Anliegen dar, weil sie als Voraussetzung für die Entwicklung zu einem mündigen Menschen gilt.

1.1.3 Beurteilung gemäß Anforderung und Lernfortschritt

Die Frage, ob acht von zwölf möglichen Punkten eine gute oder schlechte Leistung darstellen, kann nur beantwortet werden, wenn ein Maßstab, eine sogenannte Bezugsnorm zur Verfügung steht. Dabei wird zwischen sozialer, kriterialer und individueller Bezugsnorm unterschieden (vgl. SACHER 2004, S. 87-101).

Kasten 4 ▶	Bezugsnormen der Beurteilung
Sozial	Leistungen eines Kindes werden bezogen auf die Leistung der ganzen Gruppe beurteilt.
Kriterial	Leistungen eines Kindes werden an den fachlich-sachlichen Anforderungen gemessen.
Individuell	Der individuelle Lernfortschritt eines Kindes wird beurteilt. (vgl. SACHER 2004, S. 87-101)

Der mit der *sozialen* Bezugsnorm einher gehende Wettbewerb kann zwar auf gewisse leistungsfähige Kinder motivierend wirken. Dabei darf aber nicht vergessen werden, dass die soziale Bezugsnorm systematisch Gewinnende und Verlierende produziert, weil nicht alle gleichzeitig gewinnen können. Kinder, die immer zu den Verlierenden gehören, werden systematisch entmutigt. Außerdem geben Sieg oder Niederlage an sich kaum Hinweise auf konkrete Fördermöglichkeiten.

Eine *kriteriale* Bezugsnorm ermöglicht es potenziell allen Kindern, erfolgreich zu sein, weil theoretisch alle Kinder die Lernziele erfüllen könnten. In Lehrplänen, Verordnungen oder Bildungsstandards ist die Schule verpflichtet, dafür zu sorgen, dass die Kinder bestimmte (Minimal-) Ziele erreichen – um dies zu überprüfen, eignet sich die kriteriale Bezugsnorm. Für sehr starke Kinder (aber auch für schwache) ist die kriteriale Bezugsnorm jedoch wenig geeignet, da es nicht herausfordernd ist, wenn Ziele immer beziehungsweise überhaupt nie erreicht werden können.

Die *individuelle* Bezugsnorm ist besonders geeignet, wenn es um die Förderung der Kinder geht. Eigene Fortschritte zu entdecken ist motivierend und förderlich. GBF versucht die soziale Bezugsnorm soweit als möglich zu vermeiden und setzt auf eine Kombination von kriterialer und individueller Bezugsnorm.

1.1.4 „Mehr Fördern, weniger auslesen"

Der schulischen Beurteilung werden viele verschiedene, teilweise widersprüchliche Funktionen zugeschrieben, so z.b. Selektion, Legitimation, Kontrolle, Prognose, Disziplinierung, Lehr- und Lerndiagnose, Lern- und Leistungserziehung sowie Information und Rückmeldung (vgl. SACHER 2004, S. 21-30). Häufig werden insbesondere drei Funktionen der Beurteilung unterschieden, die formative, summative und prognostische Funktion (vgl. THOMANN 2003, S. 191f.).

Kasten 5 ▶	Funktionen der Beurteilung
Formativ	Aufzeigen von Entwicklungsschritten während des laufenden Lernprozesses mit dem Ziel der weiteren Förderung beziehungsweise Förderplanung.
Summativ	Abschließendes, zusammenfassendes Urteil über die bis zu einem bestimmten Zeitpunkt erworbenen Kompetenzen im Sinne einer bilanzierenden Ergebnisorientierung.
Prognostisch	Aussagen über Zukunftsaussichten, z.B. im Hinblick auf Laufbahnentscheide und Selektion (vgl. THOMANN 2003, S. 191f.).

Oft beurteilen Lehrpersonen vor allem summativ, indem am Ende eines Themas eine Prüfung angesetzt wird. Unabhängig davon, ob die Kinder bei der summativen Prüfung dokumentieren, das Thema verstanden zu haben oder nicht, folgt das nächste Thema. So wird Förderung verunmöglicht.

Formative und prognostische Funktionen der Beurteilung werden von vielen Lehrpersonen als widersprüchlich erlebt. Um Kinder fördern zu können (formativ), ist es wichtig, dass sie Lehrpersonen ihre Lernschwierigkeiten, Unsicherheiten und Befindlichkeiten anvertrauen. Wenn die Lehrperson hingegen selektionieren muss (prognostisch), ist den Kindern kaum zu raten, der Lehrperson Einsicht in die eigenen Schwächen und Fehler zu geben, weil sie eine negative Selektion erwarten müssten.

Aus diesen Gründen zielt GBF auf eine massive Aufwertung der formativen gegenüber der prognostischen Funktion der Beurteilung (vgl. VÖGELI-MATNOVANI 1999). Die prognostische Funktion der Beurteilung soll nur an jenen wenigen Nahtstellen des Bildungssystems eingesetzt werden, wo tatsächlich selektiert werden muss. Im normalen Schulalltag geht es jedoch während vieler Schuljahre um Förderung und nicht um Selektion, zumal Schulen zunehmend integrativ arbeiten und möglichst wenige Kinder aussondern sollten.

1.1.5 Ressourcenorientierung

Eltern von Kleinkindern stellen Fortschritte ihres Kindes meist umgehend fest und teilen diese ihrer Umwelt mit: Unser Kind kann schon lächeln, greifen, sich drehen, gehen, sprechen usw. Sobald Kinder jedoch die Schule besuchen, schlägt diese ressourcenorienterte in eine defizitorientierte Perspektive um. Nun wird betont, was das Kind noch nicht kann (lesen, das Einmaleins usw.).

Wichtig wäre jedoch, dass Lehrpersonen ihre Aufmerksamkeit vermehrt auf die gelingenden Aspekte und damit auch auf die Ressourcen der Kinder richten (vgl. JOLLER-GRAF 2006, S. 110). Sonst zielen Fördermaßnahmen zu einseitig darauf ab, Fehler, Defizite und Schwächen zu beheben. Die ständige Arbeit an Schwächen ist jedoch für die Kinder wenig motivierend. Außerdem lassen sich letztlich nur Aspekte fördern, die mindestens in Ansätzen beim Kind schon vorhanden sind. Auf Lücken und Defizite kann schwerlich aufgebaut werden, auf Vorhandenes und auf Stärken hingegen schon.

Im Rahmen von so genannten Beurteilungsgesprächen hat das Kind ein Anrecht auf die Vereinbarung angemessener Fördermaßnahmen. Dabei setzt GBF bei den Stärken der einzelnen Kinder an und postuliert eine Ressourcen- statt einer Defizitorientierung. Kinder sollen entlang ihrer Stärken gefördert werden – manchmal können sie dabei derart über sich hinaus wachsen, dass sie Schwächen und Lücken selber beheben oder kompensieren können.

Mit Hilfe von Portfolios dokumentieren und reflektieren die Lernenden ihren Lernprozess und ihre Lernprodukte selbst, indem sie selbstständig auswählen, welche Lernspuren beziehungsweise Dokumente am besten geeignet sind, um nachvollziehbar zu machen, wie sie an den Lernzielen gearbeitet und inwiefern sie diese erreicht haben (vgl. HÄCKER 2007, S. 84ff.). Da das Kind zumeist gelungene Arbeiten im Portfolio aufbewahrt, empfiehlt sich dieses Instrument für eine ressourcenorientierte Beurteilungspraxis. Ein Portfolio ist aussagekräftiger als eine Note, weil sich Außenstehende selbst ein Bild über das Lernen des Kindes verschaffen können und nicht auf die fehlerbehaftete Notenbeurteilung der Lehrperson angewiesen sind. Probleme der Objektivität, Reliabilität und Validität werden mit Portfolios minimiert. Eine Beurteilung gemäß der sozialen Bezugsnorm ist mit Portfolios nicht möglich.

GBF arbeitet mit Portfolios, weil diese ressourcen- und förderorientiert sind und eine Beurteilung entlang der individuellen und kriterialen Bezugsnorm ermöglichen.

1.2 Beurteilungs- und Förderpraxis

Mit GBF wurden die Lehrpersonen angeleitet, ihren Unterricht konsequent entlang des so genannten Förderkreislaufes zu gestalten. Dieser Förderkreislauf stellt das einzelne Kind und dessen Entwicklung ins Zentrum und befasst sich mit vier zentralen Phasen jedes Lernprozesses (vgl. Abb. 1).

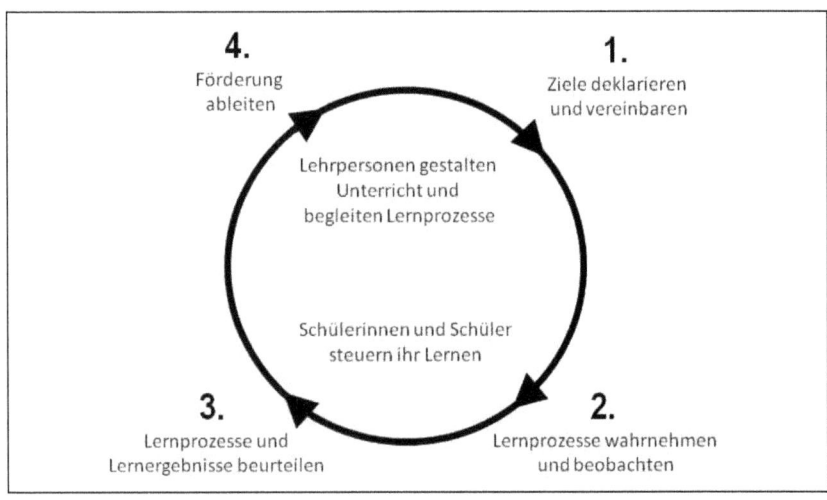

Abb. 1: GBF-Förderkreislauf (vgl. Luzerner Amt für Volksschulbildung 2005)

Der Förderkreislauf stellt zentrale Anforderungen von GBF an einen förderorientierten Unterricht dar. Damit dieser Förderkreislauf in den Unterricht integriert werden kann, ist es unabdingbar, dass Lehrpersonen zumindest teilweise mit erweiterten Lehr- und Lernformen (ELF) wie z.B. Planarbeit, Werkstattunterricht, Projektarbeit, Freiwahlarbeit usw. arbeiten. Nur so finden sie im Unterricht Zeit für Beobachtungen, Fördergespräche usw. Im Folgenden werden die vier Phasen in aller Kürze vorgestellt.

1.2.1 Phase 1: Ziele vereinbaren

Lernziele können von der Lehrperson vorgegeben, vom Kind selbst gesetzt oder gemeinsam (eventuell mit den Eltern) ausgehandelt werden. Es handelt sich dabei einerseits um objektive Anforderungen von außen (Lehrplan) und andererseits um individuelle Zielsetzungen, die nach dem Prinzip der optimalen Passung auf das einzelne Kind zugeschnitten werden. Dazu ist es sinnvoll, zu Beginn eines neuen Themas zunächst eine Lernstandsanalyse mit dem Kind vorzunehmen, um daraus angemessene individuelle Ziele abzuleiten. Lernziele beziehen sich in ausgewogener Gewichtung auf Aspekte der Selbst-, Sozial- und Sachkompetenz. Eine intensive Arbeit an den Lernzielen setzt voraus, dass alle Ziele allen Beteiligten bekannt sind, weil nur mit dieser Lernzieltransparenz eine effiziente Zielerreichung sowie eine Selbstbeurteilung ermöglicht werden kann. Außerdem kann das Kind nur in die Planung seines Lernweges einbezogen werden, wenn es das Ziel genau kennt.

1.2.2 Phase 2: Lernprozesse beobachten

Aufgrund der gemeinsam definierten Lernziele beobachtet die Lehrperson die Lernprozesse der Kinder ausdauernd und präzise, weil nur mit gezielten Beobachtungen eine anschließende Beurteilung und Förderung möglich ist. Unter dem Beobachten wird ein Handeln mit dem Kind verstanden, welches der Lehrperson hilft, dem kindlichen Denken auf die Spur zu kommen. Über spontan festgehaltene Beobachtungen hinaus können kriterienorientierte Beobachtungsraster für die Erfassung und Dokumentation von Beobachtungen hilfreich sein. Um die Beobachtungssituation effizient zu gestalten, kann die Lehrperson auch Lernkontrollen (,Prüfungen') einsetzen – mit solchen „veranstalteten Beobachtungen" erhält die Lehrperson viele differenzierte Hinweise auf den Lernstand der Kinder.

Damit die formative Funktion der Beurteilung gewahrt bleiben kann, sollten diese Lernkontrollen allerdings nicht nur am Ende, sondern vermehrt bereits in der Mitte des Lernprozesses angesetzt werden. So bleibt genügend Zeit für die anschließende Förderung. Da die Lernkontrollen nicht benotet werden müssen, braucht die Lehrperson keine Punkte zu vergeben. Es reicht die qualitative Überprüfung, welche Lernziele von welchem Kind erreicht wurden – verbunden mit der Überlegung, welche Fördermaßnahmen nun angezeigt wären.

Neben der Fremdbeobachtung darf aber auch die Selbstbeobachtung durch das Kind nicht vernachlässigt werden. In diesem Zusammenhang werden die Kinder angeleitet, sich selber entlang der vereinbarten Kriterien zu beobachten und ihre Beobachtungen festzuhalten. Zum Aufbau der Selbstbeobachtungsfähigkeit eignet sich die gegenseitige Beobachtung der Kinder (Peer-Beobachtung). Unter Anleitung der Lehrperson beobachten sie ihre Lernpartnerin beziehungsweise ihren Lernpartner und tauschen ihre Beobachtungen zu den jeweiligen Kriterien mündlich, schriftlich oder in einer anderen Form aus. Zur Selbstbeurteilung dokumentieren und reflektieren die Kinder ihre Lernspuren außerdem in einem Portfolio. Dies kann die Kinder beim Aufbau der Selbstbeurteilungsfähigkeit ebenfalls unterstützen.

1.2.3 Phase 3: Lernprozesse beurteilen

Beurteilen ist eine förder- und ressourcenorientierte Standortbestimmung für das Lernen des Kindes, die aufgrund unterschiedlicher Beobachtungen entlang der individuellen und kriterialen Bezugsnorm vorgenommen wird. Die Kinder beurteilen ihr Lernen ebenfalls und vergleichen ihre Selbstbeurteilung mit der Fremdbeurteilung durch die Lehrperson. In formativen Schülergesprächen während des Unterrichts bespricht die Lehrperson ihre Beurteilungen mit dem Kind. An den etwa zweimal jährlich stattfindenden Beurteilungsgesprächen mit Eltern, Kind und Lehrperson stellt das Kind sein Portfolio vor und beurteilt sich selbst. Lehrperson und Eltern ergänzen die Selbstbeurteilung soweit als nötig durch ihre Fremdbeurteilung, wobei alle drei Perspektiven als gleichwertig betrachtet werden. Entstandene Missverständnisse oder Uneinigkeiten können im Dialog direkt geklärt werden. Da die Beurteilung primär auf die Förderung des Kindes zielt, ist eine Einigung der beteiligten Personen auf ‚die richtige Beurteilung' nicht zwingend. Zur Abrundung wird von der Lehrperson in einem Beurteilungsraster im Sinne einer summativen Beurteilung festgehalten, welche Lernziele das Kind aus ihrer Sicht erreicht hat (kriteriale Bezugsnorm). Die Lehrperson belegt ihre Einschätzungen dabei mit Beobachtungen oder Dokumenten aus dem Portfolio – ohne Noten.

1.2.4 Phase 4: Lernende fördern

Die Lehrperson berät, begleitet und unterstützt das Kind auf seinem Lernweg; diese Förderung wird in der Beurteilungskonzeption GBF als Hauptaufgabe der Lehrperson betrachtet. Aus den formativen Schülergesprächen während des Unterrichts und aus dem Beurteilungsgespräch mit Eltern, Kind und Lehrperson resultieren Fördervereinbarungen mit dem Kind, die zu einem späteren Zeitpunkt wieder überprüft werden. Fördermaßnahmen können z.B. in einer individuellen Erweiterung oder Reduktion der Lernziele bestehen, womit ein neuer Durchgang des GBF-Förderkreislaufes initiiert wird. Um das Kind zu fördern, muss die Lehrperson förderliche Rahmenbedingungen schaffen, bei den Stärken des Kindes ansetzen und ihm Zeit für seine Entwicklung lassen. Eine förderliche Wirkung geht auch von Lernjournalen aus, in denen die Kinder ihr Lernen reflektieren. Im Rahmen von Lernpartnerschaften, die über ein paar Wochen oder Monate hinweg konstant bleiben, können sich die Kinder überdies gegenseitig unterstützen.

Werden die vier soeben beschriebenen Phasen des Förderkreislaufs sauber aufeinander abgestimmt durchlaufen, so profitiert das Kind von einer stark auf Förderung ausgerichteten Beurteilung. Wie dieser Förderkreislauf in den Luzerner Primarschulen implementiert wurde, zeigt das folgende Kapitel auf.

2 Geschichte und Organisation von GBF

Nachdem in den bisherigen Kapiteln die Idee von GBF erläutert wurde, soll in diesem Kapitel sichtbar werden, dass sich GBF nicht von allein verbreitete. Vielmehr war eine komplexe, auf mehrere Jahre angelegte Projektorganisation nötig, um die GBF-Idee an den Schulen nachhaltig zu implementieren. Auf diese Aspekte wird im Folgenden eingegangen.

2.1 Projektgeschichte

Der Schweizer Kanton Luzern führte von 1988 bis 2005 das Projekt GBF durch. Nach Abschluss des Projekts wurde die Idee von GBF als neue Beurteilungskonzeption im Kindergarten und der ersten beziehungsweise zweiten Klasse verbindlich eingeführt; in den höheren Klassen der Primarschule wurde eine reduzierte Variante (kombiniert mit Noten) implementiert.

Nachträglich lassen sich zwei Vorläufer dieses Projekts ausmachen. Einerseits etablierte sich in den 1980er Jahren im Kanton Luzern die Basisbewegung „Schule ohne Noten" (SONO). Dieser, mit viel Engagement ergriffenen, Initiative von Unterrichtspraktikerinnen und -praktikern fehlte allerdings ein theoretisches Fundament sowie eine akzeptable Alternative für die Beurteilung von Lernfortschritten und Verhalten (vgl. VÖGELI-MANTOVANI 2005, S. 1).

Andererseits forderte das schweizerische Projekt zur „Situation der Primarschule" (SIPRI) etwa zur gleichen Zeit, in der Mitte der Achtzigerjahre, unter anderem folgende vier Weiterentwicklungen: (1) lernprozesssteuernde Beurteilung, (2) konsequente Lernzielorientierung, (3) Förderung der Selbstbeurteilungsfähigkeit von Schülerinnen und Schülern und (4) Einbezug und Mitsprache der Eltern (vgl. THEILER 1997, S. 14). In der Folge haben sich verschiedene Schweizer Kantone bemüht, diese Postulate umzusetzen – in besonders konsequenter Weise ist dies dem Kanton Luzern mit GBF gelungen.

Die erste Projektphase von GBF (1988-92) war ausschließlich auf freiwillige Lehrpersonen der 1./2. Primarklassen ausgerichtet. Ab 1993 wurde das Projekt dann auf die 3. bis 6. Primarklasse ausgeweitet (vgl. THEILER 1997, S. 16). Die GBF-Projektphase III, welche von Schuljahr 98/99 bis 02/03 dauerte, sollte

GBF auf zwei unterschiedlichen Ebenen gleichzeitig weiterführen: (1) GBF als lokales Teamentwicklungsprojekt für freiwillige Schulteams der Klassen 1-6 und (2) GBF als flächendeckendes Beurteilungsmodell auf der Unterstufe (1./2. Klasse) des Kantons Luzern (vgl. THEILER 1997, S. 16ff.). Im Zuge dieser drei GBF-Projektphasen hat sich die Idee von GBF im Kanton Luzern seit 1988 kontinuierlich verbreitet.

Auf Grund veränderter politischer Rahmenbedingungen wurde GBF ab 2005 auf die erste und zweite Klasse beschränkt und dort flächendeckend umgesetzt. Ab der dritten Klasse müssen die Lehrpersonen heute wieder Noten erteilen. Ausschlaggebend für diesen Wechsel waren politische Meinungen und nicht wissenschaftliche beziehungsweise pädagogische Fakten und Erkenntnisse. Die normativen Prämissen von GBF – beispielsweise die Betonung der Förderung gegenüber der Selektion – wurden vom damaligen Parlament nicht mehr für alle Schulstufen mitgetragen. Dennoch blieben viele Ideen von GBF auch in der dritten bis sechsten Klasse erhalten, wie z.B. die Lernzielorientierung, die Selbstbeurteilung, die Beurteilungsgespräche oder die Forderung, dass nicht alle Kinder zum gleichen Zeitpunkt geprüft werden müssen. Viele Lehrpersonen der dritten bis sechsten Primarklasse versuchen seither, Noten soweit als möglich mit der Idee von GBF zu kombinieren.

2.2 Projektorganisation

Das Projekt GBF durchlief unterschiedliche Phasen und suchte nach einer ständigen Optimierung. Dies erschwert eine zusammenfassende Darstellung der Projektorganisation, weil sich auch diese laufend veränderte.

Die Projektleitung bestand aus einem vollamtlichen Projektleiter, einem dreiköpfigen Steuerungsgremium und einem etwa zehnköpfigen Kader, das die Weiterbildungen durchführte. Weiterbildungsveranstaltungen wurden jeweils von einem Tandem durchgeführt, das aus einer praktisch tätigen GBF-Lehrperson und einer Person mit einer vertieften theoretisch-wissenschaftlichen Weiterbildung (Universitätsstudium) bestand.

Lehrpersonen konnten sich zunächst freiwillig für die GBF-Weiterbildung anmelden. Bald aber stellten gewisse Gemeinden nur noch Lehrpersonen an, welche die GBF-Weiterbildung besucht hatten oder beabsichtigten diese zu besuchen. Außerdem wurden auch Lehrpersonen von der Schulleitung, der Schulpflege (politisch-strategische Steuerungsebene) oder von Eltern aufgefordert, die GBF-Weiterbildung zu absolvieren. Nach einer längeren Weiterbildung durften die Lehrpersonen mit dem Beurteilungskonzept GBF arbeiten.

3 Erfahrungen und Ergebnisse

Die einzelnen Elemente von GBF sind für sich genommen wenig spektakulär. Werden diese jedoch entlang des vorgestellten Förderkreislaufs zu einem stimmigen Ganzen zusammengefügt und entlang der normativen Prämissen von GBF umgesetzt, so entsteht eine neue, förderorientierte Unterrichtskultur. Dies geschieht in den meisten Fällen nicht von heute auf morgen. Normalerweise benötigen Lehrpersonen etwa vier bis sechs Jahre, um ihren Unterricht konsequent auf GBF umzustellen. Diese Umstellungszeit ist naturgemäß ein Suchprozess, der auch von Krisen und Problemen begleitet ist. Haben Lehrpersonen ihren Unterricht jedoch einmal umgestellt, so möchten die meisten nicht mehr zum traditionellen Unterricht zurück.

Damit es Lehrpersonen gelingt, GBF in ihren Klassen umzusetzen, benötigen sie einerseits konkrete Werkzeuge wie Beobachtungsraster, Lernzielformulierungen, Beurteilungsraster, Anleitungen zur Selbstbeobachtung und -beurteilung von Schülerinnen und Schülern, differenzierende Lehrmittel und weitere Förderinstrumente(vgl. z.B. www.zebis.ch → Unterricht → Unterrichten → Beurteilen). Diese Instrumente können ihre Wirkung aber nur entfalten, wenn sie von der Lehrperson mit der entsprechenden Förderhaltung eingesetzt werden. Dies bedeutet hier unter anderem, dass sich die Lehrperson mit den eingangs vorgestellten normativen Prämissen von GBF identifiziert.

Die Umsetzung von GBF konnte nur gelingen, weil Lehrpersonen in einer intensiven Weiterbildung darauf vorbereitet wurden. Während Phase II dauerte die Weiterbildung 13 Tage, in Phase III immerhin noch eine Blockwoche sowie drei Nachbetreuungshalbtage und Hospitationen, welche die Nachhaltigkeit sicherten. Als weitere Erfolgsfaktoren von GBF können die Freiwilligkeit der Teilnahme und die hohe fachliche und didaktische Kompetenz des GBF-Kaders betrachtet werden.

In der Dissertation des Autors (vgl. Roos 2001, S. 146ff.) finden sich einige Erkenntnisse bezüglich fremdsprachiger Schülerinnen und Schüler beziehungsweise Eltern, die im Folgenden schlaglichtartig vorgestellt werden sollen: Von den 1239 Kindern, welche die Lehrpersonen bei der ersten Fragebogenerhebung 1998 unterrichteten, waren 24% fremdsprachig, was im Mittel 4,4 fremdsprachigen Kindern pro Klasse entspricht. Schülerinnen und Schüler aus dem ehemaligen Jugoslawien und aus Italien waren darunter besonders häufig anzutreffen.

Die Untersuchung des Einflusses fremdsprachiger Kinder erhärtete die These des GBF-Kaders, wonach gerade ein hoher Anteil fremdsprachiger Kinder die Lehrperson zu einem individuelleren und förderorientierteren Unterricht ‚zwingt': Je mehr fremdsprachige Kinder eine Lehrperson in ihrer Klasse unterrichtete, desto eher berücksichtigte sie schon vor dem Einstieg ins Projekt GBF die kriteriale und die individuelle Bezugsnorm. Je höher der Anteil fremdsprachiger Kinder in einer Klasse, desto eher war die Lehrperson außerdem bereits vor Projekteinstieg der Ansicht, dass fördernde Kommentare einer Note überlegen seien und desto eher wurden dem Kind Stärken zurückgemeldet. Dies sind Hinweise darauf, dass ein Unterricht im Sinne von GBF für Klassen mit vielen fremdsprachigen Kindern besonders geeignet ist.

Viele Elemente von GBF basieren tendenziell auf Sprache, was hohe sprachliche Kompetenzen aller Beteiligter voraussetzt. So müssen die Kinder etwa die Lernziele und deren Kriterien verstehen oder selber formulieren, Beobachtungen über das eigene Lernverhalten verbalisieren und reflektieren, sich selber oder andere Kinder verbal beurteilen und Fördermaßnahmen formulieren können. Dies ist für fremdsprachige Kinder oft schwierig. Auf der anderen Seite ist GBF gerade deswegen ein hervorragendes Lernfeld zur Entwicklung sprachlicher Kompetenzen. Mit etwas Phantasie gelingt es Lehrpersonen außerdem mit Bildern, Symbolen, Gesten usw. die Sprachlastigkeit von GBF zu reduzieren. Durch solche Methoden ist GBF auch im Kindergarten, in der Arbeit mit geistig behinderten Kindern oder in der Arbeit mit Kindern mit sprachlichen Schwierigkeiten einsetzbar.

Da Lehrpersonen mit einem hohen Anteil fremdsprachiger Kinder in ihren Klassen bereits vor Beginn der Weiterbildung Strategien gefunden hatten, die sich weitgehend mit jenen von GBF decken, konnten sie in der Weiterbildung weniger profitieren als andere Lehrpersonen, zumal Fremdsprachigkeit oder Interkulturalität in der Weiterbildung nicht ausdrücklich thematisiert wurde.

Einige Lehrpersonen befürchteten in den durchgeführten Interviews Probleme mit fremdsprachigen Eltern. Im Fragebogen gaben über 60% der 245 befragten Lehrpersonen mit zwei Jahren GBF-Erfahrung an, dass Elterngespräche mit fremdsprachigen Eltern (eher) kompliziert seien. Etwa die Hälfte der Lehrpersonen meldete Probleme bei einzelnen Gesprächen mit fremdsprachigen Eltern, weil diese schwerfällig seien (Übersetzungen, Missverständnisse).

Bei Gesprächen mit fremdsprachigen Eltern müssen sich Lehrpersonen bewusst sein, dass die Mitarbeit einer sprachlichen Übersetzerin oder eines Übersetzers nicht ausreicht. Vielmehr muss der ganze soziokulturelle Hintergrund jeweils mitübersetzt werden – auf beiden Seiten. Lehrpersonen können die Kinder nur angemessen fördern, wenn sie deren Lebensbedingungen kennen. Und Eltern können ihren Teil zur Förderung besser beitragen, wenn sie unser Schulsystem samt seinen Werten und Normen im Zusammenhang mit Bildung besser verstehen (vgl. FÜRSTENAU/GOMOLLA 2009).

Eltern fremdsprachiger Kinder unterschieden sich primär bezüglich ihres Leistungsbegriffs und ihrer Leistungserwartungen von einheimischen Eltern.

Fremdsprachige Eltern waren einerseits stärker der Ansicht, ihre Kinder müssten in der Schule immer weniger leisten. Andererseits beklagten sich fremdsprachige Eltern vermehrt darüber, dass die Schulleistungen ihres Kindes ihre Erwartungen nicht erfüllen würden und dass ihre Kinder zu viele Lernkontrollen, Tests oder Prüfungen bewältigen müssten. Bei Eltern schweizerdeutschsprachiger Kinder erhielt die kriteriale Bezugsnorm der Beurteilung einen höheren Stellenwert als bei fremdsprachigen Eltern (höhere Zustimmung), dafür glaubten Eltern fremdsprachiger Kinder eher, die Kinder würden sich mit GBF mehr anstrengen.

Wie aus Interviews mit der Projektleitung hervorging, argumentieren einige Lehrpersonen mit einem hohen Anteil fremdsprachiger Kinder, in ihrer Klasse sei eine sinnvolle Umsetzung von GBF nicht möglich. Andere Lehrpersonen dagegen fanden, eine solche Klasse sei überhaupt nur mit GBF sinnvoll zu unterrichten, weil GBF eine individuelle Förderung der einzelnen Kinder in einer heterogenen Klasse erst ermögliche.

4 Zusammenfassung

Schulnoten haben keine Förderorientierung und können die Gütekriterien Objektivität, Reliabilität und Validität nicht einlösen. Deshalb verzichtet das Luzerner Schulentwicklungsprojekt ‚Ganzheitlich Beurteilen und Fördern' auf Schulnoten um eine ganzheitliche Beurteilung und Förderung der Selbst-, Sozial- und Sachkompetenz vorzunehmen. Eltern sowie Schülerinnen und Schüler beurteilen Lernprozesse und -produkte vor dem Hintergrund einer breiten Datenbasis *gemeinsam*. Dabei werden die Kinder an der kriterialen und individuellen Bezugsnorm gemessen, während die soziale Bezugsnorm vermieden wird. Die Beurteilung ist primär formativ (und teilweise summativ), kaum aber prognostisch-selektiv ausgerichtet. Entsprechend der Förderabsicht kommt der unter anderem mit Portfolios umgesetzten Ressourcenorientierung ein hoher Stellenwert bei der Beurteilung und Förderung zu.

Der Ansatz von ‚Ganzheitlich Beurteilen und Fördern' eignet sich für die Beurteilung und Förderung aller Kinder – und damit insbesondere auch für Kinder mit Migrationshintergrund. In der Unterrichtspraxis arbeiten die Lehrpersonen mit einem vierphasigen Fördermodell, das sich am besten in Kombination mit erweiterten Lehr- und Lernformen umsetzen lässt. In der ersten Phase werden mit den Kindern (zum Teil individuell) Lernziele vereinbart, um anschliessend zu planen, wie diese erreicht werden könnten. Im Sinne von Selbst- und Fremdbeobachtung behalten Kind und Lehrperson den Lernprozess des Kindes im Blick. Während dieser zweiten Phase dokumentiert und reflektiert das Kind seinen Lernprozess im Portfolio. In der dritten Phase nehmen Lehrperson und Kind eine Beurteilung vor und vergleichen diese mit der, an der individuellen oder kriterialen Bezugsnorm ausgerichteten, zumeist formativen und ressourcenorientierten Beurteilung. Am periodisch angesetzten Beurteilungsgespräch mit Eltern, Kind und Lehrperson stellt das Kind seinen Lernprozess anhand seines Portfolios vor. Eltern und Lehrperson ergänzen die Selbstbeurteilung des Kindes durch ihre Fremdbeurteilung. In einem summativ ausgerichteten Beurteilungsraster wird dokumentiert, welche Lernziele das Kind erreicht hat, um daraus in der vierten und letzten Phase Fördermaßnahmen für das Kind abzuleiten. Bei diesen gemeinsam erarbeiteten Fördermaßnahmen kann es sich auch um neue Lernziele handeln.

Wenn bei der Selektion alle Kinder, auch fremdsprachige, über den gleichen Leisten geschlagen werden müssen, kann ihrer besonderen Situation und ihrem Potenzial nicht so gut Rechnung getragen werden, wie dies mit GBF möglich wäre. Die Chancengerechtigkeit sinkt. Um GBF aber auf die ganze obligatorische Schulzeit auszudehnen und eine chancengerechte, integrative Schule für alle zu etablieren, wäre auch in der Schweiz noch viel Aufklärungsarbeit zu leisten.

Wie bereits mehrfach betont, ist GBF auf die Förderung und nicht auf die Selektion ausgerichtet. Da die Kinder im Kanton Luzern am Ende der sechsten Klasse für die verschiedenen Typen der Sekundarstufe I selektioniert werden, sinkt die Akzeptanz von GBF in den höheren Primarschulklassen bei allen Beteiligten. Obschon die vielfältigen und differenzierten Beobachtungen und Beurteilungen im Rahmen von GBF die Selektion eigentlich unterstützen könnten, stellt die Selektion mit ihrem Anspruch auf Objektivität und Trennschärfe Ansprüche, die GBF genauso wenig einlösen kann wie andere Verfahren (z.B. Noten).

Erfahrungsgemäß wenden einzelne Lehrpersonen gegen das GBF-Fördermodell ein, dass sie keinen Raum für etwas Zusätzliches in ihrem Unterricht hätten. Diesen Lehrpersonen ist entgangen, dass das Fördermodell nicht additiv zum Unterricht hinzukommt, sondern dass das Fördermodell den Unterricht schlechthin darstellt, denn: Was sollte Schule sonst tun, wenn sie nicht Ziele vereinbart, Lernprozesse initiiert, beobachtet und beurteilt sowie Lernende fördert?

Fragen und Denkanstöße

1. Wie funktioniert der Förderkreislauf von GBF?
2. Wie unterstützt GBF fremdsprachige oder sozial benachteiligte Kinder?
3. Wie würden GBF-Lehrpersonen mit den Schülerinnen und Schülern A bis F (siehe Einleitung dieses Beitrags) umgehen?
4. Welche Elemente von GBF können Lehrpersonen jederzeit umsetzen, selbst wenn sie mit Noten arbeiten müssen?
5. Welche (lokalen) Rahmenbedingungen müssten verändert werden, damit Schulen die Ideen von GBF umfassend umsetzen könnten?
6. Was müsste im Zeugnis bedacht werden, damit die Situation fremdsprachiger Kinder optimal berücksichtigt werden kann?
7. Wie müsste GBF weiter entwickelt werden, um die Situation fremdsprachiger und/oder sozial benachteiligter Kinder noch besser zu berücksichtigen?

Literaturempfehlungen

BRÜGELMANN, H. u.a. (2006): Sind Noten nützlich und nötig? Ziffernzensuren und ihre Alternativen im empirischen Vergleich. Frankfurt a.M.
In dieser wissenschaftlichen Expertise des Grundschulverbandes (Arbeitsgruppe Primarstufe) findet sich ein Vergleich zwischen Ziffernnoten und ihren Alternativen, der auf verschiedenen empirischen Studien basiert. Die Expertise arbeitet den aktuellen Stand des Wissens im Zusammenhang mit der Schülerbeurteilung in einem knappen Überblick auf.

AMT FÜR VOLKSSCHULBILDUNG (2005): Ganzheitlich Beurteilen und Fördern. Umsetzungshilfe 1./2. Klasse, 2005 (CD-ROM und DVD). Luzern. Zu bestellen unter: www.volksschulbildung.lu.ch/index/ganzheitlich-beurteilen-foerdern. html
Bei diesem Medium handelt es sich um eine CD-ROM und eine DVD. Auf der DVD finden sich zwei Beurteilungsgespräche mit Eltern, Kind und Lehrperson, die zwar auf Schweizerdeutsch geführt werden, aber dennoch einen guten Einblick geben, wie solche Beurteilungsgespräche ablaufen können. Auf der CD-ROM finden sich verschiedene Umsetzungshilfen (Checklisten, Lernzielkataloge, Powerpointpräsentationen usw.) zu GBF.

ROOS, M. (2001): Ganzheitliches Beurteilen und Fördern in der Primarschule. Chur.
In diesem Buch lassen sich sowohl theoretische Hintergründe und Darstellungen der Projektorganisation als auch Evaluationsergebnisse zu GBF im Kanton Luzern ausführlich nachlesen.

Literaturverzeichnis

Amt für Volksschulbildung (2005): Ganzheitlich Beurteilen und Fördern. Umsetzungshilfe 1./2. Klasse (CD-ROM und DVD). Luzern.

Berlinger, D./Birri, T./Zumsteg, B. (2006): Vom Lernen zum Lehren. Ansätze für eine theoriegeleitete Praxis. Bern.

Brügelmann, H./Backhaus, A./Brinkmann, E./Coelen, H./Franzkowiak, T./Knorre, S./ Oser, E./Roth, S. (2006): Sind Noten nützlich und nötig? Ziffernzensuren und ihre Alternativen im empirischen Vergleich. Frankfurt a.M.

Eichelberger, H. (Hrsg.) (1997): Lebendige Reformpädagogik. Innsbruck.

Fürstenau, S./Gomolla, M. (Hrsg.) (2009): Migration und schulischer Wandel: Elternbeteiligung. Wiesbaden.

Joller-Graf, K. (2006): Lernen und Lehren in heterogenen Gruppen. Zur Didaktik des integrativen Unterrichts. Donauwörth.

Jürgens, E. (2005): Leistung und Beurteilung in der Schule. Eine Einführung in Leistungs- und Bewertungsfragen aus pädagogischer Sicht. Sankt Augustin.

Häcker, T. (2007): Portfolio. Ein Entwicklungsinstrument für selbstbestimmtes Lernen. Hohengehren.

Hobmair, H./Altenthan, S./Dirrigl, W./Gotthardt, W./Höhlein, R./Ott, W./Pöll, R./Schneider, K.-H. (1996): Pädagogik. Köln.

Roos, M. (2001): Ganzheitliches Beurteilen und Fördern in der Primarschule. Chur.

Sacher, W. (2004): Leistungen entwickeln, überprüfen und beurteilen. Bewährte und neue Wege für die Primar- und Sekundarstufe. Bad Heilbrunn.

Theiler, P. (1997): Bald notenfreie Beurteilung und Förderung in allen 1. und 2. Klassen der Primarschulen? In: Mitteilungsblatt, Heft 2. Erziehungs- und Kulturdepartement des Kanton Luzern, Luzern.

Thomann, G. (2003): Ausbildung der Ausbildenden. Exemplarische Materialien aus sieben Kompetenzbereichen zur Vor- und Nachbereitung von komplexen Praxissituationen. Bern.

Vögeli-Mantovani, U. (1999): Mehr fördern, weniger auslesen. Zur Entwicklung der schulischen Beurteilung in der Schweiz. Trendbericht SKBF Nr. 3., Schweizerische Koordinationsstelle für Bildungsforschung Aarau.

Vögeli-Mantovani, U. (2005): Ganzheitlich Beurteilen und Fördern. Ein Leuchtturm in der Schweizer Bildungslandschaft. In: Amt für Volksschulbildung: Ganzheitlich Beurteilen und Fördern. Umsetzungshilfe 1./2. Klasse. Luzern.

Winter, F. (2004): Leistungsbewertung. Eine neue Lernkultur braucht einen anderen Umgang mit den Schülerleistungen. Grundlagen der Schulpädagogik. Baltmansweiler.

Kapitel 9

Florian Waldow

Gerechtigkeit, Leistungsbeurteilung und Schuldifferenzierung in Deutschland und Schweden

Wie ein gerechtes System der Leistungsbeurteilung beschaffen sein soll, ist eine brisante Frage, die immer wieder Gegenstand heftiger Diskussionen ist (vgl. INGENKAMP 1989b) – übrigens nicht erst in unseren Tagen (vgl. BOBERTAG 1933). Ein wichtiger Grund für die Brisanz dieser Frage liegt in der Rolle des Schulsystems bei der Verteilung von Lebenschancen. In allen westlich-demokratischen Gesellschaften sollen Lebenschancen auf der Basis von individueller Leistung oder Leistungsfähigkeit gerecht verteilt werden, nicht etwa auf der Basis so genannter askriptiver Kriterien wie Vermögen, sozialer Herkunft, ethnischer Zugehörigkeit, Migrationsstatus etc. Eine solche Gesellschaftsordnung, in der individuelle Leistung beziehungsweise Leistungsfähigkeit für die Zuweisung von Lebenschancen bestimmend sein soll, nennt man ‚Meritokratie'. Die bildungssoziologische Forschung hat jedoch wiederholt aufgezeigt, dass in der Praxis Kriterien wie soziale Herkunft, ethnische Zugehörigkeit und Vermögen nach wie vor entscheidend für den Bildungserfolg und damit für die Zuweisung von Lebenschancen sind (vgl. BLOSSFELD/SHAVIT 1993); insofern handelt es sich bei der Kennzeichnung einer Gesellschaft als ‚Meritokratie' um die Beschreibung ihres *Leitideals*, nicht aber um eine Beschreibung ihrer tatsächlichen Funktionsweise (vgl. SOLGA 2005).

Die Bestimmung der individuellen Leistung oder Leistungsfähigkeit geschieht nun ganz wesentlich über Bildungszertifikate und die mit ihnen verknüpften Beurteilungen von Schülerleistung. Die Bestimmung und der Vergleich der Fähigkeiten und Leistungen von Schülerinnen und Schülern werden so zur Schlüsseloperation in der ‚meritokratischen' Zuweisung von Lebenschancen. Morton DEUTSCH bezeichnet Zensuren als „the basic currency of our educational system" (DEUTSCH 1979, S. 393). Nicht Bildung oder Kompetenzen *an sich* bilden also diese Währung; sie bedürfen erst der „*Kodifizierung* in Form von Zeugnissen, Testaten/Testergebnissen, Lizenzen und Ähnlichem" (SOLGA 2005, S. 28, Hervorhebung im Original).

Der schulische Allokations- und Selektionsprozess ist kein Vorgang, den die Schülerinnen und Schüler nur passiv durchlaufen. Leistungsbeurteilung hat nicht nur die Aufgabe der Bereitstellung von Wissen, auf dessen Basis die Schülerinnen und Schüler von anderen selektiert werden können; sehr wichtig sind auch Mechanismen der Selbstselektion, das heißt Prozesse, in denen die Schülerinnen und Schüler auf Basis der erzielten Ergebnisse ihre eigenen Pläne an das Erreichbare anpassen (vgl. FALKENBERG/KALTHOFF 2008).

Von Leistungsbeurteilungen und Bildungszertifikaten hängen in der modernen Gesellschaft also ganz wesentlich die Lebenschancen des Individuums ab, weshalb das Verhältnis von Gerechtigkeit und Leistungsbeurteilung so brisant und moralisch aufgeladen ist. Diese besondere Brisanz findet sich im Übrigen auch in anderen Bereichen, in denen soziale Güter verteilt werden, etwa Pensions- oder Wohlfahrtsleistungen. Wichtig ist, dass derartige Verteilungsprozesse einschließlich ihrer Ergebnisse von den Betroffenen als legitim angesehen werden. Eine ganz wesentliche Voraussetzung dafür ist, dass die Betroffenen den Verteilungsprozess als gerecht begreifen (vgl. STRUCK 2001, S. 45).

Hinsichtlich der Frage, was im Bereich der schulischen Leistungsbeurteilung als gerecht wahrgenommen wird, bestehen allerdings ganz erhebliche Unterschiede zwischen verschiedenen Ländern und auch zwischen verschiedenen Akteursgruppen innerhalb ein und desselben Bildungssystems. Was die Verteilung von Lebenschancen durch das Bildungssystem betrifft, kann man sehr unterschiedlicher Auffassung sein, wie ein gerechter Verteilungsprozess beschaffen oder wie das Regelsystem, das diesen Prozess steuert, aufgebaut sein sollte.

Im vorliegenden Beitrag soll es um einige dieser Unterschiede gehen. Verglichen werden das schwedische und das deutsche Schulsystem. Dieser Vergleich ist deshalb besonders interessant, weil die in beiden Länder jeweils dominanten Auffassungen darüber, was gerechte Leistungsbeurteilung und Benotung sei, sich lange Zeit geradezu polar gegenüber standen. Der Vergleich bezieht sich auf grundlegende Unterschiede der Beurteilungssysteme beider Länder. Ebenfalls bestehende nationale Binnenunterschiede – etwa zwischen den deutschen Bundesländern – und divergierende Konzeptionen von gerechter Leistungsbewertung bei unterschiedlichen Akteursgruppen innerhalb desselben Systems können aus Platzgründen nicht diskutiert werden.

Das Kapitel beginnt mit einem Überblick, worin die Notengerechtigkeit in der Logik der verglichenen Systeme letztlich gründet (1). In einem zweiten Schritt werden die Konsequenzen der Leistungsbeurteilung für die Verteilung der Schülerinnen und Schüler auf verschiedene Schultypen und -zweige thematisiert, wobei die Folgen der Schuldifferenzierung für Schülerinnen und Schüler mit Migrationshintergrund besonders akzentuiert werden (2).

1 Worin gründet die Notengerechtigkeit?

Alle Bildungssysteme, die dem meritokratischen Leitideal folgen, müssen sicherstellen, dass bei der selektionsrelevanten Leistungsbeurteilung eine mehr oder weniger einheitliche Bewertungsgrundlage zum Tragen kommt. Dies stellt einen wichtigen Aspekt des Begriffs ‚Chancengleichheit' dar (zu den Ambivalenzen dieses Begriffs vgl. GIESINGER 2007). Diese Vergleichbarkeit kann auf verschiedene Weise erzeugt werden:

> "At one extreme this has taken the form of highly formalized 'standardized tests' which are entered under standard conditions and marked in a common way and where considerable efforts are devoted to the attempt to maintain 'standards' across time and space. At the other extreme there has been a reliance on 'professional judgement' to try to ensure an acceptable level of comparability" (GOLDSTEIN/ LEWIS 1996, S. 2).

Die meisten Bildungssysteme lassen sich irgendwo zwischen diesen beiden Polen einordnen. Deutschland und Schweden stehen jeweils einem der beiden Pole relativ nahe: Im deutschen Bildungssystem hat traditionell das Lehrerurteil besonderes Gewicht, während im schwedischen Bildungssystem schon länger auf standardisierte Tests gesetzt wird.

1.1 Deutschland

Traditionell wurden in Deutschland eine (auf Ebene des einzelnen Bundeslandes, nicht des Nationalstaates) zentralisierte Bildungsverwaltung, detaillierte Lehrpläne sowie ein mehr oder weniger zentralisiertes System der Lehrerausbildung und -prüfung als hinreichende Garantie dafür gesehen, dass die Leistungsbewertung in der Schule, vor allem die Benotung, überall auf gleicher Grundlage geschehe (vgl. INGENKAMP 1989a, S. 56). Über Jahrzehnte wiederkehrende Befunde zur „Fragwürdigkeit der Zensurengebung" (vgl. INGENKAMP 1989b) in dem Sinne, dass unterschiedliche Lehrpersonen unterschiedlich benoten oder die gleiche Lehrperson die gleiche Arbeit zu unterschiedlichen Zeitpunkten unterschiedlich benotet, führten nicht zu durchgreifenden Veränderungen des Beurteilungssystems hin zu einer psychometrischen Testkultur wie etwa in den Vereinigten Staaten oder Schweden (vgl. WALDOW 2010).

Die existierenden offiziellen Regularien zur Leistungsbeurteilung sind, was den eigentlichen Akt des Bewertens angeht, häufig sehr unspezifisch und regeln hauptsächlich rahmende Details wie die Anzahl der zu schreibenden Klassenarbeiten oder Gegebenheiten wie die Eingriffsrechte der Schulleiterin oder des Schulleiters in die Benotung der einzelnen Lehrpersonen. Noch nicht einmal grundlegende Fragen wie die, welche Bezugsnorm[1] bei der Bewertung jeweils zum Einsatz kommen soll, sind – von Ausnahmen abgesehen – eindeutig geregelt (vgl. RICHTER 2006, S. 98). Falko RHEINBERG zufolge gehen viele bildungspolitische und administrative Rahmenvorgaben indirekt davon aus, dass die Beurteilung kriterienorientiert geschehen solle, das heißt, dass die Beurteilung von den zu erreichenden Lernzielen ausgehen solle. Diese Ziele werden jedoch in den Steuerungsdokumenten allenfalls sehr vage bestimmt (vgl. RHEINBERG 2002, S. 66f.).

Angesichts dieser Unklarheiten verwundert es nicht, dass die offiziellen Regularien zur Leistungsbeurteilung in der Praxis häufig keine wichtige Rolle spielen. Ewald TERHART zufolge gründet die Leistungsbeurteilung durch die Lehrerinnen und Lehrer hauptsächlich in einer nicht-expliziten Praxis, die von einer Lehrergeneration an die nächste weitergegeben wird:

> „Die tatsächliche Praxis [der Schülerbeurteilung, FW] sowie auch deren mentale Begleitprozesse werden primär abgestützt durch eine als Teil der Berufskultur und des schulformbezogenen bzw. einzelschulischen Selbstverständnisses existierende gelebte, wenig explizierte Tradition. In die allgemeinen Prinzipien dieser Tradition werden Berufsneulinge [...] allmählich hineinsozialisiert. Alltägliches Weiterschreiben der Tradition führt zur kontinuierlichen Sicherung bei gleichzeitiger Weiterentwicklung einer Praxis, die als ‚im breiten Konsens' befindlich beschrieben und erlebt wird, ohne daß dieser Konsens jemals tatsächlich genau überprüft bzw. ursprünglich einmal direkt gestaltet und verabredet worden wäre" (TERHART 1999, S. 281).

Seit der Publikation des erwähnten Artikels von TERHART hat sich im deutschen Schulsystem bekanntlich einiges verändert (vgl. auch Johannes KÖNIG und Mechtild GOMOLLA im vorliegenden Band). Fast alle Bundesländer führten zentrale Abschlussprüfungen ein (vgl. KÜHN 2010). Der Standardisierungsgrad dieser Prüfungen hält sich im internationalen Vergleich jedoch in engen Grenzen (vgl. KLEIN u.a. 2009, S. 618). Zudem geht in die relevante Abschlussnote ein Großteil lokal erbrachter und bewerteter Leistungen ein. So liegt in keinem deutschen Bundesland der Anteil der zentralen Prüfungen an der Abiturnote höher als 23 Prozent (vgl. ebd., S. 607).

Im Zuge der Einführung von Bildungsstandards wurden klassen-, schul- und sogar bundesländerübergreifende Testinstrumente wie Vergleichsarbeiten, Jahrgangsstufenarbeiten und dergleichen eingeführt. Begründet wurde und wird die Einführung dieser Instrumente von offizieller Seite jedoch vielfach nicht primär mit ihrem möglichen Beitrag zur Gewährleistung eines einheitlicheren Bewer-

---

1 Unter Bezugsnorm versteht man die Art des Maßstabs, die an die beurteilte Leistung angelegt wird. Man unterscheidet gemeinhin zwischen der sachlichen, sozialen und individuellen Bezugsnorm (vgl. ausführlicher ROOS-SCHÜPBACH in diesem Band).

tungsniveaus und damit einer Erhöhung der Notengerechtigkeit. So ist in der 2006 von der KMK beschlossenen „Gesamtstrategie zum Bildungsmonitoring" und den darin definierten Zielen nur von den Chancen für das Systemmonitoring einerseits und die Schulentwicklung andererseits die Rede, nicht aber von der Verbesserung der Notengerechtigkeit (vgl. KULTUSMINISTERKONFERENZ 2010). Weitere Beispiele, auch auf Ebene der Bundesländer, ließen sich anführen. Die wissenschaftliche Begleitdiskussion zur Einführung dieser Instrumente hat jedoch sehr wohl auf das Potential derartiger Instrumente für eine Standardisierung des Bewertungsniveaus hingewiesen (siehe z.B. VAN ACKEREN/BELLENBERG 2004, S. 125). Trotz der Veränderungen der letzten Jahre ist die Notengerechtigkeit in Deutschland also nach wie vor ganz wesentlich im professionellen Urteil der Lehrerschaft abgestützt.

1.2 Schweden

Zwar ist für die Benotung auch in Schweden zunächst einmal die Lehrperson verantwortlich. Es besteht jedoch ein stark ausgebautes System zentraler nationaler Tests, das dem primären Zweck der Gewährleistung eines einheitlichen Bewertungsniveaus dient. Dieses System wurde bereits ab den 1940er Jahren aufgebaut, mit dem Ziel, die Leistungsbeurteilung im ganzen Land zu standardisieren (vgl. LUNDAHL 2009). Laut Christian LUNDAHL (2006) kann die damalige Auseinandersetzung um die Einführung und Verwendung nationaler Tests in der Schule aus professionssoziologischer Perspektive als eine Auseinandersetzung um die Beurteilungshoheit zwischen Lehrkräften und Psychologinnen und Psychologen angesehen werden: auf der einen Seite die Lehrerschaft mit ihren traditionellen ‚holistischen' Beurteilungsmethoden und ihrer persönlichen Nähe zu den Schülerinnen und Schülern, auf der anderen die Psychologinnen und Psychologen mit ihren objektiven psychometrischen Methoden. Auch wenn die Lehrpersonen die Macht über die Notenvergabe behielten und auch wenn die nationalen Tests (zumindest nach dem Willen derjenigen, die das System konzipierten) die Beurteilungen der Lehrpersonen *stützen*, nicht *ersetzen* sollten, kann man behaupten, dass die Psychologenschaft diesen Kampf gewonnen hat (vgl. LUNDAHL 2006, S. 262). Der ‚klinische Blick' der Psychologie hat zu einem gewissen Teil durchaus die Perspektive der Lehrkräfte ersetzt. LUNDAHL interpretiert diesen Verlust an Beurteilungsautonomie als eine teilweise Deprofessionalisierung der Lehrerschaft. An der Entwicklung der Tests waren von Anfang an maßgeblich Wissenschaftlerinnen und Wissenschaftler beteiligt. Heute werden sie im Auftrag der nationalen Schulbehörde *Skolverket* von Universitätsinstituten entwickelt.

Bis in die frühen 1990er Jahre existierte in Schweden ein normorientiertes Benotungssystem mit der gesamten landesweiten Jahrgangsstufe als Bezugsgruppe (vgl. ANDERSSON 1991). Das bedeutet, dass der gesamte Schülerjahrgang in einem bestimmten Fach nach seiner Leistung entlang einer Normalverteilung eingeordnet werden sollte. Welcher Prozentsatz der Schülerinnen und Schüler welche Notenstufe erzielen konnte, stand von vornherein fest. Die Kalibrierung der Notenstufen erfolgte mit Hilfe der nationalen Tests.

Anfang der 1990er Jahre wurde das schwedische Schulsystem umfassend reformiert. Bildungsstandards ersetzten die herkömmlichen Lehrpläne, das normbasierte Bewertungssystem wurde abgeschafft und durch ein kriterienbasiertes Bewertungssystem ersetzt. Das heißt, es wurden Kompetenzstufen definiert, die dem Erreichen einzelner Notenstufen entsprachen. Nun sollte die Note also nicht mehr die relative Position der Schülerinnen und Schüler innerhalb des Schülerjahrganges widerspiegeln, sondern das Erreichen einer gewissen Kompetenzstufe, unabhängig davon, wie viele Schülerinnen und Schüler diese Stufe erreichten.

Im Prinzip entfiel mit dem neuen, kriterienorientierten System die systemische Notwendigkeit nationaler Tests zur Notenkalibrierung, da die Notenstufen ja vorab kriterial festgelegt sind. Die Tests wurden jedoch nicht abgeschafft; im Gegenteil, die Zahl der Tests und die Zahl der Fächer, in denen getestet wird, wurde sogar noch erhöht, weil die Gewährleistung eines einheitlichen Bewertungsniveaus auch weiterhin als die wichtigste Aufgabe der nationalen Tests gilt – auch wenn mittlerweile Schulentwicklung und -monitoring als wichtige Aufgaben hinzugetreten sind (vgl. LUNDAHL 2009, S. 121; SKOLVERKET 2010). Der nationalen Schulbehörde Skolverket gilt das Testsystem weiterhin als wichtiger Garant der Notengerechtigkeit in Schweden. Hinweise darauf, dass die vergebenen Noten von den Testergebnissen abweichen, werden immer noch als Bedrohung der Notengerechtigkeit wahrgenommen (vgl. SKOLVERKET 2007).

Das Testsystem soll die Leistungsbeurteilung auf eine rationale, wissenschaftsbasierte Grundlage stellen. Seiner Intention und symbolischen Funktion nach sorgt es dafür, dass gleiche Noten in unterschiedlichen Schulen einem vergleichbaren Kenntnis- und Könnensstand entsprechen. In der Praxis ist dies nur eingeschränkt der Fall. So unterscheidet sich die Vorbereitung auf die Tests von Schule zu Schule stark; außerdem begünstigen die verwendeten Testformate die Schülerinnen und Schüler bestimmter Ausbildungszweige gegenüber denen anderer (vgl. KORP 2006).[2]

---

2 Auf weitere durch das Testsystem bedingte Probleme, wie etwa die Gefahr der Verarmung des Curriculums durch Konzentration auf die Bereiche, in denen Tests existieren, kann hier nicht eingegangen werden.

1.3 Unterschiedliche Gerechtigkeitskonzeptionen

In Schweden ist die Notengerechtigkeit schon lange ein Thema der öffentlichen Diskussion. Umfassende (und teure) Maßnahmen wie die Einführung des Systems der nationalen Tests wurden schon vor vielen Jahrzehnten ergriffen, um ein einheitliches Bewertungsniveau im ganzen Land sicherzustellen. In Deutschland war dies lange Zeit nicht der Fall und das, obwohl die schulische Leistungsbeurteilung in Deutschland aufgrund der Struktur des Schulsystems (siehe unten) vermutlich eine mindestens so entscheidende Rolle für die Bildungs- und Lebenschancen des Individuums spielt wie in Schweden.

Wenn man möchte, kann man hierin ein Paradox erblicken. Welche Bewertungsverfahren als legitim angesehen werden, ist jedoch stark vom kulturellen Kontext abhängig und lässt sich nicht auf die Frage nach der wissenschaftlich-diagnostischen Qualität von Leistungsbeurteilung reduzieren. Ewald TERHART hat dies für den deutschen Fall plastisch auf den Punkt gebracht:

"In a way it is strange that society in general and we all have learned to accept a weak, unclear and personal practice leading to most important decisions on the individual and on the societal level. [...] Maybe an unclear, weak, situated and personal practice full of substantial mistakes is better accepted than the dominance of cold and objective, mechanical and centralized testing and selection. Despite its immense weaknesses and overt faults the cultural regulation in this field seems to be preferred when compared with the mechanical sorting of persons (students)" (TERHART 2006, S. 123).

Für die Legitimität der Zuweisung von Lebenschancen in einem gegebenen Bildungssystem und die zugehörigen Prozesse der Leistungsbeurteilung, die hier eine Rolle spielen, ist nicht die wissenschaftlich-objektiv feststellbare Güte der Beurteilung anhand von Kriterien wie Objektivität, Validität und Reliabilität entscheidend, sondern die *Akzeptanz* des existierenden Systems der Leistungsbeurteilung bei denjenigen, die es betrifft. Was als gerecht gilt, lässt sich demnach nicht unabhängig von den jeweils vor Ort und für die betreffenden Akteure spezifischen Auffassungen von Gerechtigkeit bestimmen.

2 Leistungsbeurteilung und Schuldifferenzierung

Übergänge innerhalb des Bildungssystems und vom Bildungssystem ins Arbeitsleben sind wichtige Scharnierstellen, an denen die Verteilung unterschiedlicher Bildungs- und Lebenschancen ganz offensichtlich wird (vgl. MAAZ u.a. 2006). An vielen dieser Übergänge spielen Formen der Leistungsbeurteilung und -zertifizierung eine Schlüsselrolle. Welche Formen der Schüler- und Schuldifferenzierung als legitim angesehen werden, unterscheidet sich wiederum zwischen verschiedenen Ländern (vgl. LeTendre/Hofer/Shimizu 2003). Im Folgenden werfen wir – wiederum im Ländervergleich – einen kurzen Blick auf die Rolle der Leistungsbeurteilung für die Verteilung der Schülerströme im Schulsystem.

2.1 Deutschland

In Deutschland sind Prozesse der Leistungsbeurteilung ganz entscheidend für die Übergänge sowohl innerhalb ein und derselben Schulform wie auch zwischen verschiedenen Schulformen. Zensuren werden je nach Bundesland ab der zweiten oder ab der dritten Klasse vergeben. Die Zeugnisnoten spielen eine wichtige Rolle für die Verteilung der Schülerinnen und Schüler auf die verschiedenen Typen von weiterführenden Schulen nach der vierten bzw. (in Berlin und Brandenburg) nach der sechsten Klasse (je nach Bundesland in unterschiedlich starker Kombination mit dem Elternwillen, vgl. Kleine u.a. 2010). Dieser Übergang stellt für die weiteren Lebenschancen des Individuums eine der wichtigsten Weichenstellungen im ganzen Leben dar (vgl. Maaz u.a. 2006). Weiterhin entscheiden die Zeugnisnoten über die Versetzung in die nächste Jahrgangsstufe und damit indirekt auch darüber, ob ein Verbleib im jeweils besuchten Schultyp möglich ist. Schließlich sind die Zensuren auch entscheidend für den Übergang in die Hochschule, die Berufsausbildung oder das Arbeitsleben. Die Systemlogik des deutschen Bildungssystems ist darauf ausgerichtet, möglichst homogene Schülergruppen zu erzeugen, und zwar mittels Homogenisierungsmechanismen, die auf Leistungsbeurteilung basieren, wie eine Verweigerung der Versetzung oder die Umsortierung in einen anderen Schultyp.

Wie oben bereits angedeutet, folgen die Selektions- und Allokationsprozesse im Bildungssystem keineswegs nur der Leistung beziehungsweise Leistungsfähigkeit der Schülerinnen und Schüler; vielmehr haben unterschiedliche soziale Gruppen unterschiedliche Erfolgschancen im Bildungssystem (zu den Mechanismen, die hier wirksam werden, vgl. Blossfeld/Shavit 1993; zur speziellen Problematik hinsichtlich Migration vgl. Gomolla/Radtke 2009; Stanat/Edele 2011; vgl. auch Gomolla und Kronig im vorliegenden Band). Dies lässt sich beispielsweise daran ablesen, dass unterschiedliche soziale Gruppen in den Sekundarschulzweigen sehr unterschiedlich stark vertreten sind, was im Hinblick auf das Gebot der ‚Chancengleichheit' als problematisch aufgefasst werden kann (vgl. Giesinger 2007). Es deutet einiges darauf hin, dass die unterschiedlichen Sekundarschultypen in Deutschland ihren Schülerinnen und Schülern „differenzielle Lern- und Entwicklungsmilieus" bieten (Baumert/Stanat/Watermann 2006). Das heißt, manche Schulformen bieten ein günstigeres Umfeld für Lern- und Entwicklungsprozesse als andere. Aufgrund verschiedener Mechanismen (vgl. ausführlich ebd.) können sich so Benachteiligungen (und auch Vorteile) über den Sekundarschulbesuch hin kumulieren (vgl. auch SCHOFIELD/ ALEXANDER im vorliegenden Band).

Schülerinnen und Schüler mit Migrationshintergrund sind sowohl hinsichtlich der Bildungsbeteiligung als auch hinsichtlich des Kompetenzerwerbs deutlich benachteiligt: Im Durchschnitt sind Schülerinnen und Schüler mit Migrationshintergrund in Deutschland markant seltener in den höheren Sekundarschultypen anzutreffen als es ihrem Anteil an der Schülerpopulation entspräche und sie sind auch öfter von Klassenwiederholungen betroffen als Schülerinnen und Schüler ohne Migrationshintergrund (vgl. STANAT/EDELE 2011, S. 183, 185). Außerdem werden sie deutlich öfter an Sonderschulen überwiesen als Schülerinnen und Schüler ohne Migrationshintergrund (vgl. RADTKE 2004, S. 151).

Ein nicht unerheblicher Teil der scheinbar durch Migration bedingten Leistungsunterschiede kann allerdings durch sozioökonomische Faktoren (z.B. Bildungsstand der Eltern) erklärt werden. Da migrationsbedingte Probleme häufig mit anderen sozialen Problemen in vielfacher Weise verschränkt sind, muss ein Migrationshintergrund keineswegs automatisch zu Problemen und Benachteiligungen in der Schule führen. Der Vergleich mit Ländern wie Australien oder Singapur macht dies deutlich: Hier liegen aufgrund ihrer besonderen Migrationsstruktur die bei PISA gezeigten Leistungen der Schülerinnen und Schüler mit Migrationshintergrund regelmäßig über denen der Schülerinnen und Schüler ohne Migrationshintergrund (vgl. SKOLVERKET 2010, S. 140; STANAT/RAUCH/SEGERITZ 2010, S. 211). Auch in Deutschland unterscheiden sich verschiedene Migrantengruppen hinsichtlich ihres durchschnittlichen Leistungsstandes deutlich. Außerdem bestehen klare Unterschiede zwischen Schülerinnen und Schülern, deren Eltern zugewandert sind, und Schülerinnen und Schülern, die selbst zugewandert sind (vgl. STANAT/EDELE 2011, S. 184).

Unterschieden werden muss zwischen Leistungsständen, wie sie durch Schulleistungstests etwa im Rahmen von PISA oder IGLU erhoben wurden, und Benotungen oder Übergangsempfehlungen, wie sie durch Schulen und Lehrpersonen ausgesprochen werden. Aufgrund der Struktur des deutschen Bildungssystems ist die Frage besonders bedeutsam, ob die Übertrittsempfehlungen, die von den Grundschulen ausgesprochen werden, dem Leistungsstand entsprechen oder ob hier eine systematische Benachteiligung oder Bevorzugung von Kindern mit Migrationshintergrund vorliegt. Die Befundlage ist hier unklar. Internationale Untersuchungen wie IGLU zeigten, dass Kinder mit Migrationshintergrund bei gleichen Leseleistungen und kognitiven Fähigkeiten eine geringfügig geringere Wahrscheinlichkeit haben, eine Gymnasialempfehlung zu erhalten, als Kinder ohne Migrationshintergrund (vgl. STANAT/EDELE 2011, S.

188). Die Hamburger Studie LAU sah demgegenüber eher eine positive Diskriminierung von Kindern mit Migrationshintergrund am Werk, da sie es bei gleichem Leistungsstand leichter hatten, eine Gymnasialempfehlung zu erhalten (vgl. LEHMANN/PEEK/GÄNSFUSS 1997; ein Überblick zu weiteren Studien findet sich bei RADTKE 2004, S. 159f.).

Die Zuweisung der Schülerinnen und Schüler zu unterschiedlichen Sekundarschultypen, die unterschiedliche ‚Lern- und Entwicklungsmilieus' bieten, führt allerdings zu einer Ballung und Kumulierung von Problemlagen an bestimmten Schulen. Diese Ballung und Kumulation (beileibe nicht nur migrationsbedingter) Problemlagen an bestimmten Schulen wird verstärkt durch die Wohnsegregation kombiniert mit der Zuweisung der Schülerinnen und Schüler zu bestimmten Primarschulen aufgrund ihres Wohnorts. Diese wohnortbedingte Verteilung setzt sich in den Sekundarschulen fort, erscheint nun aber von ihrer sozialräumlichen Ursache entkoppelt; eine „leistungsunabhängige Verteilung wird, vermittelt über feste Schulkonstellationen, beim Übergang in weiterführende Schulen beinahe direkt in eine vertikale Verteilung in das dreigliedrige System transformiert, erscheint nun aber als leistungsabhängig und wird durch Bildungszertifikate/Empfehlungen legitimiert" (vgl. RADTKE 2004, S. 173, im Original zum Teil kursiv).

2.2 Schweden

Leistungsbewertung und Benotung haben in Schweden für die Schuldifferenzierung eine geringere Bedeutung als in Deutschland; es ist jedoch nicht zutreffend, dass das schwedische Schulsystem frei von Noten- und Leistungsdruck wäre, wie dies von deutschen Medien zuweilen suggeriert wird (vgl. WALDOW 2010). Die Abschlussnoten der neunjährigen Einheitsschule (*grundskola*) spielen eine gewisse Rolle beim Übergang auf die höhere Sekundarschule (*gymnasieskola*), wobei hier weniger die Zulassung zum Schul*typ gymnasieskola*, als vielmehr der Zugang z.B. zu besonders beliebten Einzelschulen oder bestimmten curricularen Programmen im Vordergrund steht. An der nächsten Übergangsschwelle, beim Übergang in den Hochschulsektor, spielen die Abschlussnoten der höheren Sekundarschule (*gymnasieskola*) eine wichtige Rolle. Im Unterschied zu Deutschland sind die Zensuren während der Schulzeit jedoch nicht versetzungsrelevant, ‚Sitzenbleiben' kommt praktisch nicht vor. Durch die Einführung der neunjährigen Einheitsschule verschwanden zudem wichtige Selektionsprozesse, die in Schulsystemen mit einer früheren Differenzierung zwischen verschiedenen Schulformen (wie dem deutschen) stattfinden.

Seit 1980 beginnt die Benotung überhaupt erst in Jahrgangsstufe 8; ab dem Schuljahr 2012/2013 soll sie jedoch in die Jahrgangsstufe 6 vorverlegt werden. In dem Alter, in dem deutsche Schülerinnen und Schüler den für ihre Lebenschancen entscheidendsten Auswahlprozess durchlaufen, den Übergang auf verschiedene Sekundarschultypen nach der vierten Klasse, haben die schwedischen Schülerinnen und Schüler also noch nicht einmal ihre ersten Zensuren erhalten.

Das schwedische Schulsystem kennt weniger Homogenisierungsinstrumente als das deutsche; stärker als auf die Homogenisierung von Lerngruppen zielt es darauf ab, den Unterricht heterogener Gruppen zu individualisieren. Doch auch in Schweden sortiert das Schulsystem die Schülerinnen und Schüler und weist ihnen unterschiedliche Lebenschancen zu. Aufgrund des Gesamtschulsystems werden sie zwar nicht unterschiedlichen Schultypen zugewiesen; innerhalb ein und desselben Schultyps unterscheiden sich die Einzelschulen jedoch deutlich und bieten insofern ebenfalls ‚differenzielle Lern- und Entwicklungsmilieus'. Zum einen entstehen diese Unterschiede durch die hohe Wohnsegregation in Schweden, wodurch sich bestimmte Problemlagen in bestimmten Schulen konzentrieren. Verstärkt werden derartige Effekte seit Einführung der freien Schulwahl dadurch, dass die verschiedenen sozialen Gruppen von den Möglichkeiten, die ihnen die freie Schulwahl bietet, in unterschiedlichem Maße Gebrauch machen. Dies führt zu einer weiteren Konzentration bestimmter sozialer Milieus in einzelnen Schulen (vgl. BELLMANN/WALDOW 2006). Seit der ersten PISA-Runde ist die Leistungsvariation zwischen den einzelnen Schülerinnen und Schülern wie auch zwischen den Einzelschulen in Schweden deutlich gestiegen. Das heißt, Schülerinnen und Schüler wie Einzelschulen haben sich bezüglich ihres Leistungsstandes deutlich auseinander entwickelt. Eine mögliche Erklärung für diese Entwicklung besteht in solchen, durch die freie Schulwahl ausgelösten, Differenzierungs- und Segregationseffekten (vgl. SKOLVERKET 2010, S. 131ff.)

Ähnlich wie in Deutschland erreichen Schülerinnen und Schüler mit Migrationshintergrund in Schweden im Schnitt ein geringeres Leistungsniveau als Schülerinnen und Schüler ohne Migrationshintergrund. Ebenfalls ähnlich wie in Deutschland lässt sich ein erheblicher Teil dieser Unterschiede, jedoch nicht der gesamte Unterschied, durch sozioökonomische Faktoren erklären (vgl. SKOLVERKET 2005; 2010, S. 140). Einer Studie der schwedischen Schulbehörde Skolverket zufolge führt zudem eine besonders hohe Konzentration von Schülerinnen und Schülern mit Migrationshintergrund an einer Schule zu besonders schlechten, nicht durch andere Faktoren wie den sozioökonomischen Hintergrund der Schülerinnen und Schüler erklärbaren Leistungen an dieser Schule (vgl. SKOLVERKET 2005, S. 20).

3 Zusammenfassung

Hinsichtlich der Frage, was im Zusammenhang mit der Leistungsbeurteilung als gerecht wahrgenommen wird, bestehen erhebliche Unterschiede zwischen den Vergleichsländern. Diese Unterschiede weisen oft über alle Reformbemühungen hinweg eine hohe Stabilität auf.

Die Leistungsbeurteilung gründet in Deutschland weiterhin zu einem großen Teil in einer nicht-expliziten professionellen Praxis, in die die angehenden Lehrkräfte in Ausbildung und Schulpraxis hineinsozialisiert werden. In Schweden erscheint die Benotung hingegen – zumindest der intendierten Systemlogik zufolge – als eine stärker explizite Praxis, die in einem höheren Maße als in Deutschland auf wissenschaftlicher Rationalität, im Sinne einer pädagogisch-psychologischen Diagnostik, beruhen soll (was nur bedingt gelingt und eigene Probleme erzeugt). Wichtiger Garant der Notengerechtigkeit mit hoher Symbolfunktion sind hier die nationalen Tests. Ungeachtet aller Unterschiede spielt jedoch in beiden Ländern die Leistungsbeurteilung eine bedeutsame Rolle bei der Aufteilung der Schülerinnen und Schüler auf verschiedene Bildungsgänge und Berufskarrieren und der Zuweisung von Lebenschancen.

In beiden betrachteten Ländern sind Schülerinnen und Schüler mit Migrationshintergrund sowohl hinsichtlich ihres Kompetenzerwerbs als auch hinsichtlich ihrer Bildungsbeteiligung gegenüber Schülerinnen und Schülern ohne Migrationshintergrund benachteiligt. Dabei sind diese Benachteiligungen in nicht unerheblichem Maße auf sozioökonomische Faktoren zurückzuführen.

Fragen und Denkanstöße

1. Was versteht man unter Meritokratie?
2. Welche Vorstellungen von „Gerechtigkeit" im Zusammenhang mit Leistungsbeurteilung kennen Sie?
3. Welche Instrumente zur Sicherstellung der Notengerechtigkeit kommen jeweils in den Vergleichsländern zur Anwendung?
4. An welchen Übergangsstellen in den Bildungssystemen der Vergleichsländer spielt Leistungsbeurteilung jeweils eine Schlüsselrolle?
5. Diskutieren Sie, inwiefern jeweils spezifische Risiken oder auch mögliche Vorteile für den Umgang mit einer vor allem in sprachlicher und soziokultureller Hinsicht heterogenen Schülerschaft in den beiden vorgestellten Modalitäten der Leistungsbeurteilung angelegt sind.

Literaturempfehlungen

RADTKE, F.-O. (2004): Die Illusion der meritokratischen Schule. Lokale Konstellationen der Produktion von Ungleichheit im Erziehungssystem. In: Bade, K./ Bommes, M. (Hrsg.): Migration, Integration, Bildung. Grundfragen und Problembereiche. IMIS-Beiträge (23), S. 143-178. (Im Internet verfügbar www.imis. uni-osnabrueck.de/pdffiles/imis23.pdf)
Der Artikel bietet einen guten Überblick über die Forschungslage zur Frage, inwieweit Migrantinnen und Migranten durch das System der Leistungsbeurteilung in Deutschland gegenüber Nichtmigrantinnen und -migranten anders behandelt und gegebenenfalls benachteiligt werden. Er stellt außerdem einige sehr bedenkenswerte Überlegungen zum Problemkomplex Migration und meritokratisches Leitideal an.

WALDOW, F. (2011): Juristen oder Testspezialisten? Zur Rolle von Experten bei der Herstellung von Notengerechtigkeit in Deutschland und Schweden. In: Zeitschrift für Pädagogik, Jg. 55, Heft 4, S. 484-496.
In dem Artikel wird die unterschiedliche legitimatorische Abstützung der Notengerechtigkeit in Deutschland und Schweden diskutiert, einschließlich der Rolle, die unterschiedliche Typen von Expertinnen und Experten dabei spielen.

Literaturverzeichnis

Ackeren, I. van/Bellenberg, G. (2004): Parallelarbeiten, Vergleichsarbeiten und zentrale Abschlussprüfungen. Bestandsaufnahme und Perspektiven. In: Jahrbuch der Schulentwicklung 13, S. 125-159.
Andersson, H. (1991): Relativa betyg. Några empiriska studier och en teoretisk genomgång i ett historiskt perspektiv. Umeå.
Baumert, J./Stanat, P./Watermann, R. (2006): Schulstruktur und die Entstehung differenzieller Lern- und Entwicklungsmilieus. In: Baumert, J./Stanat, P./Watermann, R. (Hrsg.): Herkunftsbedingte Disparitäten im Bildungswesen. Differenzielle Bildungsprozesse und Probleme der Verteilungsgerechtigkeit – vertiefende Analysen im Rahmen von PISA 2000. Wiesbaden, S. 95-188.
Bellmann, J./Waldow, F. (2006): Bildungsgutscheine als Steuerungselement – Egalitäre Erwartungen, segregative Effekte und das Beispiel Schweden. In: Encarius, J./Wigger, L. (Hrsg.): Elitebildung – Bildungselite: Erziehungswissenschaftliche Diskussionen und Befunde über Bildung und soziale Ungleichheit. Opladen, S. 188-205.
Blossfeld, H.-P./Shavit, Y. (1993): Dauerhafte Ungleichheiten. Zur Veränderung des Einflusses der sozialen Herkunft auf die Bildungschancen in dreizehn industrialisierten Ländern. In: Zeitschrift für Pädagogik, Jg. 39, Heft 1, S. 25-52.
Bobertag, O. (1933): Leistungsschätzung und Leistungsmessung in der Schule. Ein Beitrag zur Frage „Was leistet unsere Volksschule". In: Zeitschrift für pädagogische Psychologie und Jugendkunde, Jg. 34, Heft 8, S. 377-393.

Deutsch, M. (1979): Education and distributive justice – some reflections on grading systems. In: American Psychologist, Jg. 34, Heft 5, S. 391-401.

Falkenberg, M./Kalthoff, H. (2008): Das Feld der Bildung. Schulische Institutionen, Schulbevölkerung und gesellschaftliche Integration. In: Willems, H. (Hrsg.): Lehr(er)buch Soziologie. Für die pädagogischen und soziologischen Studiengänge. Wiesbaden, S. 797-816.

Giesinger, J. (2007): Was heißt Bildungsgerechtigkeit? In: Zeitschrift für Pädagogik, Jg. 53, Heft 3, S. 362-381.

Goldstein, H./Lewis, T. (1996): The scope of assessment. In: Goldstein, H./Lewis, T. (Hrsg.): Assessment. Problems, developments, and statistical issues: A volume of expert contributions. Chichester, S. 1-7.

Gomolla, M./Radtke, F.-O. (2009): Institutionelle Diskriminierung. Die Herstellung ethnischer Differenz in der Schule. Wiesbaden.

Ingenkamp, K. (1989a): Diagnostik in der Schule. Beiträge zu Schlüsselfragen der Schülerbeurteilung. Weinheim.

Ingenkamp, K. (Hrgs.) (1989b): Die Fragwürdigkeit der Zensurengebung. Texte und Untersuchungsberichte. Weinheim.

Klein, E. D./Kühn, S. M./Ackeren, I. van/Block, R. (2009): Wie zentral sind zentrale Prüfungen? Abschlussprüfungen am Ende der Sekundarstufe II im nationalen und internationalen Vergleich. In: Zeitschrift für Pädagogik, Jg. 55, Heft 4, S. 596-621.

Kleine, L./Birnbaum, N./Zielonka, M./Doll, J./Blossfeld, H.-P. (2010): Auswirkungen institutioneller Rahmenbedingungen auf das Bildungsstreben der Eltern und die Bedeutung der Lehrerempfehlung. In: Journal for educational research online, Jg. 2, Heft 1, S. 72-93.

Korp, H. (2006): Lika chanser i gymnasiet? En studie om betyg, nationella prov och social reproduktion. Malmö.

Kühn, S. M. (2010): Steuerung und Innovation durch Abschlussprüfungen? Wiesbaden.

Kultusministerkonferenz (2010): Überblick. Gesamtstrategie zum Bildungsmonitoring. Im Internet verfügbar unter: http://www.kmk.org/bildung-schule/qualitaetssicherung-in-schulen/bildungsmonitoring/ueberblick-gesamtstrategie-zum-bildungsmonitoring.html

Lehmann, R./Peek, R./Gänsfuß, R. (1997): Aspekte der Lernausgangslage von Schülerinnen und Schülern der fünften Jahrgangsstufe an Hamburger Schulen. Bericht über die Untersuchung im September 1996. Im Internet verfügbar unter: www.hamburger-bildungsserver.de/welcome.phtml?unten=/schulentwicklung/lau/welcome.htm

LeTendre, G. K./Hofer, B. K./Shimizu, H. (2003): What is tracking? Cultural expectations in the United States, Germany, and Japan. In: American Educational Research Journal, Jg. 40, Heft 1, S. 43-89.

Lundahl, C. (2006): Viljan att veta vad andra vet. Kunskapsbedömning i tidigmodern, modern och senmodern skola. Stockholm.

Lundahl, C. (2009): Varför nationella prov? Framväxt, dilemman, möjligheter. Stockholm.

Maaz, K./Hausen, C./McElvany, N./Baumert, J. (2006): Stichwort: Übergänge im Bildungssystem. Theoretische Konzepte und ihre Anwendung in der empirischen Forschung beim Übergang in die Sekundarstufe. In: Zeitschrift für Erziehungswissenschaft, Jg. 52, Heft 3, S. 299-327.

Radtke, F.-O. (2004): Die Illusion der meritokratischen Schule. Lokale Konstellationen der Produktion von Ungleichheit im Erziehungssystem. In: Bade, K./Bommes, M. (Hrsg.): Migration, Integration, Bildung. Grundfragen und Problembereiche. IMIS-Beiträge (23), S. 143-178.

Rheinberg, F. (2002): Bezugsnormen und schulische Leistungsbeurteilung. In: Weinert, F. E. (Hrsg.): Leistungsmessungen in Schulen. Weinheim, S. 59-71.

Richter, I. (2006): Recht im Bildungssystem. Eine Einführung. Stuttgart.

Skolverket (2005): Elever med utländsk bakgrund. En sammanfattande bild. Stockholm.

Skolverket (2007): Provbetyg-slutbetyg-likvärdig bedömning? En statistisk analys av sambandet mellan nationella prov och slutbetyg i grundskolans årskurs 9, 1998-2006. Stockholm.

Skolverket (2010a): Om nationella prov. Im Internet verfügbar www.skolverket.se/sb/d/2852

Skolverket (2010b): Rustad att möta framtiden? PISA 2009 om 15 åringars läsförståelse och kunskaper i matematik och naturvetenskap. Stockholm.

Solga, H. (2005): Meritokratie – die moderne Legitimation ungleicher Bildungschancen. In: Berger, P. A./Kahlert, H. (Hrgs.): Institutionalisierte Ungleichheiten. Wie das Bildungswesen Chancen blockiert. Weinheim, S. 19-38.

Stanat, P./Edele, A. (2011): Migration und soziale Ungleichheit. In: Reinders, H./Ditton, H./Gräsel, C./Gniewosz, B. (Hrsg.): Empirische Bildungsforschung. Wiesbaden, S. 181-192.

Stanat, P./Rauch, D./Segeritz, M. (2010): Schülerinnen und Schüler mit Migrationshintergrund. In: Klieme, E./Artelt, C./Hartig, J./Jude, N./Köller, O./Prenzel, M./Schneider, W./Stanat, P. (Hrsg.): PISA 2009. Bilanz nach einem Jahrzehnt. Münster, S. 200-230.

Struck, O. (2001): Gatekeeping zwischen Individuum, Organisation und Institution. Zur Bedeutung und Analyse von Gatekeeping am Beispiel von Übergängen im Lebensverlauf. In: Leisering, L./Müller, R./Schumann, K. F. (Hrsg.): Institutionen und Lebensläufe im Wandel. Institutionelle Regulierungen von Lebensläufen. Weinheim, S. 29-54.

Terhart, E. (1999): Zensurengebung und innerschulisches Selektionsklima – die Rolle der Schulleitung. In: Zeitschrift für Soziologie der Erziehung und Sozialisation, Jg. 19, Heft 3, S. 277-292.

Terhart, E. (2006): Giving marks. Constructing differences. Explorations in the micropolitics of selection in schools. In: Drerup, H./Fölling, W. (Hrsg.): Gleichheit und Gerechtigkeit. Pädagogische Revisionen. Dresden, S. 114-125.

Waldow, F. (2010): Der Traum vom "skandinavisch schlau Werden". In: Zeitschrift für Pädagogik, Jg. 54, Heft 4, S. 497-511.

Verzeichnis der Autorinnen und Autoren

Kira Marie ALEXANDER, Promovendin am Department of Psychology, University of Pittsburgh, USA, Arbeitsschwerpunkte: Gruppenprozesse, Umgang mit Devianz, Effekte der Selbst- und Gruppenbestätigung auf das Verhalten in Kleingruppen, Selbst- und Gruppenregulation, Bedrohung durch Stereotype, virtuelle Gruppen.

Sara FÜRSTENAU, Dr. phil., Professorin an der Westfälischen Wilhelms-Universität Münster, Arbeitsschwerpunkte: Interkulturelle Bildung, transnationale Bildungslaufbahnen, Mehrsprachigkeit und sprachliche Bildung, Schul- und Unterrichtsentwicklung im Kontext sprachlich-kultureller Heterogenität.

Mechtild GOMOLLA, Dr. phil., Professorin an der Helmut-Schmidt-Universität Hamburg, Arbeitsschwerpunkte: Bildung und Migration, Unterrichts- und Schulentwicklung im heterogenen Umfeld, Rassismus und institutionelle Diskriminierung, Bildung und Demokratie, Schule als öffentlicher Bildungs- und Erziehungsraum.

Johannes KÖNIG, Dr. phil., wissenschaftlicher Assistent an der Humboldt-Universität Berlin, derzeit Professurvertretung zu Empirischer Schulforschung mit dem Schwerpunkt quantitative Methoden an der Universität zu Köln, Arbeitsschwerpunkte: Lehrerbildung, Schul- und Unterrichtsforschung.

Winfried KRONIG, Dr. phil., Professor und Departementpräsident am Department für Heil- und Sonderpädagogik an der Universität Fribourgh, Schweiz, Arbeitsschwerpunkte: Bildungssoziologie, Analyse von Bildungssystemen.

Drorit LENGYEL, Dr. phil., Profession für allgemeine, interkulturelle und international vergleichende Erziehungswissenschaft an der Universität Hamburg, Arbeitsschwerpunkte: Zwei- und Mehrsprachigkeit in Bildungsinstitutionen, Diagnostik und sprachliche Bildung im Kontext von Migration und Mehrsprachigkeit, Unterrichtsentwicklung in sprachlich heterogenen Gruppen.

Markus Roos-Schüpbach, Dr. phil., Co-Leiter und Professor des Fachbereichs Erziehungswissenschaften an der Pädagogischen Hochschule Zentralschweiz in Zug sowie Lehrbeauftragter am Institut für Erziehungswissenschaft der Universität Zürich, Schweiz, Arbeitsschwerpunkte: Schülerbeurteilung, Integration, Schul- und Unterrichtsentwicklung, Qualitätsmanagement, empirische Forschungsmethoden sowie Evaluation.

Hans-Joachim Roth, Dr. phil., Professor für Erziehungswissenschaft mit dem Schwerpunkt Interkulturelle Pädagogik an der Universität zu Köln, Arbeitsschwerpunkte: Interkulturelle Pädagogik, sprachliche Diversität, bilingualer Unterricht, Deutsch als Zweitsprache.

Janet Ward Schofield, Professorin für Psychologie am Learning Research and Development Center der University of Pittsburgh, USA, Arbeitsschwerpunkte: Verhältnisse zwischen Gruppen, soziale Prozesse in Schulen mit heterogener Schülerschaft, soziale Aspekte von computergestütztem Unterricht.

Susanne Thurn, Dr. phil., Honorarprofessorin der Martin Luther-Universität zu Halle-Wittenberg sowie Schulleiterin der Laborschule an der Universität Bielefeld, Arbeitsschwerpunkte: Schulpädagogik, geschlechterbewusste Pädagogik, Didaktik des frühen Fremdsprachenlernens, Geschichtsdidaktik.

Renate Valtin, Dr. phil., Professorin für Grundschulpädagogik an der Humboldt Universität Berlin (i. R.), Arbeitsschwerpunkte: empirische Schulforschung, Persönlichkeitsentwicklung im Kindes- und Jugendalter.

Florian Waldow, Dr. phil., Leiter einer Nachwuchsgruppe im Emmy-Noether-Programm der DFG an der westfälischen Wilhelms-Universität Münster, Arbeitsschwerpunkte: Internationaler Vergleich (auch in historischer Perspektive), Untersuchung von Transferprozessen im Bildungsbereich, Leistungsbeurteilung in der Schule, Governance.

GPSR Compliance
The European Union's (EU) General Product Safety Regulation (GPSR) is a set of rules that requires consumer products to be safe and our obligations to ensure this.

If you have any concerns about our products, you can contact us on

ProductSafety@springernature.com

In case Publisher is established outside the EU, the EU authorized representative is:

Springer Nature Customer Service Center GmbH
Europaplatz 3
69115 Heidelberg, Germany

www.ingramcontent.com/pod-product-compliance
Ingram Content Group UK Ltd.
Pitfield, Milton Keynes, MK11 3LW, UK
UKHW021300180426
11947UKWH00015B/938